생명에 대한 인식

La connaissance de la vie

by Georges Canguilhem

프리즘총서 037

생명에 대한 인식

발행일 초판1쇄 2020년 6월 15일 | **지은이** 조르주 캉길렘 | **옮긴이** 여인석, 박찬웅 | **프리즘총서 기획위원** 진태원
펴낸곳 (주)그린비출판사 | **펴낸이** 유재건 | **주소** 서울시 마포구 와우산로 180, 4층
주간 임유진 | **편집** 방원경, 신효섭, 홍민기 | **마케팅** 유하나
디자인 권희원 | **경영관리** 유수진 | **물류유통** 유재영, 이다윗
전화 02-702-2717 | **팩스** 02-703-0272 | **이메일** editor@greenbee.co.kr | **신고번호** 제2017-000094호

ISBN 978-89-7682-628-2 93160
이 도서의 국립중앙도서관 출판예정도서목록(CIP)은 서지정보유통지원시스템(http://seoji.nl.go.kr)과 국가자료종합목록구축시스템(http://kolis-net.nl.go.kr)에서 이용하실 수 있습니다.(CIP제어번호: CIP2020020204)

철학과 예술이 있는 삶 **그린비출판사**

생명에 대한 인식

조르주 캉길렘 지음 | 여인석 · 박찬웅 옮김

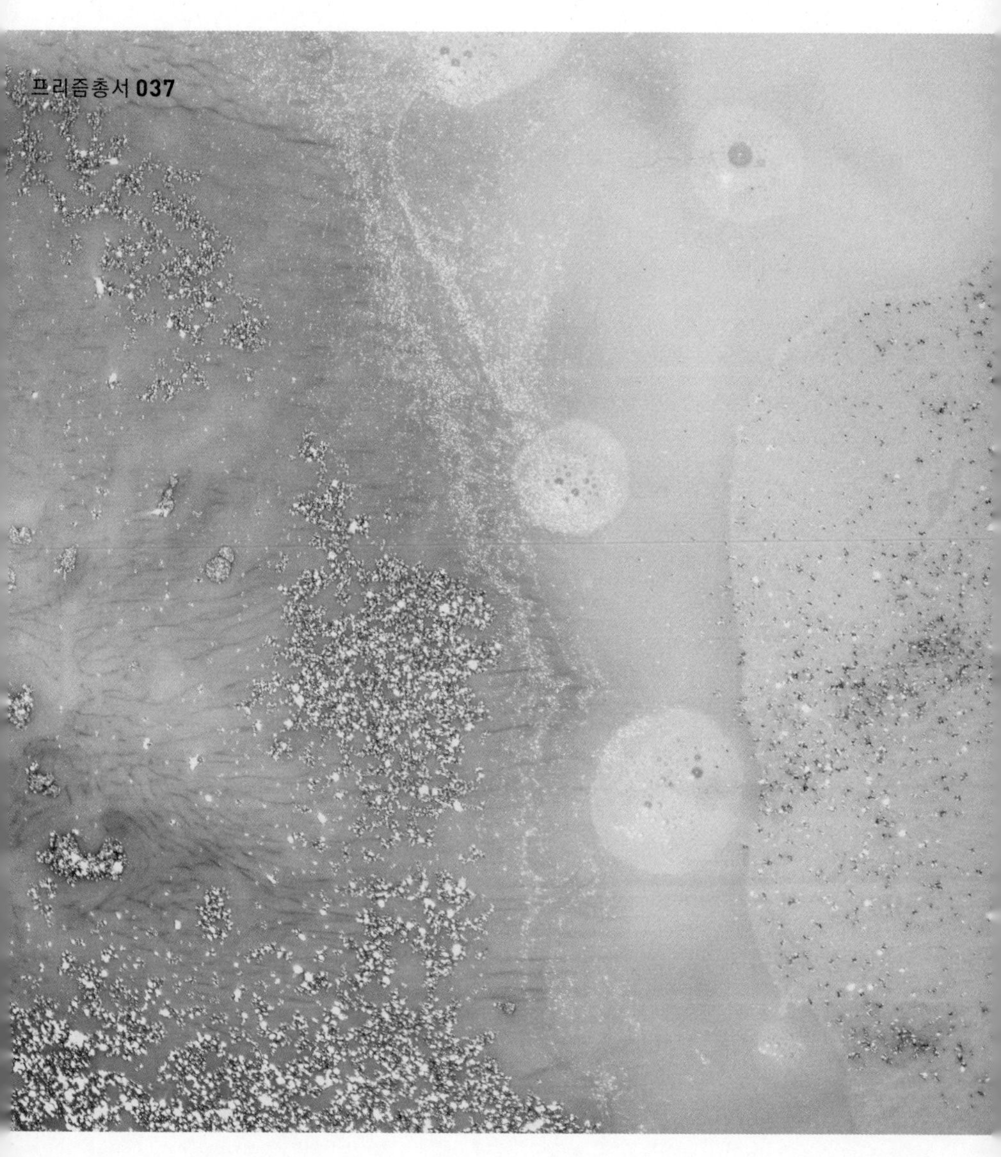

그린비

초판 서문

본 저작은 서로 다른 시기에 이루어진 강연과 논문을 모은 것이지만, 그 착상은 연속적인 것으로 이들을 함께 모은 것이 부자연스럽게 여겨지지는 않는다. 「동물생물학에서의 실험」*Expérimentation en Biologie animale*에 대한 연구는 '철학교육과 자연과학의 통합을 위한 발표회'가 열렸을 때 세브르의 국제교육센터에서 1951년에 행한 강연을 발전시킨 것이다. 「세포이론」*La Théorie cellulaire*은 스트라스부르 문학부에 의해 출간된 『논문집』에 1945년 실린 것이다. 「정상적인 것과 병리적인 것」*Le Normal et le Pathologique*은 디안 프랑세즈 출판사에서 1951년 출판된 『현대의학전서』 제1권에서 뽑아낸 것이다. 우리는 이 두 논문을 재수록할 수 있도록 호의 어린 허락을 해 준 이들 출판사에게 감사드리고자 한다. 「생기론의 여러 양상」*Aspects du Vitalisme*, 「기계와 유기체」*Machine et Organisme*, 「생명체와 그 환경」*Le vivant et son Milieu* 등 다른 세 논문은 '철학 콜레주'에서 1946~47년 행한 강의로 현재까지 출판되지 않았는데 장 발Jean Wahl의 호의로 빛을 볼 수 있게 되었다.

이상의 여러 논문들은 정식 출판을 위해서만이 아니라 내용의 정합성을 위해서 모두 재검토하고 수정하고 보충되었다. 그 결과 이 논문들은 모두 발표나 간행된 최초의 상태와는 다소간 달라져 있다. 때문에 이 논문들 전체는 어떤 통일성과 고유성을 가진다고 주장할 수 있을 것이다.

우리는 가능한 정확한 정보를 이용하고 지시함으로써, 또한 우리가 이 책에서 해명하고자 하는 철학적 주제의 독립성을 옹호함으로써 이 작은 책자를 관대하게 받아 준 '총서'의 명칭[1]에 부응하고자 신경을 썼다.

G. C.

1) La Collection *Science et Pensée*, dirigée par Ferdinand Alquié.

재판 서문

오래전에 절판된 이 책은 아셰트 출판사의 관대한 허락 덕분에 조제프 브랭 철학서점의 배려에 의해 다시 출판될 수 있었다. 여기저기 고치고 싶은 유혹을 받았지만 원래의 텍스트에 어떠한 수정도 가하지 않았다. 옛날 텍스트를 여기저기 뜯어고치기보다 나은 것이 있다. 그것은 동일한 질문을 새롭게 다루는 것이다. 그렇지 않다면, 당시 생각할 수 있었고 생각해야 했던 것들을 과거에 서술한 그대로 보존하는 것이 보다 성실한 것이다.

그렇지만 우리는 1952년의 초판에 다섯 번째 철학적 논문 「기형과 괴물적인 것」*La monstruosité et le monstrueux*을 덧붙였다. 약간의 참고 주석과 문헌의 제목은 재판에 고유한 것으로 별표로 표시했다.

차례

| 일러두기 |

1 이 책은 Georges Canguilhem, *Le connaissance de la vie*, Vrin, 1965를 완역한 것이다. 번역 대본은 1989년판(2판 8쇄)이며, 1952년 초판과 2009년 문고판을 참조했다.
2 주석은 모두 각주로 표시하였으며, 별표(*)로 표시한 것은 재판에 추가된 내용이다. 원주 외에 옮긴이가 삽입한 주석은 각주 내용 앞에 '[옮긴이 주]'라고 표시했고, 영어판 주석은 '[영어판 주]'라고 표시했다. 본문 중에 옮긴이가 첨가한 내용은 대괄호로 표시했다.
3 단행본·정기간행물의 제목에는 겹낫표(『 』)를, 논문·기사의 제목에는 낫표(「 」)를 사용했다.
4 외국어 고유명사는 2002년에 국립국어원에서 펴낸 외래어표기법을 따르는 것을 원칙으로 하되, 관례가 굳어서 쓰이는 것은 관례를 따랐다.

서론_사유와 생명체

인식하는 것은 분석하는 것이다. 사람들은 입증하지도 않고 흔히 그렇게 말한다. 왜냐하면 인식의 문제에서 인식하는 것의 작동과정에 주의를 기울임으로써 인식하는 것의 [본래적] 의미로부터 시선을 돌리게 만드는 것은 인식의 문제에 전념하는 모든 철학이 가지는 하나의 특징이기 때문이다. 인식하는 것의 의미라는 후자의 문제에 대해 기껏해야 지식의 자기충족성과 순수성을 주장하는 정도이다. 그렇지만 알기 위해 안다는 것이 먹기 위해 먹는다는 것, 죽이기 위해 죽인다는 것, 혹은 웃기 위해 웃는다는 것보다 더 말이 되는 것은 아니다. 왜냐하면 그것은 앎이 어떤 의미를 가져야 한다는 고백인 동시에 앎 자신과는 다른 의미를 찾는 것에 대한 거부이기 때문이다.

인식이 분석이라고 해도 분석에 머물기 위해서만은 아니다. 분해하는 것, 환원하는 것, 설명하는 것, 확인하는 것, 측정하는 것, 방정식에 집어넣는 것 등은 향유의 측면에서는 명백한 손실이므로 지성의 측면에서는 이익이 됨에 틀림없다. 우리는 자연의 법칙이 아니라 자연을 향유하며, 수가 아니라 질을, 관계가 아니라 존재들을 향유한다. 요컨대 사람은 지식으로 사는 것이 아니다. 당연한 이야기인가? 아마도 그럴 것이다. 지식에 대한 모독인가? 그러나 어떤 점에서? 어떤 부류의 사람이 지식을 위한 삶에 헌신한다는 사실로부터 사람은 과학 안에서만, 그리고 과학을 통해서만 진정으로 살 수 있다고 믿어야 하는가?

인식과 생명 사이에 근본적인 불화가 존재한다고 사람들은 너무도 쉽게 인정한다. 그래서 서로에 대한 상호 반감은 인식에 의한 생명의 파괴나 생명에 의한 인식의 조롱으로 인도될 뿐이라고 생각한다. 그러면 우리에게는 수정처럼 투명하지만 활동력이 없는 주지주의와, 활동적이지만 혼란스럽고 수상쩍은 신비주의 사이의 선택밖에는 남지 않는다.

그런데 갈등은 인간에서 사유와 생명 사이가 아니라 생명에 대한 인간의 인식에서 인간과 세계 사이에 존재하는 것이다. 사유는 출현한 장애물 앞에서 후퇴, 의문 제기, 회의(사유하는 것penser은 무게를 재는 peser 등)를 가능하게 만드는 인간과 세계의 분리에 다름 아니다. 구체적으로 말해 인식은 장애물을 감소시킴으로써 안전을 추구하며, 동화 작용으로써 이론을 구축한다. 따라서 인식은 인간과 환경 사이에 존재하는 직접적이거나 간접적인 긴장을 해소하기 위한 하나의 일반적 방법이다. 그러나 이와 같이 인식을 정의하는 것은 인식의 목적에서 인식의 의미를 찾는 것이다. 그 목적이란 인간이 세계와 새로운 균형상태를 이루고, 생명의 새로운 형태와 새로운 유기적 구성이 인간에게 가능하도록 허용하는 것이다. 인식이 생명을 파괴한다는 것은 사실이 아니지만 인식은 생명의 경험을 해체한다. 그것은 인식이 실패를 분석함으로써 조심해야 할 이유들(지혜, 과학 등)과 가능한 성공의 법칙들을 생명의 경험에서 끌어내기 위해서이다. 그것은 또한 생명이 인간의 안과 밖에서 인간의 손을 빌리지 않고 행한 것을 인간이 되풀이하는 것을 돕기 위함이다. 따라서 만약 인간에게서 사유와 인식이 생명을 통제하기 위해 생명 안에 기입되어 있다면, 이 동일한 생명은 사람들이 생명과 사유를 대립시킬 때 즐겨 상상하는 맹목적이고 어리석은 기계적 힘이 될 수 없다는 사실을 말해야 한다. 그리고 다른 한편으로 만약 생명이 기계적이라면 그것은 맹목적일 수도 없고, 어리석을 수도 없다. 빛을 추구하는 존재만이 맹목이 될 수 있으며, 의미작용을 행할 수 있는 존재만이 어리석을 수 있다.

인간의 눈 이외의 다른 모든 눈들이 멀었다고 선언하기 위해 우리는 도대체 어떤 빛을 응시하고 있다고 확신하는가? 우리의 행동 이외의 다른 모든 행동이 어리석다고 선언하기 위해 우리 안의 생명에게 어떤 의미를 부여했다고 확신하고 있는가? 물론 동물들은 우리가 그들에게 제기하는 문제들을 해결할 줄 모른다. 그러나 이는 그 문제들이 우리들의 문제이지 그들의 문제가 아니기 때문이다. 인간이 새보다 새둥지를 더 잘 만들고, 거미보다 거미집을 더 잘 자을 수 있겠는가? 인간은 사유라는 특징에 의해 자신보다 하등한 생명체를 연민이 곁들여진 무시의 시선으로 내려다본다. 그러나 잘 살펴보면 인간의 창작물에서 표현되는 인간의 사유는 욕망의 독촉과 환경의 압력에서 독립적이지 않다. 테크놀로지 문제의 전문가는 다음과 같은 글을 쓰지 않았던가? "아직 발견되지도 않은 문제를 해결할 용도로 새롭게 창조된 도구는 만난 적이 없다."[1] 그리고 사람들이 다음과 같은 점에 대해 숙고해 보기를 바란다. 종교와 예술은 과학 못지않게 명백히 인간의 특성으로 단순한 생명과는 단절되어 있지만 진심으로 종교적인 어떤 인간이, 진정으로 창조적인 어떤 예술가가 생명의 변용transfiguration을 추구하면서 자신의 노력을 생명을 폄훼하는 구실로 삼았던가? 자신이 상실했기 때문에 추구하는 것, 혹은 더 정확히 말해 자기 이외의 다른 존재들이 그것을 소유하고 있음을 감지하기 때문에 인간이 추구하는 것은 요구와 현실이 아무런 문제 없이 일치하는 것이다. 이러한 일치에서 인간은 자신의 통일성을 확실하게 경험한다. 이런 것들을 종교와 예술은 인간에게 가르쳐 준다. 반면 인식은 자신이 재판관이 아니라 당사자이며, 사령탑이 아니라 도구라는 사실을 받아들이지 않는 한 인간이 추구하고 있는 이상의 것들[일치, 경험]로부터 인간을 멀어지게 만든다. 그 결과 인간은 때로는 생명체에 대해 경탄하고, 때로는 자신이 생명체라는 사실에 분개하면서 분리된 별개의 왕국이라는 자기만의 관념을 만들어 낸다.

따라서 인식이 인간적인 공포(놀람, 불안 등)의 딸이라 하더라도, 이 공포를 존재들이 처한 상황에 대한 저항할 수 없는 혐오로 전환시

---

1) A. Leroi-Gourhan, *Milieu et Techniques*, Paris : Albin Michel, 1973, p. 393.

키는 것은 통찰력 있는 행위라 말하기 어렵다. 왜냐하면 인간은 살아 있는 이상 이 공포를 극복해야 하는 위기의 한가운데서 그 공포를 체험하고 있기 때문이다. 만약 인식이 공포의 딸이라면, 그것은 인간의 경험을 지배하고 조직하기 위해서이며, 생명을 자유롭게 해 주기 위해서이다.

이와 같이 인간의 생명에 대한 인식의 관계를 통해 살아 있는 유기조직체에 대해 인간의 인식이 갖는 보편적 관계가 드러난다. 생명은 제반 형태들의 형성이며, 인식은 형태화되지 않은 물질[즉, 질료]에 대한 분석이다. 분석은 결코 형태의 형성을 설명할 수 없다는 사실과 사람들이 구성요소를 규정하고자 애쓴 결과만을 형태의 형성에서 볼 때 형태의 독창성을 시야에서 놓쳐 버리는 것은 당연하다. 살아 있는 형태들은 총체성이므로 자신의 환경과 대결하는 과정에서 자신을 실현하려는 경향성에 그 의미가 있다. 이들 살아 있는 형태들은 통찰vision에 의해 파악될 수 있지 분할division에 의해서는 결코 파악될 수 없다. 왜냐하면 분할한다는 것은 궁극적으로는, 그 어원에 따르면 공허vide를 만드는 것이며, 형태는 전체로서만 존재할 수 있으므로 거기서 어떤 것도 덜어 낼 수 없다. 골드슈타인은 다음과 같이 말했다. "생물학은 주어진 환경 안에서 존재하고 있고 존재하려고 노력하는 개체들, 다시 말해 자신의 역량을 최대한 실현하려 하는 개체들에 관한 학문이다."[2)]

---

2) K. Goldstein, "Remarques sur le problème épistémologique de la biologie", *Congrès international de philosophie des sciences*, I, '*Épistémologie*', Paris: Hermann, 1951, p.142.

이러한 주장은 어떤 금지도 동반하고 있지 않다. 어떤 유기체의 성장에 작용하는 이런저런 무기염을 규정하고 측정할 때, 어떤 에너지의 대차대조표를 확정할 때, 어떤 특정한 부신호르몬의 화학적 합성을 추구할 때, 신경신호의 전달법칙이나 조건반사의 법칙을 탐구할 때, 누가 진정으로 그러한 활동을 경시할 생각을 하겠는가? 그러나 이 모든 것들은 그 자체로 생물학적 인식이라 보기 어렵다. 왜냐하면 거기에는 그에 상응하는 기능적 의미에 대한 자각이 결여되어 있기 때문이다. 소화에 대한 생물학적 연구는 단순히 대차대조표를 작성하는 것이 아니다. 유기체는 자신의 유지와 성장을 위해 동일한 에너지를 가져다줄 수 있는 다른 종류의 영양물을 배제하고 특정한 종류, 혹은 본질의 영양물을 섭취한다. 소화 연구는 유기체가 자신의 환경에서 자유로운 상태에서 행하는 이러한 선택의 의미를 탐구하는 것이다. 운동에 대한 생물학적 연구는 운동의 정향성orientation을 고려할 때 비로소 시작된다. 왜냐하면 그러한 정향성만이 생명체의 운동을 물리적 운동과 구별하고, 경향성tendence을 관성과 구별하기 때문이다. 일반적으로 분석적으로 획득된 지식이 생물학적 사유에 영향력을 미치는 것은 전체적으로 파악된 유기체를 준거로 하여 정보가 주어졌을 때에만 가능하다. 골드슈타인에 따르면 "따라서 생물학자들이 일반적으로 필연적인 출발점으로 간주하는 사실이 생물학에서는 일반적으로 가장 문제적problèmatique인 사실이다". 왜냐하면 전체성에 대한 표상만이 진정으로 유기체에 관계되는 사실과 유기체에 대해 의미가 없는 사실을 구별함으로써 확립된 사실에 가치를 부여할 수 있기 때문이다.[3] 클로드 베르나르는 자신의 방식으로 유사한 생각을 표현한 바 있다.

> 생리학에서는 분리된 요소적 조직 각 부분의 특성을 우리에게 알려 주는 분석은 지극히 불완전한 관념적인 합계만을 우리에게 줄 것이다. […] 따라서 우리는 항상 실험을 통해 생명적 종합으로 나아가야 한다. 왜냐하면 생명의 특수한 현상은 유기적 현상들이 점차 복잡하게 결합되거나 연합된 결과이기 때문이다. 이러한 모든 사실은 요소들은 아무리 개별적이고 자립적이라 하더라도 그 자체로 단순한 일원一員의 역할을 수행하지 않는다는 사실과 요소들의 결합은 그 분리된 부분들의 더한 것 이상을 표현한다는 사실을 입증한다.[4]

그러나 이러한 명제에서 우리는 클로드 베르나르의 습관적인 동요를 찾아볼 수 있다. 그것은 한편으로는 분석적 사고를 모든 생물학적 대상에 적용시키는 것의 부적절함과, 다른 한편으로는 물리-화학적 자연과학의 위엄에 여전히 매혹된 그가 의학의 성공을 보다 확실한 것으로 만들기 위해서 생물학이 이들 물리-과학적 자연과학과 유사해지기를 보고자 하는 희망 사이의 동요이다.

이성적 합리주의는 자신의 한계를 인정하고 그 실행의 조건들을 통합할 수 있어야 한다고 우리는 생각한다. 지성은 생명의 고유성을

---

3) K. Goldstein, *La Structure de l'organisme*, Paris : Gallimard, 1951, p. 312.
4) C. Bernard, *Introduction à l'étude de la Médecine expérimentale*, IIe partie, ch. 12.

인정할 때에만 생명에 적용될 수 있다. 생명체에 대한 사유는 생명체로부터 생명체에 대한 관념을 취해야 한다. "연구에서 분석적 방법이 아무리 중요하다고 하더라도 생물학자에게는 소박한 인식, 즉 단순하게 주어진 사실을 받아들이는 것이 진정한 인식의 근본적 토대이며 그가 자연계에서 일어나는 사건들의 의미 안으로 침투할 수 있게 해 준다는 사실은 자명하다"[5] 고 골드슈타인은 말했다. 수학을 하기 위해 우리는 천사가 되는 것으로 충분하지만 생물학을 하기 위해서는 지성의 도움을 받는다 하더라도 우리 자신이 짐승임을 때로 느낄 필요가 있는 것은 아닐까 하고 나는 생각한다.

5) Goldstein, *La Structure de l'organisme*, p. 427.

1부
방법

만약 누군가가 순수한 추론에 의한 생물학적 발견을 하나 열거해 보라면 우리는 상당히 당황스러울 것이다. 그리고 어떤 결과를 얻기 위해 생명이 어떻게 행동했는가를 실험이 보여주었을 때, 우리는 생명의 작동방식이 우리가 결코 생각하지 못했던 것임을 발견하게 된다.

— 베르그손, 『창조적 진화』

동물생물학에서의 실험

베르그손을 따라서, 생명에 대한 과학에서 『실험의학서설』(1865)[1]은 물질에 대한 추상적 과학에서 『방법서설』(1637)에 해당되는 것이라고 사람들은 흔히 말한다.[2] 그리고 『방법서설』을 오직 부연적 설명paraphrase, 요약, 언어상의 주석만을 목적으로 이용하는 것과 같은 방식으로 『실험의학서설』을 이용하는 것은 아주 널리 퍼진 교과서적 관행이다. 그러면서도 사람들은 『방법서설』이나 『실험의학서설』을 생물학이나 수학의 역사 속에 다시 삽입시키려는 노력도, 언어활동과 실천을 대응시키려는 노력도 하지 않는다. 여기서 언어활동은 양식 있는 일반인에게 말을 거는 양식 있는 사람으로서 과학자의 언어이고, 실천은 생리학적 기능의 상수에 대한 탐구나 기하학적 장의 문제를 방정식

---

1) [옮긴이 주] Claude Bernard, *Introduction à l'étude de la Médecine expérimentale*, 1865.
2) H. Bergson, "La Philosophie de Claude Bernard", 1913년 12월 30일 강연, *La Pensée et le Mouvant*, 6e ed, Paris: PUF, p. 258.

으로 만드는 전문가로서 과학자가 행하는 실천이다. 이러한 상태에서 『실험의학서설』은 바슐라르가 『방법서설』에 대해 말했던 것과 정확히 동일하게 "과학적 정신의 예의범절 [···] 좋은 관계를 유지하는 사람의 자명한 습관"을 단순히 법전화하고 있는 것에 지나지 않는 것으로 보인다.[3] 베르그손은 이 점을 다음과 같이 지적했다.

> 클로드 베르나르가 이 방법을 기술했을 때, 그가 그에 대한 사례를 제시했을 때, 그가 이 방법의 적용을 상기시켰을 때 그가 우리에게 설명하는 모든 것은 너무도 간단하고 너무도 자연스러워서 그것은 말할 필요도 없는 것처럼 보인다. 우리는 그것을 이미 알고 있다고 믿는다.[4]

사실 교과서적 관행은 『실험의학서설』을 거의 항상 제1부로 환원시키고자 한다. 제1부는 과학적 세계의 살롱인 실험실에서 이루어지고 있는, 진부하거나 일반적인 것들의 종합이라고 할 수 있으며 생물과학만이 아니라 물리-화학에도 관련되는 것이다. 그런데 사실 생물학 실험의 현장을 포함하고 있는 것은 제2부와 제3부이다. 마지막으로, 특히 클로드 베르나르의 방법론적 담론이 가지는 특수한 의미와 영향력을 높이 평가하기 위해서 사람들은 실제 발견을 이룬 실험사례

3) G. Bachelard, "Discours d'ouverture du Congrès international de philosophie des sciences", Paris, 1949(*Actualités scientifiques et industrielles*, no. 1126, Paris: Hermann, 1951, p. 32).
4) Bergson, "La Philosophie de Claude Bernard", p. 218.

들을 선택하지 않는다. 그런 실험은 유일하게 참된 지식의 동시대적 활용 사례로 오류를 수정한다. 대신 그들은 교과서에 실려 있는 교육적 의미가 있는 사례만을 사용하는데 이는 위험과 위기로 가득 찬 기획인 생물학 실험이 가지는 의미와 가치를 의도치 않게, 그러나 심각하게 변질시킨다.

예를 들어 보자. 근육수축에 대한 강의에서 우리는 수축을 부피의 변화가 없는 근육형태의 변화라고 정의할 것이다. 그리고 필요하다면 모든 교과서들이 다음과 같은 모식도를 실은 실험을 통해 이 사실을 확립할 것이다. 물이 가득 찬 수조에 위치시킨 분리된 근육은 물의 높이에 변화를 일으키지 않으며 전기자극에 의해 수축한다. 우리는 하나의 사실을 확립했음에 만족스러워할 것이다. 그런데 그것은 인식론적 사실이며 그렇게 가르쳐진 실험적 사실은 아무런 생물학적 의미도 없다. 그저 그럴 뿐이다. 그러나 만약 우리가 이런 종류의 실험에 대한 생각을 했던 최초의 생물학자인 슈밤메르담Jan Swammerdam(1637~1680)에게로 거슬러 올라간다면 그 의미가 즉시 드러날 것이다.[5] 그는 근육수축에 대한 당시의 이론에 맞서서 이 현상에서 근육은 그 실질substance이 조금도 증가하지 않는다는 사실을 확립하고자 했다. 이들 이론은 모두 신경에는 구멍이나 관과 같은 구조가 있다고 상정하며 이 길을 통해 어떤 체액, 정기, 혹은 액체가 근육에까지 도달한다고 본다. 우리는 이 이론의 기원에서 갈레노스(131?~200?)까지 거슬러 올라가는 어떤

5) Ch. Singer, *Histoire de la biologie*, Paris: Payot, 1934, p. 168.

실험을 발견한다. 이것은 신경-근육의 기능에 대한 여러 세기에 걸친 탐구를 가로질러 오늘날까지도 변함없는 실험적 사실로, 신경의 결찰은 그 신경이 분포하는 근육을 마비시킨다는 것이다. 이것은 기본적인 동시에 완전한 실험적 업적이다. 어떤 조정작용의 결정요인은 다른 것들이 모두 동일하다면 의도적으로 획득된 인위적 조작의 현전과 부재에 의해 지정된다. 그것의 적용은 한편으로는 갈레노스 시대에는 아주 새로웠던 경험적 지식을 상정한다. 그것은 신경, 척수, 뇌의 비어 있는 부분이 단일한 도관을 형성한다는 것으로 내벽보다는 빈 부분이 주의의 대상이 되었다. 또 다른 지식은 심리학적, 다시 말해 형이상학적 이론으로 동물 운동의 사령부는 뇌에 자리 잡고 있다는 것이다. 이것은 영혼의 지도적 부분hēgēmonikon에 대한 스토아학파의 이론으로, 여기서 영감을 얻은 갈레노스는 동물희생제의를 행하는 사제나 외과의사가 했을 관찰에 관심을 가지게 되고, 결찰실험을 하여 강직성 수축과 간헐적 경련성 수축을 프네우마Pneuma의 이동으로 설명하게 되었다. 요컨대 우리는 실험실습이라는 하찮고 무미건조한 경험이 생물학적 의미라는 항구적인 기반을 배경으로 등장하는 것을 보게 된다. 왜냐하면 여기서 말하는 것은 '관계기능의 생명'이라고 하는 너무 추상적인 명칭을 가진 문제영역이다. 이것은 동물유기체에 대해 매일매일 그 생명이, 통상적이거나 혹은 혼란된 환경 안에서 평화롭건 위험하건, 자신에 차 있건 겁에 질려 있건 매일의 생명이 동물유기체에게 부과하는 자세와 운동의 문제이다.

이상의 간단한 사례 하나로도 많은 개설서가 클로드 베르나르에게 귀속시키고 있는 실험적 조작이 인간문화사에서 꽤 멀리 거슬러 올라간다는 사실을 보이는 데에 충분하다. 이들 개설서들은 베르나르의 반대되는 주장에도 불구하고 그러한 실험적 조작을 발명까지는 아니더라도 적어도 체계화codification한 것은 베르나르라고 가르친다.

그러나 아리스토텔레스나 갈레노스로 거슬러 올라가지 않더라도 우리는 『실험의학서설』보다 100여 년 앞선 18세기의 어떤 텍스트에서 실험의 의미와 기술에 대한 정의를 찾아볼 것이다. 그것은 1735년 할레에서 다이슈가 제출한 의학박사 학위논문 「개의 비장 적출과 이 실험에서 얻은 결실에 대한 학위논문」[6]에서 발췌한 것이다.

> 앎에 대한 탐욕스러운 열정이 자연의 비밀로 나가는 길을 애써 스스로 개척하며, 이 자연철학의 희생자에게 적법한 폭력을 가한 것은 놀라운 일이 아니다. 이런저런 저자들이 제시한 비장의 기능에 대한 설명이 참이고 확실한지를 확인하기 위해 싼값에 개를 사서 비장 적출 후 일어나는 상해를 검사하여 비장의 정확한 기능을 알아내는 것은 허용된다(인간에게 그렇게 하는 것은 범죄이다). 고환의 기능에 관해 우리가 갖고 있는 확실한 지식에 의해 지극히 고통스럽고 잔인하기조차 한 이 검사를 확립할 수 있었다고 나는 생각한다. 고환이 발생에서 가장 필수적인 역

6) P. Deisch, "Dissertatio inauguralis de splene canibus exciso et ab his experimentis capiendo fructu", 1735. (*Dissertation inaugurale sur l'ablation de la rate chez le chien et sur le fruit qu'on peut retirer de ces expériences*, Le mémoire est publié par Haller, *Disputationum anatomicarum selectarum*, volumen III, Göttingen, 1748.)

할을 수행한다는 사실을 우리는 분명히 안다. 주인들이 많은 가축들로부터 생식능력을 영구히 박탈하기 위해, 혹은 적어도 생식욕망을 제거하기 위해 동물들에게 고환적출술을 시행한다는 한 가지 사실만 보아도 이는 분명하다. 이렇게 해서 우리는 동일한 장기를 갖고 있는 온전한 다른 동물에서는 관찰하기 불가능할 어떤 현상을 비장 적출에서 살아남은 개에게서 아주 용이하게 관찰할 수 있기를 기대할 것이다.

이것은 완벽한 텍스트이다. 이 글의 저자는 생물학의 역사에 등장하지 않는다.[7)]

이것은 조금 더 뒤져 보면 동일한 종류의 또 다른 18세기 텍스트를 발견할 수 있을 것임을 암시한다. 그는 명백하게 동물에 대한 생체해부에 대체가치를 부여하고 있다. 그는 실험의 설정을 어떤 이론의 결론을 검증시키는 것에 연결시키고 있다. 그는 이러한 실험설정에서 유비의 역할을 보여 준다. 가장 핵심적인 것은 그가 이론의 검증을 목적으로 하는 실험과 사육이나 거세와 같은 생물학적 기술을 연속적인 것으로 본다는 사실이다.[8)] 마지막으로 그는 실험적 가르침을 처치를 가한 동물과 가하지 않은 동물 사이의 비교 위에 확립시켰다. 그 이

7) 그는 뛰어난 다음의 서지에 등장하지 않는다. Garrison and Morton, *Medical Bibliography*, London: Grafton and CO., 1943, 2nd ed., 1954.

8) 이 저자가 생식 행위에서 생식력과 정력을 확실하게 구별하고 있다는 사실에 주목하자. 잘 아는 바와 같이 수의사의 의료행위에 대한 동일한 종류의 관찰로부터 출발하여 부앵(Paul Bouin)은 고환 안에 있는 간질선(glande interstitielle), 즉 호르몬 분비 세포와 정액계 세포를 조직학적으로도, 그리고 기능적으로도 확인하는 작업을 할 수 있었다.

상 무엇을 더 바랄 것인가? 물론 어떤 장기 전체를 적출하는 것은 상당히 거칠고 조잡한 방법으로 보일지도 모르겠다. 그러나 클로드 베르나르도 그와 다른 방법으로 하지 않았다. 그리고 1889년 폰 메링Josef von Mering과 민코프스키Oskar Minkowski가 실험적 당뇨병을 발견하여 랑게르한스섬의 확인으로 이끈 관찰에 착수하였을 때, 그들은 장내 소화에서 그 역할을 수행하는 유일한 분비샘으로 간주된 췌장 전체를 개로부터 제거했다.

사실 클로드 베르나르가 분명히 보여 주고 있는 바와 같이 실험을 통해서만 생물학적 기능을 발견할 수 있다. 이 점에서 『실험의학서설』은 『의학에 적용된 실험생리학강의』(1856)보다 덜 명시적이다. 클로드 베르나르는 갈레노스의 『인체 각 부분의 역할에 대하여』*De Usu Partium*로 거슬러 올라가는 해부학자의 편견, 즉 해부학적 세부구조의 검토만이 기능을 명확하게 연역해 낼 수 있게 해 준다는 편견에 맞선다. 베르나르는 이러한 원칙이 엄밀히 말해 인간이 작업에 의해 만들어 낸 도구의 형태를 상기하게 만드는 형태를 가졌다고 그가 인정하는 (근거가 있건 없건) 기관에만 적용된다는 사실을 입증했다(방광은 저수조이고 뼈는 지렛대라는 등). 그리고 드물고 거칠게만 유사한 그러한 경우에서조차도 특정 기관에 그 기능을 유비적으로 귀속시키는 근거를 부여하는 것은 인간의 실천에 의해 실현된 도구의 역할과 사용에 대한 경험이다. 요컨대 해부-생리학적 연역은 항상 실험을 포함하고 있다. 따라서 생물학에서 문제는 실험적 개념을 활용하는 것이 아니라 진정으로 생물학적 개념을 실험적으로 구성하는 것이다. 외관상 유사한 구조들이(현미경적 차원에서조차도) 반드시 동일한 기능을 갖는 것은 아니며(예를 들어 췌장과 침샘), 반대로 동일한 기능이 외관상 다른 구조에 의해 확보될 수 있다는 사실(평활근 섬유와 횡문근 섬유의 수축력)에 주목한 베르나르는 어떤 기관이 어디에 사용되는가를 물어봄으로써 그 기관의 기능을 발견하는 것은 아니라고 주장한다. 오직 어떤 기능의 다양한 순간과 다양한 국면을 추구함으로써 그러한 기능을 수행하는 기관이나 장치를 발견하게 된다. 당합성 기능을 발견하게 된 것은 간이 어디에 쓸모 있는가를 물음으로써가 아니라 여러 날 동안 굶긴 동물의 순환계의 여러 지점에서 채취한 혈당량을 측정함으로 이루어졌다.

1856년 클로드 베르나르가 미세해부학은 밝혀져 있지만 그 기능은 알려지지 않은 장기의 사례로 부신을 언급한 사실을 기억해야 한다. 이 사례는 적절하며 주목할 가치가 있다. 1718년 보르도 아카데미는 '부신의 용도에 대하여'란 과제를 출제했는데, 아카데미가 접수한 논문에 대한 보고서 작성의 책임을 맡은 사람이 몽테스키외Montesquieu였다. 그는 다음과 같은 결론을 내렸다.

> 이 모든 것들을 통해 아카데미는 불만스럽게도 올해는 상을 수여하지 못할 것이며, 오늘은 아카데미가 기대했던 시상을 할 수 없다는 사실을 알 것이다. 아카데미 심사위원의 눈앞에서 시행하게 한 실험과 해부를 통해 이 과제가 가지는 모든 차원의 어려움을 인정하게 되었으며, 그 목적이 달성되지 못하는 것을 보더라도 전혀 놀라지 않을 것을 배웠다.

아마도 어느 날엔가는 우연에 의해 이 모든 노력들이 할 수 없었던 일이 이루어질 것이다.

그런데 정확히 1856년 브라운-세카르Charles Brown-Séquard는 부신의 기능에 대한 지식을 실험을 통해 확립했다. 그런데 이것은 그보다 한 해 전에[9] 애디슨Thomas Addison이 임상에서 우연히 밝혀진 증상을 기록한 논문에 따른 것으로, 애디슨의 이름은 그 질병에 남아 있다.

간의 당합성 기능에 대한 클로드 베르나르의 발견[10]과 더불어 내분비에 대한 브라운-세카르의 업적은 내적 환경에 대한 지식을 정초했다는 사실을 우리는 안다. 우리는 오늘날 고전적이 된 이러한 인식이 형성된 최초의 순간으로 돌아가야 한다. 우리는 거기서 순수하게 생물학적인 개념의 사례를 발견한다. 그 개념의 정교화는 실험의 결과인 동시에 원인이지만, 정교화는 무엇보다도 진정한 이론적 전환을 요구했다.

고대의 과학은 외부 환경만을 인지할 수 있었다. 그러나 실험적인 생물과학을 정초하기 위해서는 내부 환경을 더욱 인지해야 한다. [...] 유기체가 창조한 내부 환경은 각 생명체에서 모두 특별하다. 그것이야말로 진정한 생리적 환경이다.[11]

---

9) 사실 애디슨은 1849년부터 두 쪽에 걸친 논문에서 자신의 최초 관찰들을 발표했다.
10) 이 일련의 발견들로 인해 베르나르는 1851년 생리학 대상을 받았다.
11) C. Bernard, *Introduction à l'étude de la Médecine expérimentale*, p. 165.

이 점을 분명히 강조하자. 과학자는 유기체 내부 기관들의 기능을 유기체 자신이 기능하는 이미지에 따라 인식했다. 따라서 과학자가 기본 개념과 설명과 생물학 실험의 지도 이념을 인간의 현실적 경험에서 빌려 오는 것은 자연스럽다. 왜냐하면 살아 있는 인간은 생명체의 자격으로 존재하는 동시에 생명 자신에 의해 제기된 문제에 대한 이론적 해결책을 알고 싶어 하는 과학자의 자격으로 존재하기 때문이다. 목적론자이냐 아니면 기계론자이냐에 관계없이 가정된 목적이나 생명현상의 존재조건에 관심을 가지는 한, 의인주의擬人主義, anthropomorphism에서 벗어날 수 없다. 만약 인간이 도구와 기계의 제작에 의해 동물과 구별된다는 것이 사실이라면 어떤 의미에서는 기계만큼 인간적인 것은 없다. 목적론자는 살아 있는 신체를 장인들의 공화국으로 그리고, 기계론자는 그 신체를 기계조작자가 없는 기계로 그린다. 그러나 기계를 제작하는 것은 기계의 기능이 아니므로 생물학적 기계론이 합목적성finalité의 망각이라 하더라도 그 합목적성을 완전히 제거한 것은 아니다.[12] 따라서 생물학자가 합목적론의 관점에 있건 기계론의 관점에 있건 관계없이 조직, 기관, 장치의 기능분석에 일차적으로 사용되는 개념에는 의식하지 못하는 가운데 인간 고유의 실용적이고 기술적인 의미가 담겨 있는 것이다.

예를 들어 혈액과 수액은 물처럼 흐른다. 수로에 들어온 물은 땅에 물을 대어 주는데, 혈액과 수액도 그렇게 해야 한다. 심장에서 혈액

---

12) 뒤에 나오는 글[3부 2장] 「기계와 유기체」를 참조할 것.

이 공급되는 것을 수로에 의해 정원이 관개되는 것과 동일시한 사람은 아리스토텔레스이다.[13] 그러나 땅에 물을 대면 결국은 물이 땅속으로 사라진다. 순환을 아는 데 주요 장애물은 바로 거기에 있었다.[14] 하비William Harvey는 팔뚝의 정맥을 결찰하는 실험을 한 것으로 칭송을 받는다. 묶은 지점 아래쪽의 정맥이 부풀어 오른 것은 혈액이 순환한다는 실험적 증거의 하나이다. 그런데 이 실험은 이미 1603년에 히에로니무스 파브리치우스Hieronymus Fabricius가 수행했다(이보다 더 거슬러 올라가는 것도 가능하다). 그는 이 실험에서 정맥판막이 조절자의 역할을 한다는 결론을 내렸으나 정맥의 판막이 혈액이 사지와 가장 깊은 부위에 쌓이는 것을 막는다고 생각했다. 하비는 자신에 앞서 확인되었던 모든 사실들의 합에 다음과 같이 단순하지만 중요한 사실을 추가했다. 한 시간 동안 좌심실은 체중의 세 배가 넘는 혈액을 온몸으로 내보낸다는 사실. 그 많은 혈액이 어디에서 와서 어디로 갈 수 있는가? 다른 한편, 만약 어떤 동맥 하나를 절개하면 혈액은 유기체에서 모두 빠져나간다. 이로부터 폐쇄된 회로가 가능하다는 생각이 생겨났다. 하비는 "이 모든 것이 혈액의 순환운동으로 설명되지 않을까 하고 자문했다"고 말했다. 결찰실험을 반복하면서 하비는 모든 관찰과 실험에 일관성 있는 의미를 부여하기에 이르렀다. 인간의 기술로부터 생물학의 영역으로 직접 수입된 관개灌漑 개념은 다른 관점과 다른 시기에 유기체에 대해

---

13) Aristote, 『동물부분론』(*Des Parties des animaux*), III, v. 668a 13, 34.
14) Singer, *Histoire de la biologie*, p. 125.

이루어졌던 관찰들을 수미일관하게 만든 개념으로 대체되었다. 무엇보다도 혈액순환의 발견이 이러한 사실을 알려 주었다. 순환이라는 생물학적 개념의 현실성은 관개라는 기술적 개념의 편리함을 파기하는 것을 전제로 한다.

결론적으로 우리는 클로드 베르나르와 마찬가지로 생명의 기능에 대한 지식은 그것이 공상적이고 의인주의적일 때조차도 항상 경험에 근거한 것이었다고 생각한다. 그것은 우리에게 경험과 기능이란 개념 사이에는 근본적인 친연성이 있다는 의미이다. 우리는 경험에서 우리의 기능을 배우고, 이어서 우리의 기능은 형식화된 경험이 된다. 그리고 경험은 우선 생명체가 갖고 있는 일반적 기능, 즉 환경과의 논쟁(골드슈타인은 Auseinandersetzung이라 했다)이다. 인간은 먼저 환경에 기술적으로 적응하는 관계에서 생물학적 활동을 경험한다. 이 기술은 타자생산적hétéropoétique으로 외부로부터 조정받으며 외부에서 자신의 수단, 혹은 자신의 수단의 수단을 취한다. 따라서 기술로부터 유래하는 생물학적 실험은 우선 도구적 성격의 개념, 즉 문자 그대로 인위적factice 성격의 개념에 의해 인도된다. 오직 수많은 장애물을 극복하고 오류를 인지하는 기나긴 일련의 경과를 거친 다음에야 비로소 인간은 유기체적 활동의 자기생산적autopoétique 성격을 추측하고 인정하기에 이른다. 또 인간은 생물학적 개념들과 접촉함으로써 실험의 지도 개념을 수정해 갔다. 보다 정확히 말해 인간의 기술은 타자생산적이므로 최소한의 논리를 상정한다. 외부 현실세계의 표상을 변용시키기 위해서는 기술자는 물론이고 장인의 활동에도 논증과 추론이 요구되기 때문이다. 반면 생명체의 기능을 이해하기 위해서는 이러한 인간적 행위의 논리를 포기해야 한다. 샤를 니콜Charles Nicolle은 생명의 방식이 가지는 외견상 비논리적이고 부조리한 성격을 아주 강하게 강조했다. 부조리함은 생명에 적용하는 것이 부조리한 규범에 대한 것이다.[15] 이와 동일한 의미에서 골드슈타인은 생물학적 인식을 다음과 같이 규정했다.

> 생물학적 인식은 창조적 활동으로서 유기체가 자신을 실현할 수 있도록, 다시 말해 존재할 수 있도록 주변 세계와 타협하는 활동과 본질적으로 연결된 과정이다. 생물학적 인식은 살아 있는 유기체의 과정을 의식적으로 반복한다. 생물학자의 인지과정은 유기체가 학습에서, 다시 말해 외부 세계에 적응하기 위한 시도에서 봉착하는 어려움과 같은 종류의 어려움에 노출되어 있다.[16]

그런데 베르그손에 따르면 일종의 모방에 의해 생물학적 개념을 점차 형성한다는, 다시 말해 성숙시킨다는 생물학자의 의무를 클로드 베르나르는 다음과 같이 가르치려 하였다.

> 그는 인간의 논리와 자연의 논리 사이의 간극을 인지하고 그것을 측정

---

15) Ch. Nicolle, *Naissance, vie et mort des maladies infectieuses*, Paris: PUF, 1930, p. 237.
16) K. Goldstein, *Remarques sur le problème épistémologique de la biologie*, Congrès international de philosophie des sciences, Paris, 1949, '*Épistémologie*', Paris: Hermann, 1951, p. 143.

했다. 그에 따른다면 우리는 어떤 가설의 검증에 충분히 신중해야만 대담하게 가설을 창출할 수 있다. 우리 눈에 부조리해 보이는 것이 자연이 보기에 반드시 그런 것은 아니다. 실험을 하여 가설이 검증된다 하더라도 사실들이 우리를 강제하여 가설에 친숙해지도록 해야만 가설은 이해 가능하고 명료하게 될 것이다. 그러나 우리가 만들어 낸 관념이 아무리 유연하다 하더라도 사물과 동일한 유연성을 가질 수 없다는 사실을 잊지 말자.[17]

『실험의학서설』이 생물학에서 이루어지는 실험절차에 대한 연구에서 가지는 의의는 실험의 가설과 기법에 대한 일반적 고찰 자체보다도 그러한 일반적 고찰에 베르나르가 부과하는 제한에 있다. 우리가 보기에 제2부의 2장이 1장을 능가하는 이유는 거기에 있다. 적어도 이 점에 있어 클로드 베르나르는 오귀스트 콩트를 선구자로 삼는다. 『실증철학강의』의 제40강 「생물과학 전체에 대한 고찰」에 다음과 같은 내용이 있다.

모든 실험의 목표는 항상 어떤 현상에 대한 여러 결정적 영향이나 각각의 변용이 어떤 법칙에 따라 실험의 성취에 참여하고 있는가를 발견하는 것이다. 일반적으로 실험은 현상 그 자체에 상응하는 변이를 직접 평가하기 위해 각각의 제시된 조건 속에 분명하게 한정된 변화를 도입

17) Bergson, "La Philosophie de Claude Bernard", p. 264.

한다. 그러한 인위적 조작이 가지는 전체 합리성과 그것의 틀림없는 성공은 명백하게 다음의 두 가지 근본적 조건에 달려 있다. 1) 도입된 변화는 탐구하는 현상의 존재와 완전히 양립할 것. 그렇지 않으면 대답은 순수하게 부정적이 된다. 2) 비교된 두 사례는 정확히 하나의 관점에서만 다를 것. 그렇지 않으면 비록 직접적인 해석이라 하더라도 본질적으로 모호하게 될 것이기 때문이다.[18)]

그런데 콩트는 다음과 같이 덧붙인다. "생물학적 현상의 본질은 이 두 개의 조건, 특히 두 번째 조건의 충족을 거의 불가능한 것으로 만듦에 틀림없다." 그러나 만약 오귀스트 콩트가 정말로 클로드 베르나르에 앞서 비샤가 『생명과 죽음에 대한 생리학적 탐구』(1800)[19)]에서 제시한 관념의 영향하에서 생물학적 실험은 물리학이나 화학실험의 원리와 적용에 머무를 수 없다고 주장한다면, 생물학자는 무엇보다도 범례를 제시함으로써 자신의 고유한 실험기법을 만들어 내야 한다고 가르치는 사람은 클로드 베르나르다. 장애물까지는 아니라 하더라도 난관은 한 부분이나 단편도 아니고, 부분들이나 단편들의 합도 아닌 하나로서 살아 있는 생명체일 뿐인, 즉 하나의 총체에 대해 분석을 통

---

18) A. Comte, *Cours*, éd. Schleicher, t. III, p. 169.

19) "그에 따라 유기조직체에 대한 과학은 무기체를 대상으로 하는 과학과는 완전히 다른 방식으로 다루어져야 한다는 것은 쉽게 알 수 있다. 말하자면 거기에 다른 언어를 적용해야 할 것이다. 왜냐하면 동물이나 식물의 생리학에 우리가 가져오는 물리과학의 용어들 대부분은 이 과학이 다루는 현상과는 아무런 관계도 없는 개념을 우리에게 끊임없이 상기시키기 때문이다." X. Bichat, *Recherches physiologiques sur la vie et la mort*, 1800, 1re partie, article VII, § 1 "Différence des forces vitales d'avec les lois physiques".

해 접근해야 한다는 점이다.

> 따라서 생리학자와 의사는 생명체가 하나의 유기체이자 개체를 형성한다는 사실을 결코 잊어서는 안 된다. […] 살아 있는 유기체를 여러 부분들로 해체하는 것은 실험적인 분석을 용이하게 수행하기 위해서일 뿐이지 결코 각 부분들을 분리하여 이해하기 위해서가 아니라는 사실을 반드시 알아야 한다. 만약 어떤 생리학적 특징에 가치와 진정한 의미를 부여하고자 한다면 항상 그 특징을 전체와 관련시켜야 하며 이 전체 효과와 관련해서만 최종적 결론을 끌어내어야 한다.[20]

이제 오귀스트 콩트와 클로드 베르나르가 지적한 어려움을 자세하게 다루면서, 생물학자의 실험과정에서 어떤 고유한 방법론적 주의를 기울여야 하는지 사례의 도움을 받아 살펴보자. 그것은 살아 있는 형태의 특이성, 개체의 다양성, 유기체의 전체성, 생명현상의 비가역성 등이다.

1) 특이성

클로드 베르나르는 "잘 수행된 관찰과 충분한 근거에 입각한 일반화 사이에 차이는 없다"[21]고 말했다. 베르그손은 베르나르의 이러한 생각

---

20) Bernard, *Introduction à l'étude de la Médecine expérimentale*, pp. 187~188. 또 종합과 분석 사이의 불가피한 괴리에 대한 다음의 구절도 보라. pp. 190~191.

21) Bergson, "La Philosophie de Claude Bernard", p. 218.

을 배워야 한다고 했지만 그와는 반대로 생물학에서 논리적 일반화는 관찰이나 실험의 대상에 의해 예측이 불가능할 정도로 제한된다는 사실은 분명하다. 알려진 바와 같이 생물학자에게 연구 재료의 선택보다 더 중요한 것은 없다. 생물학자는 어떤 해부학적, 혹은 생리학적 관찰의 상대적인 편의성에 따라 이런저런 동물에 선택적으로 조작을 가하는데, 그렇게 하는 것은 장기의 위치나 크기 때문인 경우도 있고, 어떤 현상의 느린 전개나 반대로 단축된 주기cycle 때문인 경우도 있다. 사실 선택이 항상 숙고와 사전계획에 의해 이루어지는 것은 아니다. 우연은 시간과 마찬가지로 생물학자에게는 손을 내밀어 주는 친절한 후견인이다. 어찌 되었건 생리학의 장章 제목에 어떤 동물의 생리학인가를 덧붙여 주는 것이 사려 깊고 정직한 일일 것이다. 다른 경우와 마찬가지로 현상을 정식화한 사람의 이름을 그 현상의 법칙에 붙이듯이 거기에 더해 실험에 사용한 동물의 이름도 붙이자는 것이다. 예를 들어 조건 반사에서는 개, 평형에서는 비둘기, 재생에서는 히드라, 비타민과 모성행동에서는 쥐, 반사에서는 '생물학의 욥'과 같은 존재인 개구리, 수정과 난할에서는 성게, 유전에서는 초파리, 혈액순환에서는 말 등.[22)]

그런데 여기서 중요한 것은 실험에 의해 획득한 어떤 특성도, 그것이 구조나 기능이나 행동의 문제에서, 엄격한 유보가 없이는 동일 종 내의 한 변종에서 다른 변종으로, 한 종에서 다른 종으로, 동물에서 인

22) 이 주제에 관해서는 다음을 참고하라. Léon Binet, *Les Animaux au service de la Science*, Paris: Gallimard, 1940.

간으로 일반화될 수 없다는 사실이다.

변종에서 변종으로. 예를 들어 화학물질이 살아 있는 세포에 침투하는 조건을 연구할 때, 지방에 용해되는 물체가 어떤 조건에서는 용이하게 침투함이 확인된다. 그래서 카페인은 근육이 온전할 때 청개구리 횡문근에서 불활성이지만, 근육조직을 손상시키면 강력한 친화성이 나타난다. 그런데 청개구리에서 참인 것이 붉은 개구리에서도 그런 것은 아니다. 카페인은 손상되지 않은 붉은 개구리의 근육에 즉시 작용한다.

종에서 종으로. 예를 들어 반사의 점진적 확장(단일방향성, 대칭성, 방산irradiation, 일반화)에 대한 플뤼거Pflüger 법칙은 여전히 많은 교재들에서 언급된다. 그런데 폰 바이츠제커Viktor von Weizsäcker와 셰링턴Charles Scott Sherrington이 지적한 바와 같이 플뤼거의 실험재료로는 반사의 일반법칙을 확립할 수가 없다. 특히 토끼처럼 뛰어다니는 보행을 하는 동물에서 확인된 플뤼거의 제2법칙(대칭성)은 개와 고양이, 그리고 일반적으로 대각보행을 하는 모든 동물들에서는 오류이다. "(기관들의) 협조의 기본적 요인은 동물들의 이동방식이다. 방산은 같은 유형의 이동방식을 가진 동물들에서는 동일할 것이며, 다른 이동방식에서는 다를 것이다."[23] 이러한 관계하에서 고양이는 토끼와 구별되며, 소라고둥과 유사하다.

---

23) Ch. Kayser, "Les Réflexes", dans *Conférences de Physiologie médicale sur des sujets d'actualité*, Paris: Masson, 1933.

동물에서 사람으로. 예를 들어 골절의 회복 현상. 골절은 가골假骨에 의해 치유된다. 전통적으로 가골형성은 세 단계로 구별된다. 결합조직성 가골형성 단계, 즉 단편 간 혈종의 조직형성, 연골성 가골형성 단계, 연골세포들이 조골세포로 변환하는 골성 가골형성 단계. 그런데 르리슈René Leriche와 폴리카르Albert Policard는 사람의 정상적인 가골형성 과정에서 연골성 가골형성 단계가 없다는 사실을 입증했다. 이 단계는 개에서, 즉 치료를 위해 고정immobilisation하는 것으로는 충분하지 않은 동물들에서 관찰되었다.[24]

2) 개체화

어떤 살아 있는 종의 내부에서 주된 어려움은 어떤 현상의 구성요소를 일정하게 추가하거나 삭제하거나 변화시키는 시험을 가능하게 하는 개체 대표를 찾는 것이다. 그 시험이란 의도적으로 변화를 가한 유기체와 비조작유기체, 즉 자연발생적인 생물학적인 경우와 동일하게 유지되는 유기체를 비교할 목적으로 설정된 시험이다. 예를 들어 백신의 항감염효과에 대한 모든 실험은 하나는 예비적 예방접종을 받았고, 다른 하나는 받지 않았다는 점만 제외하고는 모든 면에서 서로 대체 가능한 두 군의 동물에게 배양한 미생물을 주입하는 것으로 이루어진다. 그런데 이와 같이 실행된 비교의 결과는 아무리 엄밀하다고 해도 대비시킨 개체들을 물리적, 화학적으로 폐쇄된 시스템 안에서, 즉 적절하

---

24) Leriche, *Physiologie et Pathologie du tissu osseux*, Paris: Masson, 1938, 1re leçon.

게 계수되고, 측정되고, 복용량을 정한 물리적 힘이나 화학적 종의 결합에서 동일한 것으로 간주할 수 있을 때에만 가치를 가진다. 그러나 동일한 종이라 하더라도 유전형질의 독자적 조합을 그 탄생조건(성, 수정, 양성배우자합체)에 빚지고 있는 두 개의 개별 유기체가 모든 관계하에서 동일하다고 어떻게 미리 확신할 수 있겠는가? 무성생식(식물의 꺾꽂이), 자가수정, 진정한 쌍생아 분만율, 복수배아(예를 들어 아르마딜로)의 경우를 제외하고 모든 형질과 관련하여 순수 혈통의 유기체에 대해, 전적으로 동종접합자에 대해 조작해야 한다. 그런데 만약 사례가 순수하게 이론적이지 않다면 적어도 엄격하게 인위적이란 사실을 고백해야 한다. 이 동물재료는 인간이 만들어 낸 것, 즉 항상 경계를 게을리하지 않는 격리의 결과이다. 사실 어떤 과학연구소는 조던[25]적 의미의 종을, 다시 말해 동일 부계혈족 간의 오랜 교배에서 얻어진 쥐와 생쥐의 종을 사육한다.[26] 그 결과 연구재료의 요소는 주어진 것이지만 이러한 생물학적 재료에 대한 연구는 문자 그대로 인공물에 대한 연구이다.[27] 뒤엠은 물리학에서 확대경과 같은 도구를 사용하는 것은 외관상 중립적으로 보이지만 사실상 어떤 이론에 대한 동의를 함축한다고

25) [옮긴이 주] David Starr Jordan(1851~1931). 미국의 우생학자.

26) L. Cuénot, *L'Espèce*, Doin, 1936, p. 89.

27) 자크 뒤클로(Jacques Duclaux)는 *L'Homme devant l'univers*, Paris: Flammarion, 1949에서 현대과학은 무엇보다도 자연 자체보다는 paranature 또는 supernature에 대한 연구라는 점을 지극히 적절하게 보여 주었다. "과학지식 전체는 두 개의 결과에 도달한다. 첫 번째는 자연법칙들의 언명이다. 훨씬 중요한 두 번째는 전자 위에 덧씌워지는 새로운 자연의 창조이다. 새로운 자연에 대해서 다른 이름을 찾는 것이 옳은데 왜냐하면 그 새로운 자연은 자연적이지 않으며, 인간이 없이는 존재하지도 않았을 것이기 때문이다."(p. 273)

했다. 이와 마찬가지로 생물학에서도 위스타 연구소Wistar Institution에서 길러 낸 흰쥐를 사용하는 것은 오늘날에도 여전히 이론으로 남아 있는 유전학과 멘델주의에 동의함을 의미한다.

3) 전체성

실험 대상이 될 유기체들 사이의 동일성을 확보했다고 가정하더라도 또 다른 문제가 제기된다. 검체를 채취하려는 어떠한 시도도 그 자체가 전체를 변질시킨다. 사실이 그러한데 우리가 어떤 현상을 분리하여 그 현상에 국한되는 결정성을 분석하는 것이 가능한가? 유기체가 어떤 장기(난소, 위, 신장)를 제거한 이후에도 그 장기가 없는 유기체와 동일한 유기체인지는 확실하지 않다. 반대로 그것은 원래의 유기체에 부분적으로라도 포개놓기가 어려운, 전혀 다른 유기체라고 마땅히 생각해야 한다. 그 이유는 유기체에서 동일한 장기는 거의 항상 다양한 역할을 담당하기 때문이다. 그래서 위장의 적출은 단지 소화작용에만 영향을 미치는 것이 아니며, 조혈작용에도 영향을 미친다. 이처럼 모든 현상들은 통합되어 있다. 신경의 통합을 예로 들어 보자. 고양이나 개의 경추 5번 부위의 척수를 절단하면[28] 절단된 부위 주위의 반사가 소실되는 일종의 쇼크 상태가 특징적으로 나타나며, 여기에 자동성이 회복되는 시기가 이어진다. 그러나 폰 바이츠제커가 입증한 바와 같이 이 회복récuperation은 원상태의 복원rétablissement이 아니며, 다른 종류의

---

28) 횡격막의 호흡 기능은 보존하기 위해서이다.

자동성, 즉 척수동물(척수와 뇌의 연결이 끊어진 동물)의 자동성을 구성하는 것이다. 내분비계의 통합과 다가성polyvalence의 예를 들어 보자. 조류는 껍질에 둘러싸이며 급속히 성장하는 알을 낳는다. 알이 무기질, 단백질, 지방과 같은 구성요소를 동원하는 현상은 난소주기에 통합되어 있다. 난포 호르몬이 생식도관의 형태학적 변화와 알을 구성하는 요소의 화학적 동원(간에 의한 알부민 생산 증대와 장골에서 수골의 신생)을 동시에 조건 짓는다. 난포 호르몬의 작용이 멈추는 순간, 신생골은 난관의 난각선이 사용하는 칼슘을 방출하면서 흡수된다. 이와 같이 조류에서 난소를 제거하면 단지 유기체의 형태만 영향을 받는 것이 아니라 생화학적 현상 전체가 영향을 받는다.

4) 불가역성

유기체의 전체성이 분석에 어려움을 야기한다면, 생물학적 현상의 불가역성은 존재의 발전이란 관점에서이건, 아니면 성체의 기능이란 관점에서이건 시계열적 외삽과 예측에 대해 또 다른 어려움을 야기한다. 생애를 통해 유기체는 불가역적으로 변화한다. 따라서 상정된 구성요소의 대부분은 정상적 실존 상태에서는 전혀 드러나지 않는 가능성들을 함장하고 있다. 수정란의 발생이나 재생현상에 대한 연구는 특별히 많은 것을 시사해 준다.

불가역적 진화의 가장 좋은 사례는 성게 수정란의 미결정, 결정, 분화 단계의 연쇄가 제공해 준다. 미결정 단계에서 수정란의 일부를 적출하면 보상이 이루어진다. 처음에 절제를 했음에도 불구하고 유기체는 최종적 발생과정에서 완전하다. 한 부분이 전체와 같이 동일한 발생능력을 타고났다고 간주할 수 있다. 윤곽의 결정 단계 이후에 장기를 형성하는 물질은 지극히 제한된 구역에 국한되는 것으로 보인다.

미결정의 단계에서는 난자의 일부 절제는 보상된다. 초기의 절단에도 불구하고 유기체는 발생과정 끝에 완전한 형태를 띤다. 우리는 부분이 전체와 마찬가지로 동일한 성장능력을 부여받았다고 간주할 수 있다.

원기原基가 결정된 이후에는 기관형성물질이 극히 한정된 영역에 국한되어 있는 것으로 보인다. 배아의 각 부분들은 더 이상 전체형성능력을 갖고 있지 않으므로 서로 간에 등가가 아니다.

분화의 단계에서는 형태학적 차이들이 출현한다. 이 주제와 관련해서 이 분야의 몇몇 실험은 생명이 지속될수록 처음에 유기체가 가진 가능성이 점차 줄어드는 것을 분명히 보여 주었다. 이런 실험은 어떤 유기체의 정상적 형성과 기형적 형태 사이에 다리를 놓아줄 것이다. 이 실험들은 기형성을 발생과정의 중단이나 혹은 고착화로 해석하는 것을 가능케 한다. 고착화는 배아의 시기에 따라 통상적 상황이나 결합이라면 금지되었을 특성이 다른 원기에 의해 발현되는 것을 가능케 만든다.[29)]

분화된 생명체에서는 분화의 불가역성에 뒤이어 기능적 특성의 불가역성이 나타난다. 클로드 베르나르는 어떤 동물도 동일한 종의 다

---

29) Étienne Wolf, *La Science des monstres*, Paris: Gallimard, 1948, p. 237.

른 동물과 비교 불가능하며, 동일한 동물조차도 검사가 이루어지는 시점에 따라 자신과 비교하는 것도 불가능하다고 기록했다.[30] 오늘날 면역과 아나필락시스[과도한 면역반응으로 인해 일어나는 쇼크 증상]에 대한 연구 덕분에 이러한 관념에 익숙해졌다. 그러나 이러한 관념이 연구의 정언명령이 되는 과정은 쉽지 않았으며 그런 사고방식에 대한 무지 덕분에 이러한 관념을 신뢰하는 데 가장 크게 기여한 근본적 발견이 가능하게 되었다. 왜냐하면 파스퇴르에 의한 면역의 발견(1880)과 클로드 포르티에Claude Portier와 샤를 리셰Charles Richet에 의한 아나필락시스의 발견(1902)은 두 개의 기술적 실수 덕분이었기 때문이다. 부주의 때문에 파스퇴르는 오래된 콜레라 배양액을 암탉에게 주사했고, 돈을 아끼려고 같은 암탉들에게 신선한 배양액을 주사했던 것이다. 포르티에와 리셰는 실험할 계획이 없었지만 실험이라고 해야 할 방법을 통해 다음과 같은 사실을 확립했다. 그들은 먼저 말미잘 촉수에서 글리세린으로 추출한 물질을 치사량에 미치지 못하는 양으로 개에게 주사한 다음, 두 번째 실험에서 같은 동물에게 첫 번째 실험에 훨씬 못 미치는 양을 주사했는데 몇 분 후에 그 개가 죽은 것이다. 항생물질을 치료적으로 사용하면 세균이나 아메바와 같은 미생물이 항생물질과의 관계에서 감수성의 변이나 대사의 변질을 초래한다. 그 결과 저항현상이나 나아가서는 의존현상까지 일으켜 자신을 파괴하기 위해 조성한 환경에서만 생존이 가능하기에 이른다는 역설적 사실이 성립된다.[31] 샤

30) Bernard, *Introduction à l'étude de la Médecine expérimentale*, p. 225.

를 니콜은 이러한 사실을 염두에 두고 감염질환을 오로지 기계론적 정신이 아니라 생물학적 감각을 갖고 생물학적 현상으로서 연구해야 할 의무를 역설하며, "현상은 우리의 손안에서 변용되며" 우리는 "저절로 움직이는 길 위에서 전진한다"고 썼다.[32)]

그래서 우리는 생물학적 현상의 불가역성이 유기체의 개체성과 결합하여 어떤 현상의 반복과 그 결정 조건의 동일한 재현을 불가능하게 만든다는 사실을 알게 된다. 그런데 이 반복 가능성과 재현 가능성은 다른 물질과학 분야 실험의 특징이다.

생물학적 실험의 어려움은 절대적인 장애물이 아니라 새로운 발명의 자극원이다. 이러한 어려움에 대해 생물학 고유의 기술이 응답한다. 이 점에 있어 클로드 베르나르의 생각이 반드시 그렇게 견고한 것은 아니었다는 점을 인정해야 한다. 왜냐하면 그가 화학자와 물리학자가 생리학을 흡수하도록 방치하는 것을 거부하고 "생물학은 자신의 특수한 문제와 자기의 특정한 관점을 갖고 있다"고 주장한다고 해도, 그는 또한 마찬가지로 생물학에서 실험적 실천의 특수성을 지배하는 것은 단지 생명현상의 복잡성일 뿐이라고 쓰고 있기 때문이다.[33)] 그런데 모든 문제는 복잡성의 진전에 대해 말하는 것을 통해 비록 의도치는 않더라도 암묵적으로 방법의 근본적 동일성을 긍정하는가 하지 않

---

31) Paul Haudry, "Les Loi de la physiologie microbienne dressent devant les antibiotiques la barrière de l'accoutumance", dans *La Vie médicale*, mars 1951.

32) Nicolle, *Naissance, Vie et mort des maladies infectieuses*, p. 33.

33) Bernard, *Introduction à l'étude de la Médecine expérimentale*, pp. 196~198.

는가를 아는 것이다. 오직 동일한 질서 내에서만 복잡한 것은 단순한 것과의 관계에서 이야기될 수 있다. 그러나 클로드 베르나르가 다음과 같이 주장했을 때, 즉 생명은 "유기적 환경을 점차로 우주적 환경으로부터 분리시키는 특수한 조건을 창조하며", 또 생물과학의 고유한 점 quid proprium은 "특수하게 변전하는 생리학적 조건"에 있으며, 따라서 "생명현상을 분석하기 위해서는 생체해부법의 도움을 받아 반드시 살아 있는 유기체의 내부로 침투해 들어가야 한다"[34]고 주장했을 때, 생물학적 대상의 특수성이 물리-화학적 대상과는 전혀 다른 방법을 요구함을 인정하는 것은 아닌가?

신비주의적 성향이 전혀 없는 생물학자뿐 아니라 오늘날의 생물학자라면 누구나 방법론적 성향과는 무관하게 물리-화학적 방법에 의해 현상의 물리-화학적 내용과는 다른 어떤 것, 다시 말해 모든 환원적 기법으로 포착되지 않는 현상의 생물학적 의미를 발견할 수 있다고 진심으로 자부하기는 어려울 것이다. 자크 뒤클로는 그에 관해 다음과 같이 말했다.

34) Bernard, *Introduction à l'étude de la Médecine expérimentale*, pp. 202~204. 이 점에 대해 유명한 『프랑스에서 일반생리학의 진보와 전진에 대한 보고서』(*Rapport sur les progrès et la marche de la physiologie générale en France*, 1867)를 참조할 수 있다. 다음의 구절은 의미심장하다. "생명현상을 분석하고 기계적이고 물리-화학적인 발견을 아무리 주의 깊게 검토하더라도, 지극히 섬세한 화학적 방법을 적용하고 최대한 정확하게 관찰하고 가장 정밀한 그래프와 수학적 방법을 동원하더라도, 최종적으로는 살아 있는 유기체의 현상을 일반 물리와 일반 화학의 법칙 안에 넣을 뿐이다. 이는 정당한 것이지만 이 같은 방법으로는 결코 생리학의 고유한 방법을 발견하지 못할 것이다."

확실히 무기적 광물계로부터 우리에게 온 관념을 어떤 방법을 통해 세포에까지 확장하는 것이 가능해야 한다. 그러나 이러한 확장은 단순한 반복이 되어서는 안 되며, 창조의 노력이 동반되어야 한다. 우리가 이미 말한 바와 같이 세포에 대한 연구는 가장 일반적인 공식을 적용해서 해결할 수 있는 개별 사례의 연구가 아니다. 반대로 세포야말로 가장 일반적 체계를 구성하며 그 체계 안에서는 모든 변수들이 동시에 작동한다. 우리들의 실험화학은 한정된 수의 변수만을 포함하는 단순한 사례들만 다룬다.[35]

사람들은 오랫동안 생체 세포막의 기능에 대한 실증적 등가물을 물리·화학적 법칙의 총합이라 여기고 그것을 손에 넣었다고 생각했다. 그러나 생물학적 문제는 막을 사이에 두고 양면이 평형을 실현하는 것을 통해 막의 투과성을 결정하는 데에 있지 않다. 그것은 이 투과성이 변화하며, 적응적이고 선택적이란 사실을 이해하는 데 있다.[36] 따라서 칸Théophile Cahn의 통찰력 있는 지적에 따르면 "생물학에서는 물리적 법칙만을 확인하고자 할 때조차도 불가피하게 생명체의 행동법칙에 대한 연구로 인도된다. 다시 말해 획득된 반응을 통해 유기체가 물리법칙에 대해, 본래적으로 말하면 생리학적 문제에 대해 여러 방식

---

35) Jacques Duclaux, *Analyse chimique des Fonctions vitales*, Paris: Hermann, 1934, p. x. 이 소책자는 전부 읽어 볼 필요가 있다.

36) E. Guyénot, "La Vie comme invention", dans *L'Invention* (Semaine internationale de *synthèse*, 1937), Paris: PUF, 1938.

으로 적응하는 양식에 대한 연구로 인도된다".[37]

따라서 여기서 생물학 고유의 실험기술 원칙을 몇 가지 지적해 보자. 상정된 기본요소들을 더하거나 뺌으로써 유기체나 기관이 그 안에서 살아가고 발달하는 환경을 변화시키는 경우에 그 실험기술은 일반적이고 간접적이다. 반면 알려진 발생단계에 있는 배아에서 한정된 영역에 작용할 때와 같은 경우 그 기술은 특수하거나 직접적이다.

조직이나 기관의 이식, 혹은 체외배양의 기술은 카렐Alexis Carrel의 실험 때문에 유명해졌지만, 그러한 유명함에 마땅히 동반되어야 할 그 영향에 대한 정확한 지적 이해는 일반 대중들에게 부족하다. [이식의 경우에는] 유기체의 한 부분을 동일한 개체나 다른 개체의 통상과는 다른 장소에 삽입함으로써 우리는 각기 다른 부위와 영역의 영향의 소재와 역할을 밝히는 것을 목표로 그 국소적 연관관계를 변용시킨다. [체외배양의 경우에는] 어떤 조직이나 기관을 그것이 존속 가능하도록 특별히 조성되고 조건이 부여되며 유지된 환경 내에 위치시킨다. 이렇게 함으로써 그 조직은 유기체 전체를 구성하는 다른 조직과 기관의 조정된 총체에 의해 정상적 내적 환경을 통하여 가해지는 모든 자극이나 억제작용의 영향을 받지 않는다.

진정한 생물학적 실험과 분석의 예를 하나 들어 보자. 여성생식기의 형태에 영향을 미치는 난소 호르몬과 뇌하수체 호르몬의 작용을 분리하기 위하여, 다시 말해 하나의 포괄적 결정성의 여러 요소들을 각

---

37) Th. Cahn, *Quelques bases physiologiques de la nutrition*, Paris: Hermann, 1946, p. 22.

각 변별적으로 조사해 확정하기 위해서, 설치류 암컷에서 난소를 장간막에 이식하는 생리학적 거세를 시행한다. 이렇게 하면 에스트로겐 호르몬은 문맥순환으로 간을 통과하며 불활성화된다. 이러한 이식 후에 거세의 경우와 마찬가지로 생식수관이 위축되는 것을 관찰할 수 있다. 그러나 다른 한편으로 난소 호르몬이 뇌하수체에 대해 작용하는 조절 기능이 결여되므로 뇌하수체는 성선자극 호르몬의 분비를 증가시킨다. 요약하면 난소는 더 이상 뇌하수체를 위해 존재하지 않는다. 왜냐하면 난소가 분비하는 호르몬이 더 이상 뇌하수체에 도달하지 않기 때문이다. 그럼에도 불구하고 난소는 여전히 존재하고 뇌하수체는 난소를 위해 존재하므로, 그리고 뇌하수체가 분비하는 호르몬은 난소에 도달하므로 난소는 성선자극 호르몬의 과잉에 대한 반응으로 이상비대hypertrophie해진다. 따라서 분비회로의 변용을 통해 작용과 반작용의 원환이 단절되고, 위축과 비대에 의해 정상 형태학적 상像으로부터 해리가 이루어진다.

당연히 이 같은 실험적 방법은 여전히 본질적 문제를 해결하지 못한다. 그 본질적 문제란 이처럼 설정된 실험적, 달리 말해 인위적 수법을 사용해 지각 가능하게 된 현상이 어느 정도로 적절하게 자연적 현상을 표상하는가를 아는 것이다. 왜냐하면 생물학자가 탐구하는 것은 지식에 대한 생물학자의 갈망이 강요하는 술책과 개입이 아니라 현재 존재하고 있는 것과 행해지고 있는 것에 대한 지식이기 때문이다. 다른 경우와 마찬가지로 여기서도 관찰이, 항상 어느 정도는 준비된 활동인 까닭에, 관찰할 현상을 교란시키는 것을 어떻게 피할 것인가? 그리고 보다 정확히 여기서 어떻게 실험한 것으로부터 정상적인 것에 대한 결론을 내릴 것인가?[38] 그래서 에티엔 볼프는 일란성 쌍생아라는 역설적으로 정상인 동시에 기형적인 생명체의 출생 기전에 대해 자문하면서, 또 기형학과 실험발생학의 가르침을, 양자가 서로를 해명하도록 함께 비교하면서 다음과 같이 썼다.

> 우연적 요소들이 실험기술과 같은 정도로 정확하게 작용한다고 인정하기는 어렵다. 만약 실험적 기술이 기전의 분석과 현상의 이해를 위해 이상적인 조건을 만드는 것이 가능하다면, 자연은 직접적 방법보다는 간접적 방법을 보다 자주 '이용함'이 분명하다. 배아 전체는 기형을 발생시키는 요인의 지배 아래에 놓여 있다. 평범한 우연이 섬세한 조작과 동일한 작업을 실행할 가능성은 거의 없다.[39]

일란성 쌍생아의 사례는 생물학적 실험에 대한 시도가 오늘날 무시할 수 없는 문제, 즉 인간에 대한 직접적 실험의 가능성과 허용의 문제를 제기한다.

지식은, 특히 생물학적 지식은 인류가 자신의 운명을 받아들여 자신의 존재를 의무로 변환시키고자 노력하는 도정의 하나이다. 그리고 이 기획에서 인간에 대한 인간의 지식은 근본적인 중요성을 가진다.

---

38) 다음을 참조할 것. G. Canguilhem, *Essai sur quelques problèmes concernant le normal et le pathologique*, 2e éd., Paris: Les Belles Lettres, 1950, pp. 86~89.
39) Étienne Wolff, *La Science des monstres*, Paris: Gallimard, 1948, p. 122.

인간학에서 우선되어야 할 것은 의인주의anthropomorphisme의 한 형태가 아니라 인간생성론의 한 조건이다.

어떤 의미에서는, 이런저런 종의 동물에 대한 관찰로부터 외삽해서 일반화하는, 이전에 지적한 암초를 피하기 위해서는 인간에 대해 실험을 해야 할 것이다. 그러나 이런 종류의 실험이 어떤 윤리적 규범과 충돌할지 우리는 잘 알고 있다. 그것은 어떤 이들은 선입견이라 말하고, 또 다른 이들은 절대적 명령이라고 말하는 규범이다. 그런데 문제를 더욱 복잡하게 만드는 것은 인간에 대한 실험이라는 개념의 범위를 한정하는 어려움이다. 그것은 원칙적으로 엄격하게 이론적 의도를 가진 조작으로 치료적인 개입(예를 들어 뇌엽절리술)이나 위생학적 혹은 징벌적 예방기술(예를 들어 합법적 불임수술)과 구별된다. 앎과 행위의 관계는 여기서 물리학과 화학에서의 관계와 근본적으로는 다르지 않다. 그러나 앎의 주체와 행위의 객체가 동일한 인간이라는 사실의 결과로서 이 관계는 지극히 직접적이고 절박하며 감정의 동요를 일으키는 성격을 가지게 된다. 따라서 박애주의적 발로가 휴머니즘적인 망설임과 서로 결합된 이 문제에 대한 해결은 인간에 대한 관념, 다시 말해 어떤 철학을 전제로 하게 된다.

우리는 클로드 베르나르가 치료적인 시도와 외과적인 개입을 인간에 대한 실험으로 간주하고 그것을 적법한 것으로 여긴 사실을 상기한다.[40)]

---

40) Bernard, *Introduction à l'étude de la Médecine expérimentale*, p. 209.

도덕은 자신의 이웃이나 자기 자신에게 실험을 행하는 것을 금지하지 않는다. 실생활의 실천에서 인간은 서로에게 실험을 행할 따름이다. 기독교의 도덕은 오직 한 가지 사실만을 금지한다. 그것은 이웃에게 해로운 일을 하는 것이다.

마지막에 제시된 적법한 실험과 부도덕한 실험 사이의 구별 기준은 클로드 베르나르가 생각하듯이 그렇게 확실한 것으로 보이지는 않는다. 인간에게 선을 행하는 여러 가지 방식이 존재한다. 그런데 그 선은 오로지 선에 대한 정의와 악(한편으로 그 실체를 부인하는 사람도 있다)을 행해서라도 선을 강요해야 한다고 생각하는 완강함에 좌우된다. 가까운 과거의 대규모 사례를 기억(슬픈 기억이지만)해 보자.

실험에 대한 정의에는 인간 주체에 대한 실험의 경우조차도 다음과 같은 특성을 보존하는 것이 필수적이다. 그것은 반응을 즉각적으로 이용하려는 사전 계획 없이 제기된 질문이어야 하며, 또 정황의 압력이 없이 고려된 의도적인 행동의 모습을 가져야 한다는 것이다. 어떤 외과적 개입이 실험의 기회나 수단이 될 수는 있으나 그 자체가 실험은 아니다. 왜냐하면 외과적 개입은 무관심한indifférent 대상에 대한 냉정한 조작이라는 규칙에 부합하지 않기 때문이다. 의사가 수행한 모든 치료적 행위와 마찬가지로 외과적 개입은 비인격적 연구의 단순한 기술로 환원될 수 없는 규범에 부합한다. 내·외과적 치료행위는 과학적 행위인 것만은 아니다. 왜냐하면 아픈 사람은 의사의 과학이 아니라 의사의 양식에 자신을 의탁하므로, 그것은 단순히 해결해야 할 생리학적 문제가 아니라 구조해야 할 곤경이기 때문이다. 어떤 질환에 대한 약동학藥動學적 혹은 외과적 치료의 시도와 생물학적 인과관계에 대한 비판적 혹은 발견적 연구를 구별하는 것은 작위적이며 미묘한 문제라고 반대할 사람도 있을 것이다. 만약 방관자나 환자의 입장만을 고려한다면 그 말은 맞다. 그러나 수술자의 위치에 선다면 더 이상 참이 아니다. 오직 수술자만이 어떤 순간에 그의 의도와 개입의 의미가 변화하는지 정확하게 안다. 예를 들어 보자. 미국의 외과의사 댄디C. F. Dandy는 시신경교차에 대한 외과적 수술 중에 17세 소녀의 뇌하수체 줄기를 완전히 절단했다. 그는 이러한 절단이 여성의 생식생활에 장애를 주지 않는다는 사실을 확인했다. 이는 일부 종의 포유류에서 난소주기와 유즙분비가 현저히 교란되는 것과는 다른 사실이었다.[41] 이 경우 실험이 있었는지 아니었는지를 말하기 위해서는 뇌하수체 줄기를 자르는 것을 피할 수 있었는지 없었는지, 그리고 그렇게 함으로써 무엇을 의도했는가를 알아야 할 것이다. 이와 같은 경우에 오직 수술자만이 수술이 엄격하게 외과적 행위, 즉 치료적 의도를 넘어섰는가를 말할 수 있다.

인간에 대한 생물학적 실험의 정당성에 대한 타당한 기준을 찾기 위해 실험대에 자신의 몸을 누이는 것에 대한 환자의 동의가 일반적으로 요청된다는 사실을 안다. 세균학을 배우는 학생들은 모두 딕 부부

41) *American Journal of Physiology*, t. CXIV, 1940, p. 312. 보르도 의과대학 가스통 마이에르(Gaston Mayer) 교수는 이 실험과 이어서 나오는 몇 가지 실험을 친절하게 우리에게 알려 주었다.

George Frederick Dick and Gladys Henry Dick의 유명한 사례를 안다. 딕 부부는 동의를 얻은 피험자들에 대해 성홍열 환자의 인두人頭나 표저瘭疽에서 채취한 연쇄상구균의 배양물을 인후에 도포함으로써 전형적인 성홍열을 발생시켰다. 제2차 세계대전 중에 미국에서는 수형자나 양심적 병역기피자들에 대해 그들의 동의를 얻어 면역학 실험을 시행했다. 주변부에 있어 어떻게든 명예회복을 하려는 개인의 경우, 동의는 순수하지 못하므로 그 동의가 완전하지 못할 우려가 있다. 이에 대해 실험의 목적과 위험성을 충분히 알고 있는 의사, 실험실 연구자, 간호사가 주저 없이, 그리고 주어진 문제의 해결에 기여하는 것 이외의 다른 관심 없이 실험에 임할 준비가 되어 있는 사례들을 인용함으로써 반박할 수도 있을 것이다.

일견 정당해 보이는 이들 경계적 사례와 명백히 수치스러운 전도된 사례들(입법자에 의해 사회적으로 낙오된 자나 생리학적으로 쇠퇴한 자로 평가절하된 인간존재가 강제적으로 실험재료로 사용되는 경우)[42] 사이에 무한히 다양하게 변이된 사례들이 위치한다. 문제의 요소들에 대한 완전한 지식이 없는 환자가 절반은 치료적이고 절반은 실험적인 행

42) 우리는 아마도 오로지 테크노크라틱하거나 인종주의적 망상으로 인해 비난받는 최근의 끔찍한 사례들을 상기시키기보다는 고대에 이루어졌던 인간에 대한 생체 해부를 언급하고자 한다. 알렉산드리아 의학파의 거두였던 헤로필로스와 에라시스트라토스는 사형선고를 받은 죄인에 대해 생체 해부를 시행했다는 사실을 우리는 안다. "헤로필로스와 에라시스트라토스는 이것[생체 해부]을 아주 잘 행했다. 그들은 왕으로부터 아직 숨을 쉬고 있는 감옥의 죄인을 인도받아 살아 있는 상태로 몸을 열어 이전에 자연이 감추었던 것들, 즉 위치, 색깔, 모양, 크기, 배열, 굳기, 부드럽기, 매끈하기, 관계 등을 관찰했다." Celse, *Artium liber sextus idem medicinae primus, Proemium*.

위에 따르도록 권유받을 때, 그것을 환자의 동의라고 단언하기는 어렵다. 왜냐하면 수술자 역시 문제의 요소에 대한 지식을 결여하고 있으므로, 그는 실험을, 즉 위험을 무릅쓰고 있기 때문이다.[43)]

마지막으로 환자의 동의와 연구자의 권유가 평가와 비판의 대상이 되는 사례들이 있음을 언급하고자 한다. 인간 배아의 최초 단계에 대한 지식은 다음과 같은 실험조건에서 이루어진 관찰로부터 혜택을 입었다. 한 부인과 의사가 다양한 종류의 자궁질환으로 수술을 받아야 하는 여성들에게 어떤 정해진 날 성관계를 가지도록 권유했다. 자궁을 절제한 날을 알고 있으므로, 자궁의 일부를 잘라내어 나이를 쉽게 계산할 수 있는 수정란의 구조를 조사하는 것이 가능했다.[44)]

인간에 대한 실험의 문제는 더 이상 단순히 기술적인 문제가 아니라 가치의 문제이다. 생물학이 단지 문제로서의 인간이 아니라 문제 해결을 위한 연구의 도구로서 인간에 관계되는 순간, 스스로 결정해야 할 다음과 같은 질문이 제기된다. 그것은 과학적 지식의 가치는 과

---

43) E. Guyénot, "L'Expérimentation sur l'homme en parasitologie", *Les Problèmes de la Vie,* Genève: Bourquin, 1946. 나는 여기서 이용하기에는 다음의 논문을 너무 늦게 읽었다. René Fontaine, "L'Expérimentation en chirurgie", *Somme de Médecine contemporaine*, I, Paris: La Diane Française, 1951, p. 155. 이 논문은 어려운 문제들을 회피하지 않고 순응주의나 규약적 관습에 영합하지 않은 큰 장점을 지녔다.

44) John Rock and Arthur T. Hertio, "Some aspects of early human development", *American Journal of Obstetrics and Gynecology*, vol. XLIV, no. 6, Saint-Louis, 1942, pp. 973~983. 존 록(John Rock)과 미리엄 멘킨(Miriam F. Menkin)은 치료목적으로 적출한 난소의 난포에서 추출한 인간의 난자를 시험관 내에서 수정시켜 난자의 성장과정을 일부 관찰할 수 있었다. "In vitro fertilization and cleavage of human ovarian eggs", *American Journal of Obstetrics and Gynecology*, vol. LV, no. 3, 1948, pp. 440~452.

학적 지식의 주체가 자기 자신에 대한 과학적 지식의 대상이 되는 데 동의하는가 하는 질문이다. 여기서 우리는 인간은 수단인가 목적인가, 대상인가 인격인가라는, 인간에 관해 항상 열려 있는 논쟁을 어렵지 않게 확인할 수 있다. 이는 곧 인간에 대한 생물학이 자신 안에 인간의 본성과 그 의미에 관한 해답을 내포하고 있지 않음을 말한다.[45]

본 연구는 생물학적 방법의 독자성, 그 대상의 특이성을 존중하려는 절대적 의무, 실험적 조작을 이끌어 가는 데 적합한 생물학적 본성이 가지는 의미의 가치 등을 역설하고자 했다. 자신이 우리보다 더 주지주의자라고 생각하는 사람은 우리가 시행착오로 이루어진 부분tâtonnement을 과대평가했다고 간주할 것이고, 반대로 자신이 우리보다 더 경험주의자라고 생각하는 사람은 우리가 창의적으로 이루어진 부분invention을 과대평가했다고 간주할 것이다. 오늘날 생물학은 인식의 수단과 그 수단의 가치문제에 대한 철학적 입장을 취하는 데 결정적으로 중요한 학문이라고 생각할 수 있다. 왜냐하면 생물학은 자율적이 되었기 때문이고, 특히 지식의 대상이 그 대상의 본성을 목표로 하

45) Marc Klein, "Remarques sur les méthodes de la biologie humaine", dans *Congrès international de philosophie des sciences*, Paris, 1949, '*Épistémologie*', I, Paris: Hermann, p. 145.
* 치료적 목적의 장기이식 기술이 제기하는 유사한 문제에 대해 의학이 더 나은 해결책을 제시하는 것도 아니다. 이 점에 관해서는 다음의 지극히 훌륭한 논문을 보라. J. Hamburg, J. Crosnier et J. Dormont, "Problèmes moraux posés par les méthodes de suppléance et de transplantation d'organes", dans *Revue française d'études cliniques et biologiques*, vol. IX, no. 6, 1964.

는 지식의 구성에 재귀적으로 관계하는 것을 생물학은 잘 보여 주기 때문이며, 최종적으로 생물학의 내부에 인식과 기술이 불가분 결합되어 있기 때문이다.

우리는 생물학의 역설에 보다 잘 접근하기 위하여 어떤 이미지를 사용하고자 한다. 장 지로두Jean Girodoux의 작품 『엘렉트라』*Electra*에 등장하는 떠돌이 걸인은 도로에서 깔려 죽은 고슴도치가 발에 채이자 도로를 건너게끔 만든 고슴도치의 원죄에 대해 생각을 한다. 만약 이 질문이 어떤 철학적 의미를 가진다면 — 왜냐하면 이 질문은 운명과 죽음의 문제를 제기하므로 — 역으로 이 물음에 생물학적 의미는 거의 없다. 도로는 인간 기술의 산물로 인간 환경의 한 요소이지만, 도로는 고슴도치에게는 아무런 생물학적 가치가 없다. 고슴도치는 그 자체로 길을 건너는 것이 아니다. 그들은 고슴도치의 방식으로, 그들의 식욕 충동과 성적 충동에 따라 고슴도치로서 그들의 환경을 탐색한다. 거꾸로 그들의 사냥터이자 그들이 사랑을 나누는 극장을 가로지르는 것이 인간이 만든 도로이다. 마찬가지로 도로는 토끼나 사자, 혹은 잠자리의 환경도 가로지른다. 그런데 실험적 방법은 — 방법méthode이란 단어의 어원이 지칭하듯이[meta: ~을 따라서, ~을 넘어서 + hodos: 길] — 생물학자인 인간이 고슴도치와 개구리와 초파리와 짚신벌레와 연쇄상구균의 세계를 통과하는 일종의 도로와 같다. 따라서 유기체의 고유한 생명 경험을 이해하기 위하여 살아 있는 존재인 생물학자가 만들어 낸 개념과 지성적 도구를 사용하는 것은 불가피한 동시에 인위적이다. 생물학에서 실험은 불필요하거나 불가능하다는 결론을 그로부터 이끌어 내지는 않을 것이다. 그러나 "생명은 창조이다"[46]라는 클로드 베르나르의 말을 기억하면서 생명에 대한 인식은 예측 불가능한 전환을 통해 이루어진다고 말할 것이다. 그 같은 인식은 어떤 생성을 파악하고자 하는 노력이며, 그 의미가 우리의 오성을 좌절시킬 때만이 그 의미는 우리의 오성에 명료하게 드러난다.

46) Bernard, *Introduction à l'étude de la Médecine expérimentale*, p. 194.

2부
역사

어떤 과학에서 이루어지는 모든 새로운 발전은 필연적으로 이미 존재했던 것들에 의거한다. 그런데 이미 존재했던 것이 항상 분명하게 구별되는 것은 아니다. 알려진 것과 알려지지 않은 것 사이에는 명확한 선이 아니라 흐릿한 경계가 존재한다. 토대를 놓을 수 있는 견고한 대지를 발견할 수 있는 영역에 도달하기 이전에 학자는 현재 문제가 되고 있는 불확실한 지대로부터 벗어나기 위해 멀리 뒤돌아 가야 한다. 우리의 과학적 시야의 범위를 넓혀 감에 따라 만약 우리가 우리의 시야를 명료하게 하고 왜곡으로부터 자유로우려면 우리는 역사를 훨씬 더 거슬러 올라가야 할 것이다.

— 찰스 싱어, 『생물학의 역사』

세포이론

과학사는 현재까지 프랑스에서 기여를 했다기보다는 장려를 받아 왔다. 일반 문화에서 과학사의 지위와 역할이 부정되지는 않았지만, 제대로 규정되지도 않았다. 그 의미 자체가 유동적이다. 일반 문명사의 한 특별한 장으로서 과학사를 써야 하는가? 아니면 어떤 주어진 순간의 과학적 개념에서 한 시대의 보편적 정신, 즉 세계관Weltanschauung의 표현을 찾아야 하는가? 귀속과 관할의 문제 또한 해결되지 않은 채로 남아 있다. 이 역사는(특히 고대에는) 주석가나 문헌학자, 혹은 박식가로서의 역사가에게 속하는가, 아니면 역사가 더듬어 올라갈 수 있는 문제를 학자로서 지배할 능력이 있는 전문 과학자에게 속하는가? 어떤 과학적 문제를 정식화시킨 사람들의 최초의 어설픈 시도에 이르기까지 그 문제를 역사적으로 제대로 추적하기 위해서는 과학적 질문을 전진시켜 나갈 능력이 그에게 있어야 하는가? 아니면 과학사가가 되기 위해서는 그러한 작업의 역사적인, 다시 말해 낡은 특징을 드러내는 것으로, 그리고 용어의 지속에도 불구하고 시대에 뒤떨어진 개념의 특징을 밝히는 것으로 충분한가? 마지막으로, 그리고 이제까지 기술해 온 결과로서 어떤 과학의 역사가 그 과학에 대해 가지는 가치는 무엇인가? 과학적 탐구의 목적인 진실이 시간에 따라 변하지 않는다면 과학사는 인간 이성이 저지른 오류의 박물관에 지나지 않는가? 이러한 경우 과학자에게 과학사는 조금의 노력도 들일 가치가 없는 것이리라. 왜냐하면 이러한 관점에서 본다면 과학사는 역사에 속하는 것이지, 과학에 속하는 것은 아니기 때문이다. 이러한 입장을 따라가면 과학사는 과학적 정신에 대한 하나의 자극제라기보다는 철학적 호기심이라고까지 말할 수 있을 것이다.[1)]

그러한 태도는 과학에 대한 독단적인 관념을 상정하고 있으며, 또한 감히 말한다면 과학적 비판에 대해 독단적인 관념을, 다시 말해 계몽Aufklärung과 콩도르세와 콩트의 관념인 '인간 정신의 진보'라는 관념을 상정하고 있다. 이 관념 위를 떠돌아다니고 있는 것은 지식의 '결정적 단계'라는 환상이다. 거기에 따르면 과학적 편견은 지나간 시대의 판단이 된다. 그것이 오류인 것은 과거의 것이기 때문이다. 시간적인 선행성은 논리적인 열등성이 된다.[2)] 진보는 하나의 가치에서 다른 가치로 치환되는 것이 그 가치를 이루는 가치들의 관계로 여겨지는 것이 아니라, 다른 모든 가치들을 능가하여 다른 가치들을 평가절하시키는

---

1) 과학적 사유의 역사가 가지는 중요성에 대해 파로디(Dominique Parodi)와 로뱅(Léon Robin)이 1934년 4월 14일에 한 토론을 참조하라(*Bulletin de la Société française de philosophie*, mai-juin 1934).

최후의 가치와 동일시된다. 에밀 브레이에는 콩트의 『실증철학강의』에 있는 역사적인 것은 과학적 관념들의 목록이라기보다는 전前 과학적 관념들의 목록이라는 점을 아주 적절하게 지적했다.[3] 콩트의 이러한 개념에 따르면, 실증적인 것과 상대적인 것을 등식화함에도 불구하고 과학사에서 실증주의적 관념은 독단주의와 잠재적 절대주의를 포괄한다. 거기에는 신화의 역사는 있겠지만 과학의 역사는 존재하지 않을 것이다.

그럼에도 불구하고 과학철학의 실증주의적 시대를 넘어선 여러 과학의 발전은 이론을 과소평가하는, 자동적인 진보에 대한 평온한 믿음을 허락하지 않는다. 위기의 차원을 가졌던 하나의 예만 들어 보자. 그 위기의 가운데서 많은 과학적 개념들이 다시금 다듬어져야 했다. 호이겐스Christiaan Huyghens[하위헌스]와 프레넬Augustin-Jean Fresnel은 뉴턴이 명백하게 틀렸다고 확신했지만 우리는 더 이상 광학에서 파동설이 입자설을 무효화시켰다고 말할 수 없다. 파동역학에서 이 두 이론이 종합됨으로써 빛에 관한 현상의 두 표상 중 하나가 다른 하나를 배제할 필요가 없게 되었다. 그런데 오랫동안 낡아빠진 것으로 여겨졌던 옛날

---

2) 실증주의자의 이러한 테제는 클로드 베르나르에 의해 어떠한 망설임도 없이 제기된다. 『실험의학서설』에서 그가 과학사와 과학적 비판을 다루는 부분들(2부 2장 마지막), 특히 다음과 같은 말을 보라. "따라서 현재의 과학은 필연적으로 과거의 과학보다 우월하다. 현대과학을 발전시키기 위해 고대인들의 지식을 탐구하러 갈 하등의 이유가 없다. 고대 이후에 발견된 사실들을 포괄하지 못하기 때문에 필연적으로 그릇된 그들의 이론은 현재의 과학에 대해 아무런 실제적 도움이 되지 않는다."

3) Émile Bréhier, "Signification de l'histoire de la pensée scientifique", *Bulletin de la Société française de philosophie*, mai-juin 1934.

이론이 때로는 명백하게 역설적임에도 불구하고 새로운 현실성을 획득하게 되는 순간부터 그 이론을 제안한 창시자들을 보다 넓은 공감을 가진 정신으로 다시 읽음으로써 우리는 다음과 같은 사실을 알아차리게 된다. 즉 그들 자신이 완전한 설명으로서 그 이론의 가치에 대해 상당히 유보적인 태도를 취했으며, 그들 자신이 당연히 불완전하게밖에는 정식화시킬 수 없었던 다른 견해에 의해 그 이론을 교정하거나 보완하지 않으면 안 된다는 사실을 어렴풋이 예상했다는 사실이다.

이렇게 하여 뉴턴은 나중에 자신의 이름이 붙게 된 원환을 보고 입자설로는 설명할 수 없는 산란과 간섭현상을 발견했다. 따라서 그는 자신의 개념을 주기적 속성을 지닌 원소('쉬운 반사와 쉬운 투과'의 발작 이론)에 호소함으로써 자신의 개념을 보완할 필요성을 예상하게 되었지만, 루이 드 브로이는 그 보완을 "파동역학에 의해 2세기 후에나 실현될 종합의 일종의 예시豫示"[4]로 보았다. 뉴턴에 대해서도 폴 랑주뱅Paul Langevin은 중력 이론이 '교조화에 의해 이론이 노화'한 놀라운 사례로 간주하게 만드는 기회가 되었다는 점을 지적했다. 『자연철학의 수학적 원리』(1687)의 저자는 먼 거리에서의 끌어당김이라는 가설이 이해 가능한 것이 될 수 없었던 모든 사실들에 충분히 주의를 기울이고 있었기 때문에 그 책임이 개인적으로 뉴턴에게 있는 것은 아니다. "그의 제자들이 뉴턴의 성공적인 시도 앞에서 저자의 생각을 넘어서서 뒤로 돌아오는 것을 더욱 어렵게 만든 독단적 양상을 부여했던 것

4) Louis de Broglie, *Matière et Lumière*, Paris: A. Michel, 1937, p. 163.

이다." 이 사실과 이와 유사한 다른 사실들로부터 랑주뱅은 현재의 과학교육의 독단적 정신에 대해 단호하게 비호의적인 결론을 이끌어 낸다. 신선한 정신을 가진 사람들을 과학적 작업, 다시 말해 문제에 대한 보다 포괄적 이해나 일부 해결책들을 의문에 부칠 수 있도록 준비시키기 위해서는 원천으로 돌아가는 것이 불가피하다.

> 교조주의에 맞서 싸우기 위해, 새로운 이론의 정초자들이 자신들이 만든 체계의 취약함과 부족함을 그들의 후계자와 주석가들보다 얼마나 잘 이해하고 있었는가를 확인하는 것은 시사해 주는 바가 크다. 정초자들이 보여 주었던 유보는 그 후 망각되며, 그들에게는 가설이었던 것이 그 기원에서 멀어져 감에 따라 점차 침범할 수 없는 도그마가 되며, 그 일시적이고 잠정적인 성격이 망각된 관념의 다소간 동떨어진 귀결을 경험이 부정할 때까지, 거기에서 벗어나기 위해서는 맹렬한 노력이 필요하게 된다.[5)]

랑주뱅의 지극히 풍요로운 사상을 지지하기 위해서 우리는 생물학에서 종의 문제를 사례로 들고자 한다. 린네Carl von Linné를 종불변론의 권위적인 아버지로 고발하지 않는 자연사나 과학철학의 기초 교과

---

5) Paul Langevin, "La Valeur éducative de l'histoire des Sciences", *Bulletin de la Société française de philosophie française de pédagogie*, no. 22, déc 1926, Conférence reproduite dans *La Pensée captive* de J. Bézard, Vuibert, 1930, pp. 53 sq.

서는 없다. 귀에노는 자신의 저서 『17 · 18세기의 생명과학』[6]에서 다음과 같이 썼다. "원칙적으로 종의 불변성이란 개념을 세운 것은 린네의 독단적 정신이었다."(p. 361) 그렇지만 조금 뒤 귀에노는 린네가 잡종 현상에 대한 관찰을 통해 그 기전이 알려져 있지는 않지만 "일종의 제한적인 변이론"을 승인하게끔 되었다는 점을 인정한다(p. 373). 자신의 『생물학의 역사』 어느 부분에서 린네를 종불변론자로 규정하고 있는 싱어는 다른 곳에서 이러한 처음의 해석을 교정한다.[7] 귀에노와 싱어는 린네를 미묘하고 주저하는 종불변론자 존 레이John Ray와 대비시킨다. 그런데 사실은 린네가 레이에 비해 훨씬 의미 깊은 생물학적 현상의 관점에서 애초의 종불변론에 대해 훨씬 뚜렷한 수정을 가했다. 이러한 사실은 퀴에노의 저서 『종』[8]에 잘 나타난다. 그리고 이것은 크누트 하그베리의 저서 『칼 린네』[9]에서도 놀랄 만큼 명료하게 나타난다. 린네가 처음에 가졌던 종에 대한 관념을 완벽하게 포기하게 만든 것은 식물계와 동물계에 나타나는 기형적이거나 이상異常한 변이들에 대한 린네의 성찰이었다. 하그베리에 따르면 종불변론자의 우두머리로 칭해지는 린네가 "이 테제의 타당성을 의심하는 자연사학자들에 합류하게 된다"는 점을 인정해야만 한다. 린네가 신에 의해 창조

---

6) E. Guyénot, *Les Sciences de la Vie aux XVII et XVIII siècle*.

7) Ch. Singer, *Histoire de la biologie*, Paris: Payot, 1934, Gidon의 프랑스어 번역본 p. 196과 p. 316.

8) L. Cuénot, *L'Espèce*, Doin, 1936.

9) K. Hagberg, *Carl Linné*, éd. 'Je Sers', 1944, Ammar와 Metzger의 프랑스어 번역본 p. 79와 pp. 162 sq.

된 일정한 자연 질서에 대한 관념을 결코 완전히 포기한 것은 아니라는 사실은 명백하지만, 그는 '시간의 자식'인 종과 속의 존재를 인정했으며[10] 마침내는 끊임없이 개정했던 자신의 저서 『자연의 체계』*Systema Naturae*의 최종판에서 새로운 종은 생겨나지 않는다는 주장을 삭제하기에 이르렀다.[11] 린네는 결코 종에 대한 분명한 관념에 도달한 적이 없다. 린네와는 달리 자신의 출발점이라는 장애물을 극복할 필요가 없었던 그의 후계자들은 린네보다 운이 좋았을까? 그렇다면 왜 과학사가들은 이론의 구성이 아니라 교육법이 책임져야 할 경직된 학설의 책임을 린네에게 돌린 것일까? 물론 린네의 저작은 그로부터 종불변론을 끌어낼 여지를 허용하지만, 그의 전 저작을 통해 다른 것 또한 끌어낼 수 있다. 어떤 과학적 저작의 풍부함은 그 저작이 기울어져 있는 방법론적이거나 학설상의 선택을 강요하지 않는 것에 있다. 선택의 이유는 그 저작이 아닌 다른 곳에서 찾아야만 한다. 올바르게 이해된 과학사의 이점은 과학에서 역사를 드러내는 것으로 보인다. 따라서 우리들에게 역사는 가능성의 의미이다. 인식한다는 것은 어떤 현실에 부딪히는 것이라기보다는 가능한 것을 필연적으로 만듦으로써 가능한 것을 유효하게 만드는 일이다. 따라서 가능한 것의 생성은 필연적인 것의 증명과 마찬가지로 중요하다. 가능한 것의 취약함은 필연적인 것이 그

---

10) Carl Linné, 『식물의 성에 대한 새로운 증거들』(*Nouvelles preuves de la sexualité des plantes*), 1759.

11) Jean Rostand, *Esquisse d'une Histoire de la Biologie*, Paris: Gallimard, 1945, p. 40에서 린네는 종변이론의 정초자의 한 사람으로 제시된다.

견고함에 의해 얻은 위엄을 그로부터 빼앗아 가지 않는다. 환상은 진리가 될 수도 있다. 어쩌면 언젠가 진리가 환상이 될 수도 있을 것이다.

19세기 말 프랑스에서 절충적 유심론의 마지막 지지자들이 소멸해 가는 시점에서 부트루Émile Boutroux, 푸앵카레Henri Poincaré, 베르그손과 같은 사상가들과 『형이상학·도덕 평론』*Revue de métaphysique et de morale*의 창설자들은 지극히 정당하게도 철학과 과학을 긴밀하게 접근시키려 시도했다. 그러나 나쁜 의미에서 말장난이나 변증법적 장난의 모습을 제거함으로써 철학에 진지한 모습을 부여하려는 것으로는 충분하지 않다. 과학이 철학과 교류함으로써 일종의 자유를 얻어 낸다면 그 또한 무익하지 않을 것이다. 그 자유는 인식을 오래 간청된 계시로, 그리고 진리를 실증적이라는 자격을 부여받은 도그마로 맹목적으로 취급하는 것을 막아 줄 것이다. 따라서 과학에 대한 개념과 문화의 방법에 대한 기본적 원리들을 과학사에서 추구하는 것은 유익할 것이다. 그 과학사는 관념들이 현재의 내용을 획득하게 된 진보에 대한 심리학으로서, 또 논리적 계보학의 형태화로, 그리고 바슐라르의 표현을 차용하자면 극복된 '인식론적 장애물'에 대한 재고 조사로 이해된다.

우리는 이러한 차원에 대한 최초의 시도로서 생물학에서 세포설을 선택했다.

세포설은 철학적 정신을 가진 사람이 생물학의 특성에 대해 갈피를 잡지 못하기 딱 좋도록 만들어졌다. 그것은 합리적인가, 아니면 실험적인가? 빛의 파동을 보는 것은 이성의 눈이지만, 식물 절편에서 세포를 확인하는 것은 감각 기관으로서의 눈이다. 그 경우 세포설은 관찰 기록의 모음집이 될 것이다. 현미경으로 무장한 눈이 세포로 이루어진 거시적 생명체를 보는 것은 육안으로 생명권을 구성하는 거시적 생명체를 보는 것과 같다. 그렇지만 현미경은 시각의 연장延長이라기보다는 지성의 연장이다. 특히 세포설은 모든 존재가 세포로 이루어져 있다는 주장이 아니라, 먼저 세포는 모든 살아 있는 존재들의 유일한 구성요소라는 주장이며, 다음으로 모든 세포는 선재先在하는 하나의 세포로부터 유래한다는 주장이다. 그런데 이러한 말을 할 수 있게끔 허락하는 것은 현미경이 아니다. 현미경은 기껏해야 그러한 말을 확인해 주는 수단에 불과하다. 그러나 그러한 사실을 확인하기에 앞서 그것을 말하고자 하는 생각은 어디에서 오는가? 여기에서 세포 개념 형성의 역사가 중요성을 가진다. 이 작업은 마르크 클랭의 저작 『세포설의 기원사』[12] 덕분에 아주 용이하게 되었다.

세포에 대해서 사람들은 일반적으로 로버트 훅(1635~1703)에게 지나친 영예를 부여한다. 어느 정도는 우연히, 그리고 현미경이 처음으로 보여 준 것들을 호기심에서 재미 삼아 보다가 그 사실을 발견한 것은 훅이 맞다. 코르크 조각을 박편으로 자르기 이전에 훅은 거기에서 격막 구조를 보았다.[13] 이미지의 영향으로 '세포'라는 말을 만들어 낸

---

12) Marc Klein, *Histoire des Origines de la Théorie cellulaire*, Paris: Hermann, 1936.

13) Robert Hooke, *Micrographia or some physiological descriptions of minute bodies made by magnifying glasses, with observations and inquires thereupon*, London, 1667.

것도 그였다. 그는 식물의 대상을 동물이 만든 벌집과 동일시하였는데, 벌집 또한 인간의 제작물과 동일시되었다. 왜냐하면 '세포'cellule는 작은 방을 의미하기 때문이다. 그러나 훅의 발견은 아무것도 추동하지 못했고, 출발점도 아니다. 세포라는 말 자체도 사라졌다가 한 세기 이후에 다시 되찾게 된다.

이 구조의 발견과 세포라는 말의 고안은 이제부터 약간의 반성을 요하게 된다. 세포와 더불어 우리는 하나의 생물학적 대상과 마주하게 되는데 이 대상이 다원적으로 결정되었음은 명백하다. 세포의 지식에 대한 정신분석은 아주 성공적인 것으로 간주된다. 체계적인 의도가 없었다 하더라도 어떤 공헌을 가져온 분야의 위엄을 요구할 수 있을 정도이다. 누구나 자연사 강의를 회상해 보면 생명체의 세포구조에 대한 이미지를 떠올릴 수 있을 것이다. 이러한 이미지는 거의 규준적인 불변성을 갖고 있다. 상피의 도식적인 표상은 벌집의 이미지이다.[14)]

세포는 우리들에게 승려나 포로가 아니라 꿀벌을 생각하게 만든다. 헤켈(1834~1919)은 꿀로 가득 찬 밀랍의 방들[cellules]은 세포액으로 가득 찬 식물 세포에 대한 완벽한 상응물이라고 지적했다.[15)] 그럼에도 불구하고 사람들의 정신을 지배하는 세포 개념은 이러한 총체적인 대응과는 별 관계가 없는 것으로 보인다. 아니 오히려 살아 있는 유기체

---

14) 예를 들어 다음의 그림을 보라. Bouin, Prenant et Maillard, *Traité d'Histologie*, 1904, t. I, p. 95, 그림 84; Aron et Grassé, *Précis de Biologie animale*, 1935, p. 525, 그림 245.

15) Ernst Haeckel, *Gemeinverständlische Werke*, Leipzig: Kröner Verlag, Berlin: Henschel Verlag, 1924, IV, p. 174.

의 기본요소를 지적하기 위해 벌집으로부터 세포라는 용어를 의식적으로 차용한 인간의 정신이 벌집을 만든 협동적 작업이라는 관념을 거의 무의식적으로 차용했다. 봉방蜂房이 한 건축물의 요소인 것과 마찬가지로 마테를링크Maurice Maeterlink(1862~1949)의 말에 따르면 꿀벌들은 공화국에 흡수된 개인들과 같다. 사실 세포는 해부학적인 동시에 기능적인 관념이며, 요소적 소재이자 개인적, 부분적, 종속적인 작업의 관념이다. 확실한 것은 협동과 연합이라는 정서적인 사회의 모든 가치는 가까이든 멀리든 세포설의 전개 주변을 맴돈다.

훅의 몇 년 이후 한편으로는 말피기Marcello Malpighi(1628~1694)가, 다른 한편으로는 그루Nehemiah Grew(1641~1712)가 각각 동시에(1671) 식물의 현미경적 해부학에 대한 작업을 출판했다. 훅을 참고하지 않고 그들은 동일한 사실을 재발견했다. 그러나 그들이 사용한 말은 달랐다. 이들은 생명체 안에는 우리가 지금 세포라고 부르는 것들이 있다고 확인했지만, 그들 중 누구도 생명체는 세포 이외의 다른 것이 아니라는 주장을 하지 않았다. 나아가 클랭에 따르면 그루는 세포가 최초의 생명체 액에 나타나는 이차적 산물이라는 이론의 신봉자였다. 이것을 계기로 하여 생물학 이론의 역사가 순수하게 과학적인 관심에 의한 것인가 하는 문제를 제기해 보자.

생물학이 생명체의 형태학적 구성에 관심을 가진 이래 인간정신은 다음과 같은 두 개의 표상 사이에서 동요해 왔다. 즉 기본적으로 가소성을 가진 연속적 실체인가, 아니면 조직된 원자나 혹은 생명의 씨앗과 같은 부분들의 합성체인가 하는 것이다. 광학에서와 마찬가지로 여기서도 연속성과 불연속성에 대한 요청이 충돌하고 있다.

생물학에서 원형질protoplasma이란 말은 유기체를 구성하는 원자적 요소로서 간주되는 세포의 구성 성분을 지칭한다. 그러나 이 용어의 어원적 의미는 최초의 구성적인 액체라는 개념을 떠올리게 한다. 선재先在하는 세포의 분열에 의해 세포가 태어난다는 사실을 정확히 관찰한 초창기의 학자들 중 한 사람인 식물학자 후고 폰 몰Hugo von Mohl(1805~1872)은 1843년 '원형질'이라는 용어를 제안했다. 그는 세포가 태어나는 곳 어디에서나 최초의 고체상의 생산물에 선행하여 존재하는 어떤 생리학적 기능에 관련되는 액체로서 이 용어를 제시했다. 뒤자르댕Félix Dujardin(1801~1860)은 1835년 이것을 '사르코드'sarcode라고 명명했는데 그 의미는 후에 자기조직될 수 있는 살아 있는 젤리 상태의 물질로 이해된다. 세포이론의 정초자로 여겨지는 슈반Theodor Schwann(1810~1882)에서조차도 이 두 이미지는 서로 간섭한다. 슈반에 따르면 구조가 없는 물질인 세포아체細胞芽體, cytoblastème가 존재하며, 그 안에서 핵이 태어나고 핵 주위로 세포가 형성된다. 슈반은 영양액이 조직을 침투하는 곳에서 세포가 형성된다고 말했다. 세포설을 정초하는 데 가장 큰 기여를 한 학자들에게조차 관찰할 수 있는 이론상의 양가성은 클랭으로 하여금 다음과 같은 말을 하도록 했는데 이 말은 우리들의 연구에 엄청난 중요성을 가진다.

> 따라서 우리는 소수의 근본적인 관념들이 지극히 다양한 대상에 대해 작업하고 지극히 다른 견해를 가지는 학자들 사이에서 집요하게 반복

적으로 생겨나는 것을 발견하게 된다. 물론 이들 학자들은 다른 이들의 생각을 취한 것이 아니다. 이런 근본적인 가설들은 과학에서 설명의 일부를 이루는 사유의 변함없는 양식을 대표한다.

만약 우리가 이러한 인식론적 차원의 확인을 인식작용에 대한 철학의 차원으로 옮겨 놓는다면 이론은 결코 사실로부터 나오는 것이 아니라고 말해야 한다. 이는 흔한 경험주의적인 입장에 반대되는 것으로 과학자들은 자신들의 실험으로 얻은 지식에 대해 흔히 이런 경험주의적 철학에 도달한다. 이론은 때로는 아주 오래된 선행 이론으로부터만 생겨난다. 사실이란 길에 불과하며(그 길이 곧은 경우는 드물다), 그 길을 통해 이론들이 상호 간에 생겨난다. 이론으로부터만 이론이 생겨나는 이러한 유연관계는 오귀스트 콩트에 의해 아주 잘 밝혀졌다. 그는 관찰 사실은 주의를 방향 짓는 관념을 상정하므로, 거짓 이론이 참된 이론에 선행하는 것은 논리적으로 불가피하다고 지적했다. 그렇지만 우리는 이미 콩트의 개념이 어떤 점에 있어서 우리에게 지지될 수 없는 것으로 보였는가에 대해 말했다. 그의 오류는 시간적인 선행성을 논리적 열등성과 동일시한 점에 있다. 이러한 동일시로 인해 콩트는 수학적 연역에 의해 경험주의를 완화시키고 '일반적 사실'이라는 논리적 기형이 가진 이론적 가치(이후 그의 눈에 결정적인 것으로 생각된)를 신성시하게 되었다.

요컨대 우리는 세포이론의 진정한 기원을 미세구조를 지닌 생명체의 발견이 아닌 다른 곳에서 찾아야 한다.

1707년은 생물학의 역사에서 기억할 가치가 있는 해이다. 이 해에 18세기를 지배한 두 명의 위대한 자연사가 린네와 뷔퐁G. L. L. de Buffon (1707~1788)이 태어났다. 1708년에는 그들에 필적하는 할러Albrecht von Haller(1708~1777)가 태어났다. 서로 다른 형태 아래서 그들은 생명의 다양한 발현 단위들에 몰두했다. 엄밀하게 말하면 그들 중 누구에게도 생명체의 기본적 구성요소에 대한 관념은 낯설지 않았다. 그렇지만 린네의 경우는 거의 시적이라고 할 만큼 직관적 관점을 가졌으며, 그것은 1749년 『베스트로고티에로의 여행』*Voyage en Vestrogothie*에서 상당히 우발적으로 정식화되었다.

> 식물과 동물이 부패하면 부식토가 되며, 다음으로 부식토는 거기에 씨 뿌려지고 뿌리를 내린 식물들의 영양분이 된다. 따라서 가장 강력한 떡갈나무와 가장 천한 쐐기풀은 같은 요소들로, 다시 말해 가장 미세한 부식토의 입자들로 만들어진다. 창조주는 자연을 통해, 혹은 철학자의 돌을 통해 각 식물의 고유한 종에 따라 부식토를 바꾸고 변환시키기 위해 각 씨 안에 입자들을 두었다.

이것은 나중에 린네가 물체의 윤회(물체의 영혼이체, metempsychosis corporum)라고 부르는 것이다. 물질은 남지만 형태는 사라진다. 이러한 우주적 관점에 따르면 생명은 형상에 있으며 요소적 물질에 있는 것이 아니다. 모든 생명체에 공통적인 살아 있는 요소라는 관념은 린네에 의해 만들어지지 않았다. 린네는 개체를 구성하는 가소적인plastique 기본요소보다는 여러 종들의 구성이라는 차원에서 통일성을 추구하는 체계가이다.

반면 할러와 뷔퐁은 미세해부학적 사실에 따르기 위해서라기보다는 사변적 요청에 응하기 위해 생명체를 살아 있는 단위요소들로 환원시키려는 시도를 정식화했다. 이 단위요소들은 원초적 존재와 이해 가능한 근거라는 이중의 의미에서 생물학에서 원리의 역할을 수행한다.

할러는 유기체를 구성하는 살아 있는 요소를 섬유 안에서 보았다. 특히 신경, 근육, 힘줄, 느슨한 결합조직(할러가 세포 조직이라 부른)에 대한 검토에 근거하고 있는 이 섬유이론은 19세기 중반까지 여러 생물학자들에 의해 다양한 모습으로 존속하게 된다. 할러의 개념이 가진 명백하게 체계적인 특성은 1757년에 쓴 『생리학 강요』[16]의 처음부터 터져 나온다. "생리학자에게 섬유는 기하학자에게 직선과 같다." 할러가 파악한 바와 같은 생리학에서 기본요소는 유클리드가 파악한 기하학에서 기본요소가 보여 주는 것과 동일한 모호성을, 다시 말해 경험적이거나 아니면 합리적인 기원을 가진다는 동일한 모호성을 나타낸다. 같은 시기의 다른 저작에서 할러는 다음과 같이 썼다.

> 감각이 아니라 이성이 우리들로 하여금 지각하게 만드는 가장 작은 섬유, 혹은 단순한 섬유는 글루텐에 의해 서로 연결되어 종적으로 긴밀하게 부착된 육상terrestre 분자들로 이루어져 있다.(강조는 인용자)[17]

---

16) Albrecht von Haller, *Elementa Physiologiae*, 1757.

클랭은 뷔퐁이 현미경을 거의 사용하지 않았다고 강조하지만, 우리는 뷔퐁의 저작 안에서 18세기가 체계라는 말에 부여하는 의미에 정확히 부응하는, 생명체의 구성에 대한 이론을 발견한다. 뷔퐁은 몇 개의 원리들을 가정하는데, 이는 그 귀결로서 일련의 사실들을 설명하기 위해서이다. 그것은 본질적으로 생식과 유전에 관한 사실들이다. '유기분자' 이론이 제시되어 있는 것은 『동물론』*Histoire des Animaux*(1748)이다. 뷔퐁은 다음과 같이 썼다.

> 그 모든 부분에서 증식하고 생식할 수 있는 동물과 식물은 그와는 별개이지만 유사한 구성체들로 이루어진 조직체이다. 우리는 육안으로 그 축적된 덩어리를 구분할 수 있지만, 그 최초의 부분들은 추론에 의해서만 지각할 수 있다. (제2장)

---

17) 할러는 스테노(Nicolaus Steno, 1638~1686)와 엄밀하게 동일한 논의를 전개했다. 스테노는 *De Musculis et Glandulis observationum specimen*(1664)에서 근육의 섬유이론을 제시하였으며, *Elementorum myologiae specimen*(1667)에서는 그 이론을 기하학적 서술 형식으로 되풀이했다. 뒤의 저술에서 단어의 기하학적 의미에서 최초의 정의는 '섬유'이다.
동물과 식물의 섬유구조는 데카르트의 『인간론』(*Traité de l'Homme*, éd. Adam-Tannery, *Oeuvres*, XI, Paris: Vrin, p. 201)에서 그가 가르쳤던 사실을 우리는 상기하고 싶다. 그렇지만 *Generatio Animalium*(*Oeuvres*, XI, p. 534)과 같은 텍스트로 인해 데카르트를 세포이론의 선구자로 제시하고자 한 사람도 있었다. "동물과 식물의 형성은 이들 양자 공히 열의 힘에 의해 원형으로 회전하는 물질입자로 만들어져 있다는 점에서 서로 닮았다." 우리는 이러한 의견을 결코 공유하지 않는다. 이러한 견해를 주장한 사람은 베르트랑 드 생제르맹 박사이다. Dr. Bertrand de Saint-Germain, *Descartes considéré comme physiologiste et comme médecin*, Paris, 1869, p. 376. 섬유이론으로부터 세포이론으로의 이행에 대해서는 이 책 289쪽 부록 1을 보라.

이로 인해 뷔퐁은 무한한 양의 살아 있는 구성 부분들이 존재하고, 그 실질은 유기체와 동일하다고 인정하게 되었다. 동물과 식물에 공통된 구성 부분들은 원초적인 동시에 부패하지 않으며, 그 결과 유기체들의 생성과 소멸은 이들 요소적인 생명체들의 결합과 해체에 다름 아니다.

뷔퐁에 따르면 이러한 가정은 생식현상을 설명하기 위해 뷔퐁 이전에 제시된 경쟁하는 두 이론, 즉 난자론ovisme과 정자론animalculisme이 맞닥트린 어려움을 피할 수 있게 하는 유일한 가정이다. 이들은 모두 한 방향의 유전을 인정한다는 점에서는 일치하지만, 난자론자는 흐라프Reinier de Graaf를 따라서 모성 유전을 받아들이고, 정자론자는 레이우엔훅Anton van Leeuwenhoek을 따라서 부성 유전을 받아들인다는 점에서 상반된다. 잡종형성에 주의를 기울였던 뷔퐁은 양방향의 유전밖에는 생각할 수 없었다(제5장). 아이는 부모를 동시에 닮을 수 있다는 사실이 이러한 개념을 불가피하게 만든다. "태아의 형성은 두 개체의 종자 체액의 혼합물에 포함된 유기분자들의 결합에 의해 이루어진다."(제10장) 우리는 뷔퐁의 증언(제5장) 자체에 의해서 그의 이론에 대한 최초의 착상은 모페르튀이Pierre Louis Moreau de Maupertuis(1698~1759)에게서 온 것이라는 사실을 안다. 그의 『자연학의 비너스』*Vénus physique*(1745)는 동물의 기원론에 대한 비판적 보고이다. 우발적인 다양한 변이의 발생, 이들 변이의 세대 간 계승, 그리고 끝으로 종의 확립과 소멸을 설명하기 위해 경험이 우리들로 하여금 받아들이도록 강요하는 것처럼 보이는 다음의 내용을 사실로 간주하게 된다. 그것은 각 종의 동물들이 가지는 종자 체액은 조합에 의해 같은 종의 동물을 형성하는 데 적합한 다수의 부분을 포함하고 있으며, 각 개체의 종자 체액에서 그 개체와 유사한 특성을 형성하기에 적합한 부분들은 가장 많고 가장 친화성affinité 높은 부분들이며, 동물의 각 부분은 자신의 배종을 산출하고, 따라서 동물의 종자는 그 동물의 축소판을 포함하고 있다는 것이다.

여기서 모페르튀이가 '친화성'이란 용어를 사용한 방식에 특히 주의를 기울여야 한다. 이 개념은 오늘날의 우리에게는 일상적인 말처럼 보인다. 18세기에 그것은 뉴턴 역학의 모든 무게를 싣고 있는 진정한 과학적 개념이었다. 친화성이란 용어 배후에는 인력이라는 용어가 있다는 사실을 인지해야 한다. 뷔퐁의 사상에서 살아 있는 유기체에 대한 뉴턴 역학의 권한은 뚜렷하다.

> 혈액운동도, 근육운동도, 동물적 기능들도 충격이나 통상적인 역학의 다른 법칙으로 설명될 수 없다는 것은 명백하다. 영양섭취, 발달, 생식은 다른 법칙에 따라 이루어진다는 사실은 지극히 명백하다. 따라서 한편으로 말하면 우리는 물체의 중력이나, 자기적 인력, 화학적 친화성 등에서 그러한 실례를 갖고 있는데, 대량의 물체에 침투하고 작용하는 힘을 왜 인정하지 않는가? (제9장)

인력에 의한 유기분자들의 이러한 응집은 일종의 형태학적 항상성의 법칙을 따르는데, 뷔퐁은 이를 '내적 주형'이라고 불렀다. 유기분자 가설에 덧붙여진 '내적 주형'의 가설 없이는 생명체의 영양섭취, 발달, 생식은 이해가 불가능하다.

> 동물의 몸은 일종의 내적 주형으로, 그 안에서 성장에 사용되는 물질이 조형되어 전체에 동화된다. [⋯] 따라서 동물이나 식물의 몸체는 일정한 형태를 가지는 내적 주형이다. 그렇지만 그 양과 부피는 비례적으로 증가할 수 있으며, 동물이나 식물의 성장, 혹은 발달은 이 주형이 그 모든 내적·외적 차원에서 확장되어야만 이루어질 수 있다. 이러한 확장은 내부로 침투하여 주형의 형태와 유사하게 되고, 주형의 물질과 동일한 것이 되는 부가적이고 이질적인 물질이 섭취됨으로써 이루어진다. (제3장)

내적 주형은 아리스토텔레스의 형상인과 클로드 베르나르가 말하는 지도적 이념 사이의 논리적 매개항이다. 그는 유기체의 형태학적 개별성을 설명하라는 생물학적 사고의 동일한 요구에도 답한다. 뷔퐁은 그러한 가설을 제시함으로써 형이상학에 빠지지 않는다고 확신했다. 그는 또한 뉴턴 역학의 원리를 데카르트 역학의 원리와 동일한 자격으로 받아들인다면 그것이 생명에 대한 역학적 설명과도 갈등을 일으키지 않는다고 확신했다.

> 나는 발생과 생식에 대한 나의 설명에서 먼저 일반적으로 받아들여지고 있는 역학의 원리들을 인정했으며, 다음으로 중력의 침투력이라는 원리를 인정했는데, 이 원리도 일반적으로 받아들여지지 않으면 안 된

다. 그리고 경험이 우리에게 확신시켜 주는 바와 같이 유기체에 작용하는 또 다른 침투력이 존재한다고 나는 유추에 의해 말할 수 있다고 생각한다. (제3장)

경험에 관한 말들은 놀랍다. 뷔퐁은 사실들에 의해서, 그리고 경험을 일반화함으로써 무수한 유기적 부분들이 존재한다는 사실을 입증했다고 생각했다.

사실 뷔퐁은 경험을 읽는 특정한 방식을 경험의 속성으로 돌렸지만, 그러한 독해 방식의 책임을 져야 할 것은 경험이 아니라 뷔퐁의 독해 방식이다. 뷔퐁은 뉴턴을 읽고, 공부하고, 찬미했다.[18] 그는 1740년 『유출론』*Traité des Fluxions*을 번역하고 서문을 썼다.[19] 찰스 싱어는 통찰력을 갖고 이 번역이 프랑스 생물학사에서 흥미로운 의의를 가진다는 점을 인정했다. 왜냐하면 이 번역은 뉴턴 이론의 수입에 관한 한 프랑스에서 독점권을 가지고자 했던 볼테르를 불안하게 만들었기 때문이다. 볼테르는 유보 조항을 달지 않고 뷔퐁을 칭찬하는 일이 결코 없었으며, 뷔퐁의 조력자 니덤John Needham(1713~1781)을 조롱했으며, 뷔퐁이

18) 『지구의 이론』(*Théorie de la Terre*)의 부록에서 「원소에 대하여」(Des Eléments)와 특히 「인력의 법칙에 관한 고찰」(Réflexions sur la loi de l'attraction)을 보라.

19) 빅 다지르(Félix Vicq d'Azyr)는 자신의 『뷔퐁 예찬』(*Éloge de Buffon*, l'Académie française, 1788. 12. 11.)에서 뷔퐁의 합당한 가치를 잊지 않고 언급했다. 루이 룰은 뷔퐁이 "수학적 계산에서 시작하여 물리과학으로 갔고, 계속해서 자연에 대한 여러 과학으로 갔다"는 사실에 중요성을 부여했다. Louis Roule, *Buffon et la Description de la Nature*, Paris: Flammarion 1924, p. 19 이하를 참조하라. 마찬가지로 장 스트롤은 뷔퐁 재능의 이러한 측면을 뷔퐁에 대한 자신의 저서에서 잘 보여 주었다. Jean Strohl, *Tableau de la Littérature française*(XVIIe-XVIIIe siècles), Paris: Gallimard, 1939.

저술한 『지구론』과 『자연의 시기들』의 지질학적 설명에 대해 조롱 섞인 반대의견을 제시했다. 흄David Hume이 같은 시기에 정신계의 뉴턴이 되고자 했던 것과 거의 같은 식으로 뷔퐁은 유기적 세계의 뉴턴이 되고자 했다는 사실은 명백하다. 뉴턴은 천체를 움직이고 지상의 물체에 작용하는 힘들의 단일성을 입증했다. 인력을 통하여 뉴턴은 보다 복잡한 물질계에서 요소적 덩어리들 사이의 응집력을 설명했다. 인력이 없다면 실재는 먼지가 될 것이며 우주도 존재하지 않을 것이다.

뷔퐁에게 있어 "만약 물질이 서로 끌어당기지 않는다면"은 "만약 모든 물체가 그 응집력을 잃는다면"[20]과 동일한 가정이었다. 충실한 뉴턴주의자로서 뷔퐁은 빛의 실체성과 입자성을 인정했다.

> 우리가 알고 있는 가장 작은 물질 분자, 가장 작은 원자는 빛의 그것들이다. [⋯] 빛은 비록 외견상 중력과는 완전히 상반되는 성질, 다시 말해 빛에 본질적이라고 믿어지는 가벼움을 갖고 있지만, 그럼에도 불구하고 다른 모든 물질과 마찬가지로 무게를 가진다. 왜냐하면 빛은 다른 물체들을 지나칠 때 굽으며, 그 물체들의 인력권 내에 있기 때문이다. [⋯] 모든 물질이 분할에 의해, 또 과도하게 분할된 부분들이 서로 충돌할 때 일어나는 반발에 의해 빛으로 전환될 수 있는 것과 같이 빛도 다른 물체의 인력에 의해 집적된 그 자신의 부분들이 더해짐으로써 다른 모든 물질로 전환될 수 있다.[21]

---

20) G. Buffon, *Des Eléments,* 1re partie, "De lumière, de la chaleur et du feu".

빛, 열, 그리고 불은 공통물질의 존재양식이다. 어떻게 "자연이 이 유일한 원동력과 소재를 갖고 자신의 작품을 무한히 변주시키는가"[22]를 탐구하는 것이 과학이 하는 일이다. 물질과 빛에 대한 입자적 개념은 유기 물질이 단지 물질과 열이라고 생각하는 사람들에게 필연적으로 유기 물질이 입자적으로 구성되어 있다는 개념을 가지게 만든다.

> 우리는 인력만으로 무기 물질의 모든 효과를 설명할 수 있으며, 인력에 열을 더하면 모든 살아 있는 물질의 현상을 설명할 수 있다. 살아 있는 물질은 모든 동물적이거나 식물적인 존재들만이 아니라 유기 구성된 물체의 유해나 잔재에 확산되거나 퍼져 있는 모든 유기분자를 의미한다. 나는 빛과 불과 열의 물질, 한마디로 그 자체로 활동적으로 보이는 모든 물질을 살아 있는 물질에 포함시킨다.[23]

우리가 생각한 바에 따르면 이상이 유기적 분자 이론의 탄생을 설명하는 논리적 유연관계이다. 생물학의 어떤 이론이 물리학의 어떤 이론이 가진 위광으로부터 탄생한 것이다. 유기분자 이론은 어떤 설명방법을, 즉 분석적 방법을 예시하며, 어떤 종류의 상상력에, 즉 불연속적인 것에 대한 상상력에 우선권을 부여한다. 자연은 어떤 기본요소의 동일성으로 귀착되며("유일한 원동력과 소재"), 그 기본요소가 자기 자

---

21) *Ibid.*
22) *Ibid.*
23) *Ibid.*

신과 합성되어 다양성의 모습을 만들어 낸다("자신의 작품을 무한히 변주시키는"). 따라서 동물이건 식물이건 한 개체의 생명은 원리가 아니라 결과이며, 본질이 아니라 하나의 소산이다. 유기체는 하나의 기전인데, 그 전반적인 결과는 모든 부분들의 조합으로부터 필연적으로 생겨난다. 진정으로 살아 있는 개체성은 분자적이고 모나드적이다.

> 동물이나 식물의 생명은 모든 작용들의 결과에 지나지 않는 것으로 생각된다. 즉, 이 활성 분자 각각이 갖고 있는 모든 작은 개별 생명들(내가 이렇게 표현하는 것이 허용된다면)의 결과에 지나지 않는 것으로 보인다. 이 생명은 원초적이며 파괴될 수 없는 것으로 여겨진다. 우리는 모든 살아 있는 동물과 식물에서 이 살아 있는 분자를 발견하였다. 우리는 이 모든 유기분자들이 동물이나 식물의 영양섭취에, 따라서 이들의 생식에도 동일하게 고유한 것으로 확신한다. 일정한 수의 이 분자들이 결합되면 생명체를 만든다고 생각하는 것은 어려운 일이 아니다. 생명은 각 부분에 들어 있으며, 전체에서도, 그리고 이 부분들의 여하한 결합체에서도 발견된다.[24)]

우리는 뷔퐁과 흄을 비교해 보았다.[25)] 잘 알려진 바와 같이 단순관념들을(단순 관념들의 연합은 정신적 삶의 외형적 통일성을 만들어 낸

---

24) G. Buffon, *Histoire des Animaux*, 제10장.
25) 뷔퐁은 1738년 영국에서 흄을 만났다.

다) 조사하고 규정하려는 흄의 노력은 성공적이었던 뉴턴 이론의 권위를 빌려야 했던 것으로 보인다.[26] 레비-브륄Lucien Lévy-Bruhl은 막심 다비드Maxime David가 번역한 흄의 『선집』 서문에서 이 점을 지극히 잘 밝혔다. 흄의 심리학적 원자론에 뷔퐁의 생물학적 원자론이 대칭적으로 상응한다. 유기분자 이론을 생물학적 연합주의라고 규정함으로써 이러한 대칭성을 더욱 추구할 수도 있을 것이다. 연합주의는 연합을 전제로 하는데 이는 참여하는 고립된 개인이 존재한 이후에 사회의 구성이 이루어진다는 의미이다. 뷔퐁이 18세기의 사회학적 개념을 공유하고 있는 것은 확실하다. 사회는 생각하는 사회적 원자들이, 다시 말해 개인으로서 예견과 계산이 가능한 개인들이 숙고하여 협동한 결과물이다. "사회는, 비록 하나의 가족인 경우라 하더라도, 인간에게 이성적 능력이 있다고 가정한다."[27]

사회적 신체는 유기적 신체와 마찬가지로 각 부분들의 합성에 의해 전체가 설명된다. 뷔퐁이 복잡한 유기체를 비교하고자 했던 것은 인간사회가 아니라 사전에 계획되지 않은 응집체였다. 왜냐하면 뷔퐁은 인간사회와 같이 합의된 사회와 벌집과 같이 기계적인 집합을 선명하게 구별했기 때문이다. 우리는 뷔퐁이 꿀벌의 삶에 대한 이야기에서 모든 의인적 동일시를 추구하면서 벌집의 경이로움을 설명하기 위

26) "따라서 이러한 것들이 단순 관념들 사이의 결합, 혹은 응집의 원리이다. 이들 원리는 상상에서 단순 관념이 기억과 결합되어 분리되기 어려운 이러한 연결을 대신하고 있다. 이것은 일종의 인력으로, 자연계에서와 마찬가지로 정신계에서도 놀라운 효과를 만들어 내며, 마찬가지로 많고 다양한 형태로 나타난다." 흄, 『인간본성론』, 1권, 「이해에 관하여」, 1739.

27) G. Buffon, "Homo duplex", *Discours sur la Nature des Animaux*, fin.

하여 데카르트적 역학의 원리를 새롭게 재생시켰던 유명한 페이지들을 잘 안다. 꿀벌의 사회는 "자연에 의해 질서 지어진 물리적 집합체에 불과하다. 그것은 모든 관점, 모든 인식, 모든 추론과 무관하다".[28] 뷔퐁이 이 '집합체'라는 용어를 곤충들의 사회뿐 아니라 개별적 유기체를 규정하기 위해 사용하고 있다는 점에 주의할 필요가 있다. 곤충 사회의 구조와 후생동물의 다세포구조를 동일시한 것은 에스피나,[29] 베르그손, 마테를링크, 휠러[30] 등에서 찾아볼 수 있다. 그렇지만 이 저자들이 갖고 있는 개체성에 대한 개념은 사회적 현상 자체를 포괄할 수 있을 정도로 아주 폭넓고 유연하다. 그러나 그와 같은 것이 뷔퐁에게는 전혀 없다. 뷔퐁에게 있어 개체성이란 형식이 아니라 하나의 사물이다. 그에 따르면 개체성이란 전체의 해체에서 분석이 도달할 수 있는 마지막 단계의 실체성에 지나지 않는다. 오직 원소만이 자연적인 개체성을 가지며, 합성된 것은 그 개체성이 기계적이든 의도적이든 인위적인 개체성일 뿐이다. 발생 이론에 '내적 주형' 개념을 도입함으로써 '유기분자' 개념을 촉발한 분석적 입장이 가진 철저한exhaustive 가치에 제한이 가해진 것은 사실이다. 내적 주형이란 살아 있는 원자가 부

28) *Ibid*.

29) [옮긴이 주] Alfred Espinas(1844~1922). 프랑스의 철학자. 보르도 대학 교수 시절에 '교육학과 사회학'이란 강좌를 만들었는데, 이 강좌를 처음으로 맡은 사람은 에밀 뒤르켐(Émile Durkheim)이었다. 후에는 소르본 대학 교수가 되었다. 진화론에 기초한 사회유기체론을 주장했으며, 인간사회를 생물유기체의 관점으로부터 이해하고자 했다.

30) [옮긴이 주] William Morton Wheeler(1865~1937). 미국의 동물학자. 하버드 대학 교수. 곤충학을 전공했으며, 곤충발생학을 연구한 이후 개미의 생태와 습성을 연구했다. 특히 곤충사회의 진화에 대한 연구로 유명하며, 사회생활에서의 영양의 역할을 강조했다.

단히 재편성되는 가운데 어떤 형태가 존속되기 위해 요청되는 것으로, 개체라는 소여의 현존에 직면한 어떤 방법론적 요구의 한계를 보여 주는 것이다.

이론의 미래를 이해하기 위해서 그 이론에 대한 장애물을 고찰하는 것이 그 이론의 경향 자체를 고찰하는 것에 못지않게 중요하다. 그러나 그 경향을 통해서 어떤 이론이 한 세대에 걸친 연구자들의 지적 분위기를 만들어 내기 시작한다. 뷔퐁을 읽는 것은, 뉴턴을 읽는 것이 뷔퐁에게 불러일으킨 것과 같은 분석의 정신을 생물학자들에게 불러일으켰다.

뷔퐁에 대해 언급하며 싱어는 다음과 같이 말한다. "만약 세포설이 뷔퐁의 시대에 존재했다면, 그는 세포설을 무척 좋아했을 것이다."[31] 그것은 의심의 여지가 없다. 몽바르 출신의 이 박물학자가 자연이 복잡한 여러 생명체로 자신을 다양화시키는 데 사용할 "유일한 동력과 유일한 주체"를 탐구할 때, 그는 19세기의 생물학자들이 세포라고 부른 것을 자신이 찾고 있다는 사실을 아직 알지 못하고 있었다. 그리고 세포에서 생명의 궁극적 기본요소를 발견한 사람들은 자신들이 뷔퐁의 기획이 아니라 그의 꿈을 실현하고 있다는 사실을 분명 망각했다. 과학자들의 꿈조차도 소수의 근본적인 주제가 지속된다. 이처럼 인간은 자기 동료의 모험과 성공에서 자신의 꿈을 용이하게 알아차린다.

---

31) Singer, *A History of Biology*, p. 290.

학식 있는 예감pressentiment과 거친 예견anticipation 사이의 거리를 무시하지 않으면서 '예언적'이라고 말할 수 있는 이론적 꿈의 한 가지 주제의 기원을 우리는 지금까지 뷔퐁의 사례에서 탐구했다. 진정한 의미에서의 예견이 존재하기 위해서는 그 예견을 공인하는 사실과 결론에 이르는 길이 어떤 이론의 범위와 일시적이라도 동일한 차원에 있어야 한다. 예감이 존재하기 위해서는 바슐라르가 『공기와 꿈』*L'air et les songes*에서 '상상력의 운동'이라 부른 자신의 고유한 비약에 충실한 것으로 충분하다. 예감과 예견 사이의 이러한 거리가 뷔퐁으로부터 오켄을 분리시키는 거리이다.

싱어와 클랭(비록 보다 간단한 형태이기는 하지만 귀에노 역시)은 세포이론의 형성에서 로렌츠 오켄Lorenz Oken(1779~1851)에게 돌려야 할 기여를 잊지 않고 강조했다. 오켄은 셸링Friedrich Schelling(1775~1854)이 세운 낭만주의적 자연철학자의 학파에 속한다.[32] 이 학파의 사변은 문학뿐 아니라 19세기 전반기 독일의 의사와 생물학자들에게도 많은 영향을 미쳤다. 관찰된 사실에서 세포설의 최초의 토대를 발견했음을 자각한 최초의 생물학자들과 오켄 사이에는 단절 없이 친연관계가 지속된다. 식물의 세포이론을 확립한 슐라이덴(1804~1881)[33]은 오켄의 가르침에 대한 생생한 기억이 떠다니는 예나 대학에서 가르쳤다. 세포설을 모든 생명체에게로 확장시킴으로써 세포설을 일반화한(1839~1842) 슈반

---

32) 자연철학자 오켄에 대해서는 다음의 책을 참조하라. Jean Strohl, *Lorenz Oken und Georg Büchner*, Zurich: Verlag der Corona, 1936.

33) Matthias Jakob Schleiden, 『식물발생론』(*Sur la phytogénèse*), 1838.

은 슐라이덴과 그의 스승이었던 요하네스 뮐러Johannes Müller(1801~1858)와 함께 살았다.[34] 그런데 뮐러는 청년 시절에 자연철학자의 학파에 속했다. 따라서 싱어가 오켄에 대해 다음과 같이 한 말은 지극히 타당하다. "그는 어떤 의미에서 세포설의 창시자들로 간주될 수 있는 저자들의 씨를 뿌렸다."[35]

오켄이 예로 든 사실들은 이후 원생생물학이라고 불리는 영역에 속한다. 세포설을 다듬는 데 뒤자르댕의 작업(1841)이 어떤 역할을 수행했는가를 우리는 알고 있다. 그는 적충류滴蟲類가 완전한 유기체(1838), 다시 말해 조화롭게 통합된 기관을 갖춘 완전하고 복잡한 동물이라고 주장한 에렌베르크Christian Gottfried Ehrenberg(1795~1876)의 개념을 비판했다. 뒤자르댕 이전에는 적충류를 단세포 동물의 특정한 무리가 아니라 동물이건 식물이건 현미경적인 생명체 전체를 의미하는 말로 이해하였다. 이 용어는 또한 1702년에 기술된 짚신벌레와 1755년에 기술된 아메바뿐 아니라 의심의 여지 없이 다세포인 미소조류微小藻類나 작은 벌레들도 지칭했다. 오켄이 자신의 『발생』*La Génération*(1805)이란 논문을 썼던 시대에는 적충류가 명시적으로 원생동물을 지칭하지 않았고, 절대적으로 단순하고 독립적인 생명체라는 의미로 오켄은 이 단어를 사용했다. 같은 시대에 훅(특히 갈리니Stefano Gallini와 아커만Jacob Fidelis Ackermann) 이후 여러 차례 재발명된 세포라는 용어는 뒤자르댕,

---

34)* 슈반과 세포설에 대해서는 다음 저작을 참조하라. Marcel Florkin, *Naissance et déviation de la théorie cellulaire dans l'oeuvre de Théodore Schwann*, Paris: Hermann, 1960.

35) Singer, *A History of Biology*, p. 333.

폰 몰, 슈반, 막스 슐체Max Schultze로부터 유래된 개념들의 총체에는 부합하지 않으며, 오히려 오켄은 이들[뒤자르댕 이하]과 거의 같은 의미로 이 용어를 이해했다. 따라서 이는 예견의 완벽한 사례이다.[36]

다음과 같은 사실은 아주 의미심장하다. 생물학사가들이 인용이라는 방법을 통해 독자들에게 오켄이 세포설의 선구자가 아니라 정초자로 여겨져야 한다고 설득시키려 할 때 그들은 동일한 텍스트를 인용하지 않는다. 그것은 전체와 부분의 관계를 생각하는 데에는 두 가지 방식이 있기 때문이다. 우리는 부분들로부터 전체로 나아가거나 아니면 전체에서 부분으로 나아갈 수 있다. 유기체가 세포로 이루어졌다고 말하는 것과 유기체가 세포로 분해된다고 말하는 것은 같지 않다. 따라서 오켄에 대해 말하는 두 가지 다른 방식이 있는 것이다.

---

36) 헤켈은 다음과 같이 썼다. "19세기의 가장 위대한 이론의 하나인 세포설에 도달하기 위해서 소포(小胞)나 적충류라는 단어를 세포로 대신하는 것으로도 충분하다. […] 오켄이 적충류에 귀속시킨 특성은 세포, 즉 기본요소인 개체들의 특성이다. 이들 개체들의 집합, 결합, 다양한 형성에 의해 아주 고도의 복잡한 유기체가 이루어진다."(*Natürliche Schöpfungsgeschichte*, Erster Teil, Vierter Vortrag, "Allgemeine Entwickelungslehre", *Ges. Werke*, 1924, I, 104) 우리는 여기에 프리드리히 엥겔스가 『반뒤링론』(*L'Anti-Düring*, préface de la 2e éditions, 1885, note)에서 헤켈에 근거하여 오켄의 직관의 예언적 가치를 승인했던 것을 더할 수 있다. "카를 포크트(Karl Vogt)와 같이 생각 없는 속류의 낡은 자연철학에 빠지는 것은 그것에 합당한 역사적 중요성을 평가하는 것보다 훨씬 쉽다. 이 낡은 자연철학은 많은 불합리함과 상상적 내용을 포함하고 있지만, 그 정도가 동시대의 철학도 없는 경험주의적 박물학자의 이론보다 더 심한 것은 아니다. 그리고 진화론이 널리 퍼지면서 거기에도 적지 않은 의미와 분별이 포함되어 있음을 알아차리기 시작했다. 이와 같이 헤켈은 지극히 정당하게도 트레비라누스(Gottfried Reinhold Treviranus)와 오켄의 장점을 인정했다. 헤켈은 생물학의 요청으로서 원시점액체(Urschleim)와 원시소포(Urbläschen)를 제안했으며, 이는 이후 원형질과 세포라는 실체로 발견되었다. […] 자연철학자들이 의식적으로 변증법적 자연과학에 대해 취하는 태도는 공상적 사회주의자들이 근대의 공산주의에 대해 취하는 태도와 마찬가지이다."(tr. Bracke Desrousseaux, *tome I*, Paris: Costes, 1931)

싱어와 귀에노는 『발생』에서 동일한 문구를 인용한다. "모든 유기체는 세포에서 생겨나며, 세포 혹은 소포로 이루어진다." 오켄에 따르면 이 세포들은 원시점액체Urschleim이며, 그로부터 보다 큰 유기체가 형성되는 적충류의 덩어리이다. 적충류는 원시적 동물Urtier이다. 싱어는 또한 다음과 같은 구절도 인용한다. "따라서 거대한 유기체가 생성되는 방식은 적충류의 규칙적인 응집일 뿐이다."[37] 사용하는 어휘를 제외하고는 오켄은 뷔퐁과 동일한 것을 말하고 있다. 뷔퐁은 지극히 단순한 살아 있는 단위체가 존재하며, 그것들의 집합체 혹은 응집체가 복잡한 유기체를 만든다고 말했다.

그러나 클랭이 인용한 텍스트를 읽어 보면 관점이 바뀐다. "적충류의 발생은 알로부터 시작되는 발달 때문이 아니고 보다 큰 동물로부터의 속박에서 벗어나는 것, 즉 동물이 자신을 구성하는 작은 동물들로 해체되는 것이다. 이러한 발언을 역전시켜 모든 고등동물은 그것을 구성하는 작은 동물들로 이루어져 있다고 말할 수도 있다."[38] 여기서 살아 있는 요소들로부터 유기체를 구성한다는 관념은 단지 논리적인 환위換位, réciproque 명제로 나타날 따름이다. 최초의 관념은 요소가 해방의 결과라는 것이다. 전체가 부분을 지배한다. 클랭이 인용한 텍스트의 이어지는 부분도 이를 확증해 주고 있다.

37) Lorenz Oken, *Die Zeugung*. Singer, *History of Biology*, p. 332에서 인용.
38) [영어판 주] Klein, *Histoire des origines de la théorie cellulaire*, pp. 18~19.

살을 가진 원시 동물들의 연합은 한 동물이 다른 동물에 기계적으로 붙어 있는 것으로 인식되어서는 안 된다. 그것은 한 줌의 모래 안에 수많은 알갱이들이 뒤섞여 있는 연합이 아니다. 산소와 수소가 물을 만들면서, 그리고 수은과 유황이 진사辰砂를 만들면서 사라지는 것과 같이 여기서는 모든 미소동물animacule들의 진정한 상호침투, 얽힘, 통합이 일어난다. 이들 미소동물들은 통합의 순간부터 더 이상 각자의 고유한 삶을 유지하지 않는다. 그들은 모두 보다 고등한 유기체를 위해 봉사하며, 단일하고 공통된 기능을 위해 일하며, 혹은 자기 자신을 실현시키면서 이 기능을 수행한다. 여기서는 어떤 개체성도 남아 있지 않으며, 개체성은 붕괴될 따름이다. 그러나 이는 정확한 언어적 표현은 아니다. 재결합된 개체성들은 다른 개체성을 형성한다. 전자는 파괴되며 후자는 전자의 파괴에 의해서만 나타난다.[39]

우리는 이제 뷔퐁으로부터 멀리 떨어져 있다. 유기체는 기본요소로서 생물학적 실체들의 합이 아니다. 유기체는 기본요소들의 개체성이 그 안에서 부정되는 상위의 실체이다. 오켄은 모범적인 정확성을 갖고 개체성의 정도에 대한 이론을 예견했다. 그것은 더 이상 단순한 예감이 아니다. 만약 거기에 어떤 예감이 있다면 그것은 한스 페터젠Hans Petersen(1885~1945)이 세포의 '개체로서의 삶'과 '전문적 삶'이라 명명한 것 사이에 존재하는 차이에 관해 조직과 세포를 배양하는 기술이

39) [영어판 주] *Ibid.*, p. 19.

현대의 생물학자들에게 제공한 개념에 대한 예감이다. 오켄은 사회의 상image에 따라 유기체를 인식했다. 그러나 그 사회는 계몽주의 정치철학이 인식하는 개인의 연합체가 아니라, 낭만주의 정치철학이 인식하는 것과 같은 공동체였다.

싱어와 클랭과 같이 학식이 풍부하고 사려 깊은 학자가 그토록 다른 관점으로부터 동일한 학설을 제시할 수 있었다는 사실은 과학적 정신의 이론적 양면성을 제대로 평가할 수 있다면 놀라운 일이 아니다. 그들의 신선한 연구는 과학적 정신이 경화증이나 조로의 증상인 독단론에 빠지는 것을 막아 준다. 나아가 우리는 같은 저자인 클랭이 오켄을 당대의 생물학자들에 대해 다르게 자리매김하는 것을 본다. 1839년 프랑스의 식물학자 브리소-미르벨(1776~1854)은 다음과 같이 썼다.

> 각 세포는 확실하게 구별되는 소낭小囊이며 그들 사이에는 진정한 유기적 관계가 결코 형성되지 않는 것으로 보인다. 이들은 살아 있는 개체들로 각자가 일정한 한계 안에서 성장하고 번식하고 변형하는 성질을 가지며 구성 물질이 되어 식물을 구축하는 데 함께 일한다. 따라서 식물은 집합적 존재이다.[40]

클랭은 이 텍스트에 대해 브리소-미르벨의 서술은 자연철학자들

---

40) [영어판 주] Charles Brisseau-Mirbel, *Éléments de physiologie végétale et de botanique*, Paris: Magimel, 1815; Klein, *Histoire des origines de la théorie cellulaire*, p. 26에서 인용.

의 학파에게 크게 환영받았다고 언급한다. 왜냐하면 그의 서술은 오켄이 제시한 소포에 대한 일반이론을 실험을 통해 확증해 주었기 때문이다. 그렇지만 다른 한편, 클랭은 식물학자 튀르팽P. J. F. Turpin(1775~1840)의 텍스트(1826)도 인용을 한다. 튀르팽은 "세포는 분리되어서도 살 수 있으며, 또한 다른 세포들과 결합하여 어떤 식물을 형성할 수도 있다고 생각했다. 세포는 주변에서 일어나는 일을 조금도 방해하지 않으며 그 식물 안에서 성장하고 번식한다"고 한다. 그리고 그는 다음과 같이 덧붙이고 있다.

> 이러한 관념은 오켄의 관념에 대립한다. 오켄에 따르면 어떤 생명체를 구성하는 단위체들의 생명은 서로 융합되어 유기체 전체의 생명을 위하여 각자의 개체성을 상실한다.

오켄과 브리소-미르벨 사이의 유사관계와, 오켄과 튀르팽의 대립관계 사이의 모순은 외견상 그렇게 보일 뿐이다. 만약 단순성과 복합성 사이의 관계가 그 자체로 단순한 관계라면 그것은 참으로 모순일 것이다. 그러나 정확히 말해 그것은 아니다. 특히 생물학에서는 말이다. 개체성에 대한 문제 전체가 여기서 제기되고 있다. 개체성은 그것이 야기하는 이론적 어려움으로 인해 생명체에 대한 우리의 지각 속에 직접적으로, 그리고 소박하게 혼합되어 있는 두 측면, 즉 질료와 형상을 분리시키도록 만든다. 개체는 비록 질료에서 분할의 가능성을 감지하더라도 형상에서는 분할될 수 없다. 어떤 경우에는 개체성에 본질적인 분할불가성이 질료적으로 보다 광대한 존재의 분할이 완성된 다음에야 비로소 드러난다. 그러나 분할불가성은 시작된 분할에 대한 한계에 지나지 않는 것인가, 아니면 그것은 모든 분할을 선험적으로 초월하는가? 세포 개념의 역사는 개체 개념의 역사와 분리할 수 없다. 그로 인해 우리는 세포이론의 발전 위로 사회적·감정적 가치가 따라다닌다고 주장할 수 있게 된 것이다.

어떻게 노발리스Novalis에게 심대한 영향을 받은 독일 낭만파에게 중요했던 정치철학 이론과 오켄의 생물학 이론을 연결시키지 않을 수 있겠는가? 『신앙과 사랑 : 왕과 왕비』*Glauben und Liebe*는 1798년에 출판되었고 『유럽 혹은 그리스도교』*Europa oder die Christenheit*는 1800년에 출판되었다(오켄의 『발생』은 1805년이다). 이 저작들은 혁명이념에 대한 격렬한 비판을 담고 있다. 노발리스는 민중의 의지를 원자화시키고 사회, 보다 정확하게는 공동체의 연속성을 무시하는 보통선거를 비난했다. 헤겔을 앞질러 노발리스는, 그리고 수년 후에는 아담 하인리히 뮐러Adam Heinrich Müller(1779~1829)[41]가 국가를 신이 바라는 실체로서, 개인의 이성을 초월하며 개인이 거기에 자신을 희생해야 하는 사실로서 간주했다. 만약 이러한 사회학 이론이 생물학 이론과 어떤 유비를 제공한다면 그것은 자주 지적되어 온 바와 같이 낭만주의가 정치적 경험을 생명에 대한 일정한 개념에 따라 해석했기 때문이다. 그것은 생기론이

---

41) L. Sauzin, *Adam Heinrich Müller, sa vie et son oeuvre*, Paris: Nizet et Bastard, 1937, pp. 449 sq.

다. 프랑스의 정치사상이 유럽의 정신세계에 사회계약과 보통선거를 제안한 바로 그 순간, 프랑스의 생기론 의학파는 분석적 이해를 초월하는 생명상을 제시했다. 유기체는 기계적 과정으로 이해될 수 없다. 생명은 물질적 부분들의 구성으로 환원될 수 없는 형상이다. 생기론적 생물학은 전체주의적 정치철학에 생물학적 개체성에 관한 어떤 이론적 영감을 불러일으키는 책무 내지는 방법을 제공했다. 개체성의 문제 자체는 그 정도로 분할 불가능하다.[42]

이제 프랑스 생물학자들의 세포설의 역사에 대한 아주 기이한 역설에 대해 설명할 순간이 왔다. 세포설의 도래는 비샤의 영향으로 인해 오랫동안 지체되었다. 비샤는 『철학적 질병학』*Nosographie philosophique*(1798)의 저자였던 피넬Philippe Pinel(1745~1826)의 제자였다. 피넬은 이 책에서 모든 질병에 대해 국소화된 병변이라는 형태로 기질적 원인을 배당했다. 그 병변은 장기나 기관의 내부가 아니라 서로 다른 장기를 구성하는 공통적 요소인 막膜에 존재한다. 비샤는 여기에서 시사를 받아 『막에 대한 논고』*Traité des membranes*(1800)를 펴냈다. 이 책에서 그는 인체를 구성하는 21개의 조직을 열거하고 기술했다. 그에 따르면 조직은 생명체의 형성원리이자 해부학적 분석의 최종 항목이다.

조직이라는 용어에 대해 멈춰 살펴볼 필요가 있다. 우리가 아는 바

---

42)* 세포이론의 기원에 대해서는 다음의 논문을 참조하라. J. Walter Wilson, "Cellular tissue and the dawn of the cell theory", *Isis*, no. 100, Aug 1944, p. 168과 "Dutrochet and the Cell theory", *Isis*, no. 107~108, Mai 1947, p. 14.

와 같이 '조직'tissue은 '짜다'tisser는 단어의 고어형태인 'tistre'에서 유래했다. 세포라는 단어에는 정동적이거나 사회적인 차원의 암묵적 의미 작용이 과도하게 실린 것으로 보이지만, 그렇다고 해서 조직이란 단어에 세포 외적인 함의들이 덜 실린 것으로 보이지도 않는다. 세포는 우리에게 꿀벌을 생각하게 만들지 사람을 생각하게 만들지는 않는다. 조직은 우리에게 사람을 생각하게 만들지 거미를 생각하게 만들지는 않는다. 조직은 특히 인간의 작품이다. 규준적인 육각형태를 가진 세포는 자신 안에 완전히 갇힌 이미지이다. 반면에 조직은 연속성의 이미지이다. 거기에서 모든 중단은 임의로 이루어지고, 그것은 항상 연속적인 활동의 산물이다.[43] 우리는 필요에 따라 이곳 혹은 저곳을 자른다. 특히 세포(벌집)는 약한 사물로 부서질까 두려워 만져서는 안 되는, 감탄을 위해 만들어진 사물로 간주된다. 반면에 조직(직물)은 그 질감과 부드러움, 그리고 유연함을 파악하기 위해 접촉하고 만지고 비벼 보아야 한다. 우리는 직물을 접고 편다. 우리는 상인의 계산대 위에서 직물을 물결 모양으로 겹치도록 풀어놓기도 한다.

비샤는 현미경을 좋아하지 않았다. 그것은 아마도 클랭이 마장디François Magendie를 따라 시사한 바와 같이 비샤가 현미경을 잘 사용할 줄 몰랐기 때문일 것이다. 비샤는 수술용 메스를 선호했다. 그는 수술용 메스로 떼어 놓고 분리시킬 수 있는 것을 해부학적 차원의 최종적

43) 조직(직물)은 실로, 다시 말해 본래 식물섬유로 만들어진다. 실(fil)이란 단어가 일반적으로 연속성의 이미지를 갖는 것은 물줄기(fil de l'eau)라거나 이야기의 흐름(fil du discours)과 같은 표현에서 잘 드러난다.

요소라고 불렀다. 메스의 첨단부에서는 세포도 영혼도 발견되지 않는다. 우리는 여기서 의도적으로 유물론자의 신앙고백을 암시한다. 피넬에 따르면 비샤는 몽펠리에 학파의 유명한 생기론자이자 의사인 바르테즈Paul Joseph Barthez(1734~1806)의 후예이다. 『생명과 죽음에 대한 생리학적 탐구』(1800)는 이러한 혈통의 징후이다. 만약 생기론이 생명을 질료를 초월하는 원리로, 또 나눌 수도 없고 포착할 수도 없는 형상으로 간주한다면 이러한 관념에 영감을 받은 해부학자조차도 그가 생명체의 총체적 성질로 간주하는 것들을 생명체의 기본요소로 받아들일 수 없을 것이다. 비샤는 조직으로부터 생명체가 재단되어 나온다고 보았다. 조직은 생기론이 요청하는 생명현상의 연속성에 적합한 이미지를 제공한다.

그런데 비샤의 학설은 직접적인 독서에 의한 것이든 아니면 블랭빌H. M. D. de Blainville(1777~1850)의 가르침에 의한 것이든 오귀스트 콩트에게 『실증철학강의』의 41번째 강의에서 제시된 일부 주제들을 제공했다. 콩트는 현미경의 사용과 세포이론에 대한 적개심을 드러내었다. 이후 생물과학의 발전과정이 콩트의 주저함과 혐오를 단죄했다고 본 사람들은 콩트의 이러한 적개심을 여러 차례 비난했다. 레옹 브렁슈빅Léon Brunschvicg은 특히 콩트가 특정한 수학적, 실험적 기법에 대해 반대한 독단적 금지를 결코 용서하지 않았다. 더욱이 그는 콩트가 『강의』(48번째 강의)에서 유기적 대상에 적합한 인식과정의 절차에 대한 검토에 착수하고 거기에서 "전체에서 부분으로" 향하는 지적인 도정의 실증적 타당성을 인정한 바로 그 순간, 콩트가 분석방법을 불신한 것과 종합의 우위로 '거짓 전향'한 것도 결코 용서하지 않았다.[44] 그러나 타인의 교조주의를 고발한다 하더라도 교조주의를 모두 포기하는 것은 쉬운 일이 아니다. 물론 콩트의 권위주의는 용인되기 어렵지만, 적어도 세포설에 관련하여 과학정신의 특정한 성향에 대해 그가 가졌던 유보적 견해를 공정하게 이해하려고 시도해 볼 가치가 있다.

콩트는 세포이론을 "본질적으로 형이상학적인 일반 철학으로부터 생겨난 것이 명백한 하나의 공상적 이론"으로 간주했다. 그리고 콩트는 이러한 "명백한 일탈"의 책임을 "생물과학에 대해 고원한 사변을 추구한" 당시 독일의 박물학자들에게 돌렸다. 여기에 역설이 있다. 콩트는 오켄과 그의 학파가 현미경 애호가들의 관찰과는 전혀 다른 시야를 가졌다는 사실뿐 아니라 오켄 생물학의 핵심이 개체성에 있다는 사실을 파악하지 못했다. 오켄은 공동체적 사회의 이미지로 생명체를 묘사했다. 콩트는 뷔퐁과는 반대로 어떤 유기체의 생명이 개별적 생명들의 합이라는 주장을 받아들이지 않았을 뿐 아니라, 18세기 정치철학과도 반대로 사회가 개인들의 연합체라는 주장도 받아들이지 않았다. 이 점에 있어 콩트는 그가 생각하는 만큼 자연철학자들과 거리가 먼 것일까? 우리는 여기서 생물학적이건 사회적이건 개체성과 관련된 개념이 동일한 사상가 안에서 잠재적으로 깊이 통일되어 있는 것을 확인할 수 있다. 사회학에서 개인이 추상인 것과 마찬가지로 콩트가 세포를 부

---

44) Léon Brunschvicg, *Le Progrès de la Conscience dans la Philosophie occidentale*, Paris: Alcan, 1927, pp. 543 sq.

르는 말인 "유기적 모나드"[45]는 생물학에서 추상이다. "그렇다면 조직체나 단순한 모나드가 정말 무엇으로 이루어져 있는가?" 그런데 몇 해 전 피셔Albert Fischer(1891~1956)와 폴리카르Albert Policard(1881~1972)는 조직 배양기술을 통해 증식할 수 있는 조직의 배양은 최소한 일정수의 세포를 포함하고 있어야 한다는 사실을 보여 주었다. 왜냐하면 그 숫자 아래로는 세포의 증식이 불가능하기 때문이다. 분리된 하나의 섬유아세포는 한 방울의 혈장 안에서 생존할 수는 있으나 증식은 하지 않는다(피셔). 증식하지 않고 생존하는 것이 여전히 살아 있는 것인가? 생명체의 특성qualité을 간직하면서 생명체의 제반 속성propriétés을 분할하는 것이 가능한가? 이것은 어떤 생물학자도 피할 수 없는 질문이다. 이것은 다른 많은 사실과 더불어 세포이론이 사람들의 정신에 대해 가지는 지배력을 약화시키는 사실이다. 어떠한 점에서 콩트는 이러한 사실을 예견하지는 않았다 하더라도 이러한 문제를 예감한 책임이 있는가? 콩트가 자기 시대의 과학을 마치 영원한 것인 양 생각하며 그 위에 실증철학을 정초한 점에서 비난을 받는 것은 정당하다. 그리고 시대의 역사성을 무시하지 않는 것은 분명히 중요하다. 그러나 시간은 영원성과 마찬가지로 누구에게도 속하지 않는다. 역사를 충실히 보면 일정한 이론들로 회귀가 일어남을 인정하게 된다. 이러한 회귀는 존재의 특정한 영역을 탐구하는 데 있어 인간 정신이 일정한 항구적인 방향들 사

45) 이 책의 부록에 실린 다음 글을 참조하라. "Rapport de la Théorie cellulaire et de la Philosophie de Leibniz", *Ibid.*, p. 215.

이에서 진동함을 보여 준다.

따라서 어떤 저자들의 체계적 정신이 아주 광대하여 사람들이 그들의 체계라고 부르는 것이 경직되게 폐쇄적이지 않은 경우, 그들을 칭찬의 목적이건 비난의 목적이건 간략하게 제시할 때는 아주 조심해야 한다. 무의식적이고 비자발적인 이론적 공모가 일어날 수 있기 때문이다. 독일의 식물학자인 바리Heinrich Anton de Bary는 세포가 식물을 구성하는 것이 아니라 식물이 세포를 구성한다고 썼다(1860). 이 구절을 베르그손이 『창조적 진화』에서 했던 다음과 같은 말과 함께 본다면 그것이 낭만주의 생물학의 경구임을 분명히 알 수 있을 것이다. "세포가 연합이라는 방법으로 개체를 만드는 것이 아닐 가능성이 아주 높다. 오히려 해체라는 방법을 통해 개체가 세포를 만든다."[46] 베르그손이 낭만주의자라는 근거 있는 평판은 한 세대에 걸친 실증주의 사상가들에 의해 만들어졌으며, 베르그손은 그들과는 뚜렷이 구별된다. 동일한 사상가들이 즉각적으로 콩트에게서 나타난 생물학적·사회적 낭만주의의 흔적을 비난했다. 그 낭만주의는 콩트를 『실증철학강의』에서 『실증정치체계』를 거쳐 『주관적 종합』으로 이끌었다. 그러나 생물철학의 이러한 낭만주의적 개념이 『실증철학강의』에서 유래하는 명백하게 과학주의적이고 유물론적인 학설에 충실한 학자들의 탐구를 촉발했다는 사실을 어떻게 설명할 수 있을까?

클랭은 파리의과대학 최초의 조직학 담당교수이자 유명한 『의학

46) Bergson, *L'Évolution créatrice*, p. 282.

사전』*Dictionnaire de Médecine*(1873)을 리트레Émile Littré와 함께 편찬한 샤를 로뱅Charles Robin(1821~1885)이 어떻게 하여 세포설에 대한 집요한 적대감을 결코 포기하지 않았는가를 보여 주었다.[47] 로뱅은 세포가 유기적으로 구성된 존재의 해부학적 요소들 가운데 하나임은 인정했으나 유일한 요소라고는 인정하지 않았다. 그는 세포가 그보다 앞서 존재하는 세포로부터 유래할 수 있다는 것은 인정했으나 항상 그러해야 한다는 것은 인정하지 않았다. 왜냐하면 그는 세포가 초기 배아체blastème에서 형성될 가능성을 받아들였기 때문이다. 툴루즈 대학 의학부의 조직학 교수였던 투르뇌와 같은 로뱅의 제자들은 1922년까지도 계속해서 세포설을 가르치지 않았다.[48] 어떤 기준에 근거하여 슈반과 피르호Rudolf Virchow의 저작에서 세포설의 기본공리를 경의를 갖고 받아들이는 사람과 그것을 거부하는 사람을 판별할 수 있는가? 조직학 연구의 미래에 그 근거를 둘 것인가? 그러나 오늘날 세포이론의 보편적 가치에 대한 장애물은 사람들이 그 세포이론에 설명을 요구하는 사실과 거의 같은 정도로 중요하다. 아니면 다른 이론에서 유래한 의학기술과

---

47)* 드샹브르(Amédée Dechambre)가 편찬한 『의학백과사전』(*Dictionnaire encyclopédique des sciences médicales*)의 'Cellule'과 'Organe' 항목을 참조하라.

48) 투르뇌(Frédérique Tourneux)는 푸셰(Georges Pouchet)를 매개로 한 로뱅의 제자였다. 그런데 그는 헤르만이 릴에서 자원복무를 하는 동안 그 자리를 대신해 1년 동안 로뱅의 실험실 조수로 일했다. 투르뇌는 푸셰와 함께 *Premier Traité d'histologie*를 썼다. 1922년 세상을 떠날 무렵에 그는 *Précis d'Histologie humaine*의 3판 작업을 하고 있었다. 이 책의 2판(1911)에서 투르뇌는 해부학적 기본요소와 무정형물질을 구별했으며, 특히 해부학적 기본요소들 가운데 세포모양을 가지는 것과 그렇지 않은 것을 구별했다. 이처럼 해부학적 기본요소의 개념과 세포의 개념은 완전히 겹치지 않는다(이상의 전기적 정보에 대해서는 툴루즈의 장 폴과 조르주 투르뇌 박사에게 도움을 받았다).

효과를 비교하여 근거를 삼을 수 있는가? 툴루즈 의과대학이 새로운 의학파를 창시하지는 못했다. 그러나 툴루즈 의과대학이 전적으로 피르호의 업적에서 영감을 받은 종양병리학의 가르침을 받아들일 수 있었던 오늘날 다른 의과대학에 못지않게 우수한 종양학 연구학파의 하나로 여겨지는 데 투르뇌의 가르침이 적어도 방해가 되지는 않았다. 이론과 기술 사이에는 먼 거리가 있다. 특히 의학적 문제에서는 얻어진 효과가 치료상의 행위를 설명하기 위해 준거로 삼는 이론에 의해서만 결정된다는 것을 입증하기는 어렵다.

아마도 우리가 지금까지 연구자보다는 사상가를, 과학자보다는 철학자를 인용해 왔다고 비난하는 사람도 있을 것이다. 후자에 대한 전자의 관계, 즉 슈반에서 오켄으로, 로뱅에서 콩트에 이르는 유연관계가 이론의 여지가 없고 연속되어 있다는 점을 입증해 왔지만 말이다. 그렇다면 그 질문이 사실의 가르침에 순종적인 생물학자들의 손에서(만약 그러한 학자가 한 사람이라도 있다면) 어떻게 되었는지 살펴보도록 하자.

세포이론이 무엇을 의미하는지 상기해 보자. 세포이론은 다음의 두 문제를 해결하기에 충분하다고 평가되는 두 개의 근본적인 원리를 포함하고 있다.

1. 유기체 구성의 문제. 모든 살아 있는 유기체는 세포들의 구성체이며, 세포는 생명의 모든 특성을 담지하고 있는 생명의 기본요소로 간주된

다. 이 제1원리는 장 페랭의 표현에 따르면[49] 과학으로 하여금 "눈에 보이지 않는 단순한 것들을 통해 눈에 보이는 복잡한 것들을 설명할 수 있게 하는" 분석적 설명의 요구에 부응한다.

2. 유기체 생성의 문제. 모든 세포는 선행하는 세포에서 유래한다. "omnis cellula e cellula"라고 피르호는 말했다. 이 두 번째 원리는 발생론적 설명에 대한 요구에 부응한다. 여기서 중요한 것은 더 이상 기본요소가 아니라 원인이다.

세포이론의 이러한 두 부분은 피르호에 의해 처음으로 결합되었다.[50] 그는 첫 번째 부분은 슈반에게 귀속되는 것을 인정했으며, 그 자신에게는 두 번째 부분이 귀속된다고 주장하면서 세포가 원배아체의 한가운데서 태어난다는 슈반의 개념을 공식적으로 단죄했다. 피르호와 쾰리커Albert von Köliker(1817~1905)로부터 세포에 대한 연구는 호이징거Karl Friedrich Heusinger(1792~1883) 이래 조직에 대한 학문으로서 조직학이라고 불린 것과 구별되는 전문화된 과학, 즉 세포학이 되었다.[51]

위의 두 가지 원리에 두 가지 보충사항을 덧붙여야 한다.

---

49) Jean Perrin, *Les Atomes*, préface.

50) Rudolf Virchow, 『세포병리학』(*Pathologie cellulaire*), 1849, 1장.

51)* 리트레와 로뱅의 『의학사전』(*Dictionnaire de Médecine*, 13e éd., 1873)에 따르면, 조직학(histologie)이란 말은 1819년 마이어(Karl Mayer)에 의해 만들어졌다. 1821년 호이징거는 유기조직의 발생과 배치를 주관하는 법칙에 대한 연구를 지칭하기 위해 'histonomie'란 용어를 만들었다.

1. 복합체가 아닌 생명체는 단세포이다. 이미 언급한 바 있는 뒤자르댕과 헤켈의 작업은 원생생물학으로 세포설을 지원한 것이다. 헤켈은 최초로 동물을 원생동물 즉 단세포동물과 후생동물 즉 다세포동물로 확실하게 구별하였다.[52]

2. 살아 있는 유성 유기체가 태어나는 수정란은 오로지 분할에 의해서만 그 발생이 설명되는 세포이다. 슈반은 수정란을 생식질의 세포로 간주한 최초의 학자이다. 쾰리커는 슈반의 이러한 길을 따랐으며, 그는 세포이론의 패권에 공헌한 업적을 남긴 발생학자였다.

이 패권이 확립된 시기를 우리는 1874년으로 확정할 수 있다. 이 해에 헤켈은 장조동물腸祖動物, gastraea에 관한 연구[53]를 막 발표하기 시작했으며, 클로드 베르나르는 생리학의 관점에서 영양섭취와 발생을 동물과 식물에 공통된 현상으로 보면서 다음과 같이 썼다. "생리적 현상을 면밀하게 분석하는 가운데 우리는 항상 동일한 지점, 동일한 기본요소에 도달하게 된다. 그것은 더 이상 환원될 수 없는 유기적으로 구성된 기본요소, 즉 세포이다."[54] 클로드 베르나르에 따르면 세포는 "살아 있는 원자"이다. 그러나 같은 해에 로뱅은 복합적 생명체의 유일한 기본요소로서 세포를 받아들이지 않는 주장을 담은 논문 『세포의 해

---

52) 『장조동물에 관한 연구』(*Études sur la Gastraea*), 1873~1877.

53) *Studien zur Gastraeatheorie*와 세포이론의 관계에 대해서는 다음의 글을 참조하라. Ernst Haeckel, *Natürliche Schöpfungsgeschichte*, 2e Teil, 20e Vortrag, "Phylogenetische Klassification des Tierreichs, Gastrea Theorie", *Ges. Werke*, 1924, II, p. 131.

54) Claude Bernard, *Revue Scientifique*, 26 septembre 1874.

부학과 생리학』을 발표했다. 거의 공식적인 선언이 있었던 순간에서조차도 세포이론의 패권은 완전한 것이 아니었다.

유기체의 구성과 관련해 앞서 검토한 추론들에 영감을 불러일으킨 개체성에 대한 관념들은 과학자라는 명칭에 참으로 부합하는 생물학자들에게서 완전히 사라져 버렸는가? 그렇게 보이지는 않는다.

클로드 베르나르는 그의 사후인 1878~1879년에 다스트르Albert Dastre에 의해 출간된 『동물과 식물에 공통된 생명현상에 대한 강의』*Leçons sur les phénomènes de la vie communs aux animaux et aux végétaux*에서 유기체를 "세포들, 혹은 기본요소적 유기체들의 집합체"로 기술하면서 해부학적 기본요소들이 자율적이란 원리를 주장했다. 그것은 세포가 유기체 안에서 인접한 세포들의 작용이 만들어 내는 환경과 동일한 환경에 있다면 분리된 상태에서도 연합된 상태와 마찬가지로 행동한다는 사실을 받아들였음을 의미한다. 요컨대 세포는 정확히 사회에서와 마찬가지로 자유롭게 살아간다는 것이다. 지적하자면 만약 자유 세포의 배양 환경이 유기체 내부의 환경이 포함하는 것과 동일한 물질, 다시 말해 억제나 자극에 의해서 세포생명을 조절하는 물질을 포함한다면 세포가 자유롭게 산다고 말할 수 없을 것이다. 항상 비교라는 방법을 통해 보다 더 잘 이해시키고자 하는 클로드 베르나르는 우리로 하여금 복합 생명체를 "자신의 독특한 문장을 가진 도시국가"로 간주하도록 권유한다. 그 도시국가에서 개인들은 동일한 방식으로 영양을 섭취하고, 인간에게 고유한 동일한 일반적 능력을 행사하지만, 각자는 자신의 일과 적성에 따라 서로 다른 방식으로 사회생활에 참여한다.

헤켈은 1899년에 다음과 같이 썼다. "세포는 진정한 자율적 시민으로서 다수가 모여서 우리들의 몸, 즉 세포국가를 구성한다."[55] 자율적 시민들의 모임, 국가와 같은 말은 이미지나 은유 이상일 것이다. 정치철학이 생물철학을 지배하고 있다. 어떤 사람이 세포이론의 지지자이므로 공화주의자인지, 아니면 공화주의자이므로 세포이론의 지지자인지 누가 말할 수 있겠는가?

클로드 베르나르와 헤켈이 모든 철학적 유혹이나 죄로부터 자유롭지 않다는 점을 인정하자. 프르낭Auguste Prenant, 부앵Paul Bouin, 마이야르Louis-Camille Maillard 등이 쓴 『조직학개론』*Traité d'histologie*(1904)은 엔기Louis-Félix Henneguy의 『세포강의』*Leçons sur la cellule*(1896)와 함께 프랑스에서 조직학 교육에 세포이론을 침투시킨 최초의 고전적 저작이라고 클랭은 쓰고 있다.[56] 세포를 다룬 이 책의 제2장은 프르낭이 집필했다. 세포이론에 대한 저자의 공감에도 불구하고 저자가 그 이론의 범위를 제한하고 있다는 사실을 감추지는 못한다. 그는 놀라우리만큼 명료하게 다음과 같이 썼다. "세포 개념을 지배하는 것은 개체성이란 특징이다. 세포 개념의 정의를 위해 그 특징이면 충분하다." 그러나 또한 모든 실험은 사실상 세포는 자기 자신에 갇혀 있다는 사실을 보여 주고 있다. 히스Wilhelm His의 말에 따르면 서로에게 "열려 있는 세포"는 세포이론의

---

55) Ernst Haeckel, 『우주의 수수께끼』(*Die Welträtzel*), 2e Kap, "Unser Körperbau", *Ges. Werke*, IV, 1924, p. 33.

56) 최근 클랭 씨는 이 점에 대한 보충적 정보를 담은 귀중한 논문을 발표했다. "Sur les débuts de la théorie cellulaire en France", *Thalès*, t. VI, Paris, 1951, pp. 25~36.

가치를 저하시킨다. 이로부터 다음과 같은 결론이 나온다.

> 개체로서의 단일성은 다양한 정도를 취할 수 있다. 생명체는 세포로서, 개체 세포로서 태어난다. 그리고 세포의 개체성은 그 독자적인 개체성을 희생시키면서 복수의 세포들로 구성된 개체나 개인에서 사라진다. 개체 혹은 개인은 이번에는 개인으로 구성된 사회에서 사회적 개체성에 의해 지워진다. 개인과 사회라는 세포의 배수로부터 상승하는 계열을 검토할 때 일어나는 일은 세포의 약수에서도 발견된다. 세포의 부분들은 부분으로서 어느 정도의 개체성을 지니지만, 그 개체성은 보다 고도의 강력한 세포에 의해 흡수된다. 위로부터 아래로 개체성이 존재한다. 생명은 살아 있는 것의 개체화 없이는 존재할 수 없다.[57]

우리는 오켄의 견해로부터 과연 그렇게 멀리 떨어져 있는가? 개체성의 문제가 분할되지 않는다는 사실을 새롭게 언급하는 계기는 아닌가? 그 단어의 어원[in-dividu]이 개체individu라는 개념을 부정표현으로 만들고 있다는 사실에 우리는 충분히 주의를 기울이지 않았다. 개체는 더 이상 쪼개지면 자신의 고유한 특성을 잃게 되므로 비존재와의 경계에 있는 존재이다. 그것은 존재의 최소단위이다. 그러나 어떤 존재도 그 자체로는 최소단위가 아니다. 개체는 그 자체로 보다 광대한

---

57) 프르낭의 텍스트는 같은 해인 1904년 헤켈의 텍스트에 응답한다. *Die Lebenswunder*, VIIe Kapitel, "Lebenseinheiten. Organische Individuen und Assozionen. Zellen, Personen Stöcke. Organelle und Organe", *Ges. Werke*, IV, 1924, p. 172.

존재와의 관계를 필연적으로 상정한다. 개체는 자신의 불연속성이 부각될 수 있는 배경으로서 연속성을 요구하고 요청한다(아믈랭Hamelin이 대립 개념에 대한 자신의 이론에서 이 용어들에 부여한 의미에서). 이러한 의미에서 개체성의 권한을 세포의 경계에서 멈출 필요는 없다. 프르낭은 1904년 세포의 개체성에 흡수되는 세포의 하위부분에 어느 정도의 개체성을 인정하면서 원형질의 초미세 구조와 생리에 관한 최근의 개념들을 예견했다. 생물학자들은 바이러스-단백질이 생명체인지 아닌지 자문自問한다. 그것은 결국 핵산-단백질 결정이 개체화되어 있는지 아닌지를 묻는 것이다. "만약 그들이 생명체라면 그들은 인식될 수 있는 가장 단순한 상태의 생명을 대표한다. 만약 그렇지 않다면 이미 생명의 전조를 보여 주는 화학적 복잡성의 상태를 나타낸다"[58]고 장 로스탕은 말했다. 그러나 바이러스-단백질의 발견이 세포는 단순한 동시에 살아 있는 기본요소라는 개념을 뒤흔드는데 왜 바이러스-단백질이 살아 있는 동시에 단순한 것이라는 것을 주장하려 하는가? 그 복잡성이 바이러스-단백질 안에 생명이 있음을 알리는 전조라는 사실을 인정하는데 왜 그것이 살아 있는 동시에 단순한 것이라고 주장하려 하는가? 만약 경계를 한계의 의미로 이해한다면 개체성은 경계가 아니다. 개체성은 어떤 관계 속의 경계이다. 자신을 하나의 존재로서 제시하려는 탐구의 경계를 관계상의 경계로 받아들여서는 안 된다.

---

58) Jean Rostand, "Les Virus Protéines", *Biologie et Médecine*, Paris: Gallimard, 1939. Jean Rostand, "La conception particulaire de la cellule", *Les Grands Courants de la Biologie*, Paris: Gallimard, 1951.

고비노 백작의 저작에 나오는 일부 구절들이 우리가 인용한 프르낭의 텍스트보다 더욱 많은 생물학의 철학을 포함하고 있는가? 고비노 백작은 공상적인 언어학과 『개체 생명의 다양한 발현에 대한 논고』(1868)[59]에서 때로 보이는 통찰력 있는 생물학적 견해를 혼합시켜 사람을 어리둥절하게 만들기 때문에 별로 알려지지 않은 인물이다. 고비노는 세포이론을 알고 있었고 그것을 받아들였다. 그는 유기구성된 존재의 발달단계를 역순서로 열거하면서 다음과 같이 썼다.

> 정액의 내부기생동물 다음에는 발생상태로는 지금까지 발견된 최종적 경계인 세포가 있다. 세포는 동물계에서뿐 아니라 식물계에서도 형성의 원리이다.

그러나 고비노는 개체성을 항상 자신과 동일한 실체로 인식하지 않고, 서로 다른 실체들을 서로 다른 관찰 단계에 연결시키는 가변적 관계항들의 하나로 보았다. 다른 관계항을 그는 '환경'이라고 부른다.

> 어떤 개체 존재가 생존을 지속하기 위해서는 그에게 귀속되는 기본요소들의 완전한 총체를 갖추는 것으로는 충분하지 않다. 특별한 환경이 없으면 개체는 존재하지 않는다. 설령 존재했다고 하더라도 한순간

---

59) Arthur de Gobineau, *Mémoire sur diverses manifestations de la vie indivuduelle,* Publieé par A. B. Duif, Paris: Desclée De Brouwer, 1935.

도 지속될 수 없다. 따라서 살아 있는 모든 것이 자신에게 적합한 환경에서 살아가는 것에는 절대적인 필연성이 있다. 따라서 존재의 유지에, 다시 말해 생명의 지속에 환경만큼 중요한 것은 없다. 방금 기술한 바와 같이 대지, 천체계, 정신이 이 자연을 감싸고 있는 것을 구성한다. 그러나 마찬가지로 인간의 몸과 모든 존재들의 몸은 존재하는 것들의 복잡한 메커니즘이 작동하는 환경이기도 하다. 다음과 같은 사실은 너무도 명백하다. 즉 생명의 수많은 조건들을 추상하여 모나드와 아주 유사한 세포를 원초적이기는 하지만 살아 있는 최초의 형태로 알리기 위해 그것을 따로 떼어 내고 분리하여 고려하는 것은 무척 어렵다. 그렇게 함에도 불구하고 여전히 이원성을 드러내며 세포 자신이 하나의 환경으로 제시되어야 한다.

고비노의 저작은 생물학자들의 생각에 아무런 영향도 미치지 못했다. 프랑스어 원전은 최근까지도 알려지지 않은 상태로 있었다. 독일어판은 1868년 할레에서 임마누엘 헤르만Immanuel Hermann에 의해 『철학과 철학적 비판 잡지』*Zeitschrift für Philosophie und philosophische Kritik*에 실렸으나 아무런 반향도 없었다. 그러나 세포의 문제라는 모습으로 개체성의 문제가 순수한 조직학자와 소박하고 인내심 있는 관찰보다는 형이상학적 일반화에 보다 관심을 가지는 인류학자와 같이 서로 다른 정신을 가진 사람들로 하여금 유사한 가설을 제시하게 만든 사실을 비교대조에 의해 강조하는 것은 흥미롭다.

세포이론은 오늘날 어떻게 되었는가? 우선 세포 개념을 에네르기드energid/énergide로 대체하는 작스[60]의 낡은 비판이 있다. 에네르기드는 엄밀한 국소적 한정은 없지만 주어진 핵이 영향을 미치는 영역을 나타내는 세포질의 영역이라는 개념이다. 다음으로는 1902년에 발표된 하이덴하인[61]의 '메타플라스마'metaplasma에 대한 연구이다. 메타플라스마는 연골, 뼈, 힘줄 등의 기저물질과 같이 핵형성과 모든 관계를 잃은 세포간물질이다. 마지막으로 1913년 이래 도벨[62]의 연구가 있다. 그는 해부학과 생리학의 관점에서 후생동물의 세포와 원생동물, 그리고 난자를 동일한 등가물로 보는 것을 거부했다. 왜냐하면 원생동물은 세포 차원의 진정한 유기체로 간주되고, 난자는 세포와 유기체와는 다른 고유한 실체로 간주되어야 하기 때문이다. 따라서 "세포이론은 사라져야 한다. 그것은 유효하지 않을 뿐만 아니라 참으로 위험하다". 내부 환경의 액체나 용해물질에 보다 더 큰 중요성이 부과되고 있다는 사실을 우선 지적하자. 이 액체나 용해물질이 모두 세포의 산출물은 아니다. 그렇지만 이들은 모두 유기체의 구조와 생명에 필수불가결한 기본요소이다.

우리는 무엇보다도 그 정신에서만이 아니라 연구의 전문 분야에서도 서로 다른 세 명의 학자들이 양차대전 사이에 이룩한 몇 가지 업적들을 살펴보고자 한다. 그것은 레미 콜랭이 1929년 발표한 논문「세

---

60) [옮긴이 주] Julius von Sachs(1832~1897). 독일의 식물학자로 뷔르츠부르크 대학 교수를 지냈다. 에네르기드는 다핵체식물에 관해 제안된 순이론적 개념이다.

61) [옮긴이 주] Martin Heidenhein(1864~1949). 독일의 조직학자이다. 튀빙겐 대학 교수를 지냈다. 종합형태학을 제창하고 체계의 발전은 새로운 기능의 창조를 의미한다고 주장했다.

62) [옮긴이 주] Clifford Dobell(1886~1949). 영국의 의사이자 생리학자이다.

포이론과 생명』,[63] 한스 페터젠이 1935년 발표한 『조직학과 미시해부학』[64]의 앞쪽 장들에서 쓴 세포에 대한 고찰, 그리고 원생생물학에서 세포이론의 위치에 대해 뒤보스크가 1939년에 한 강연이다.[65] 서로 다른 논거들로부터, 혹은 서로 다른 방식으로 가치가 부여된 논거들로부터 출발하여 이들의 진술은 유사한 해결책으로 수렴하는데 뒤보스크는 이를 다음과 같이 표현했다. "생명체 구성의 필수적 단위로서 세포를 취함으로써 사람들은 잘못된 길에 들어섰다." 무엇보다도 근육계와 같이 중요한 조직계의 구성에서 변형체나 합포체의 형성물(즉 복수의 핵이 퍼져 있는 연속적인 세포질의 덩어리)이 점하는 위치에 주목할 때 후생동물의 유기체를 세포의 공화국이나 개별 세포들의 총합에 의한 구성물로 보기는 어렵다. 결국 인체에서는 상피만이 분명하게 세포화되어 있다. 백혈구와 같이 자유로운 세포와 심장근육이나 태아 태반의 융모막 융모의 표층과 같은 합포체 사이에서 모든 중간 형태들을, 특히 다핵의 거대세포를 만날 수 있다. 그러나 우리는 합포체의 덩어리가 원래 독립적이던 세포들이 융합하여 생겨났는지, 아니면 그 반대인지 정확하게 말할 수 없다. 수정란의 발생과정에서도 모든 세포들이 먼저 존재하던 세포의 분열로부터 유래하는지는 확실하지 않다. 에밀 로드Émile Rhode는 1923년 동물뿐 아니라 식물에서도 개체화된 세포가

---

63) Rémy Collin, "Théorie cellulaire et la Vie", *La Biologie médicale*, no. d'avril 1929에 실려 있다. 콜랭은 이후 그 질문을 *Panorama de la Biologie*, Editions de la Revue des Jeunes, 1945, p. 73 이하에서 되풀이했다.

64) Hans Petersen, *Histologie und Mikroskopische Anatomie*, München: Bergmann.

65) Octave Duboscq, *Bulletin de la Société zoologique de France*, t. LXIV, no. 2.

최초의 플라스모디움plasmodium[변형체]의 분할에서 생긴다는 것을 보여 주었다.

그러나 이 문제의 해부학적이고 개체발생적인 측면만이 문제의 전부는 아니다. 한스 페터젠과 같은 학자들조차도 세포이론의 진정한 토대를 이루는 것은 후생동물 신체의 발생이라는 사실을 인정한다. 그들은 키메라의 합성, 즉 서로 다른 종의 난자에서 유래한 세포들을 인공적으로 융합시켜 만든 생명체에서 복합적인 생명체의 '덧셈적' 구성에 유리한 주장을 보지만, 이들 학자들도 유기체 기능의 설명은 그들의 발생에 대한 설명과 모순을 일으킨다는 사실을 받아들여야만 한다. 만약 신체가 정말로 독립적인 세포들의 총합이라면 그것이 단일한 방식으로 기능하는 하나의 전체를 형성하는지를 어떻게 설명할 것인가? 만약 세포가 닫힌 계라면 어떻게 유기체는 하나의 전체로서 살고 작용할 것인가? 신경계나 호르몬 분비에서 이러한 전체화의 기전을 찾음으로써 이러한 어려움을 해결하고자 노력할 수도 있다. 그러나 신경계에 관련해서 말하면, 거기에 속한 대부분의 세포들은 상호적이 아니라 한 방향으로 연결되어 있다는 사실을 인정해야 한다. 또 호르몬에 관해 말하면 많은 생명현상들, 특히 재생현상은 아무리 복잡한 방식이라 하더라도 그러한 조정양식으로는 제대로 설명되지 않는다는 사실을 인정해야만 한다. 이로 인해 페터젠은 다음과 같이 썼다.

> 신체가 하나의 전체로서 개입되는 모든 과정은(예를 들자면 병리학에서는 거의 모든 과정이 그러하다) 세포상태의 이론, 혹은 독립적 유기체로

서 세포이론에 의해서는 이해하기가 무척 어렵다는 사실을 아마도 일반적으로 말할 수 있을 것이다. […] 세포적 유기체가 행동하고, 살아가고, 외부로부터의 공격에 맞서 스스로를 유지하고 회복하는 방식에 의해 세포는 동일형태를 가진 단일한 신체의 기관들이다.

우리는 여기서 생명체의 개체성 문제가 다시 등장하는 것과, 처음에는 모든 분할에 저항하던 전체성의 측면이 분할이 시작되었을 때 최종항으로 상정되는 원자적 측면을 어떻게 극복하는지를 보게 된다. 따라서 페터젠이 율리우스 작스가 1887년에 발표한 다세포식물에 대한 글을 인용한 것은 아주 시의적절하다. "세포를 기본요소적인 독립 유기체로 간주할 것인지 아니면 단지 부분으로만 볼 것인지는 온전히 우리의 보는 방식에 달려 있다."

최근 수년간 고전적인 모습의 세포이론, 다시 말해 고등교육을 포함한 교육용 교과서가 부여하는 교조적이고 경직된 형태의 세포이론에 대한 유보와 비판이 강화되어 가는 것을 우리는 목격했다.[66] 유기체를 구성하는 물질의 차원에서, 비세포적 요소를 고려하는 것과 연속적인 원형질 덩어리로부터 세포가 형성되는 가능한 양태에 대해 주

---

66) 1945년의 논문에는 다음의 구절이 덧붙여져 있다. 이들 문장은 당연히 자연적인 형태로 삽입되어 있다. 우리가 그것을 지적하는 것은 뭔가 예언하는 재능을 갖고 있다는 것을 주장하기 위해서가 아니고, 그와는 반대로 어떤 새로운 연구가 그것을 이해하는 것보다 활용하는 것에 더 관심을 가지는 아첨꾼들이 말하는 것보다는 더욱 오래된 것이라는 점을 강조하기 위해서이다.

의를 기울이는 것은 독일에서는 슈반이 초기 세포배아체의 존재를 인정했다고 피르호가 비난하던 시대, 또 프랑스에서는 샤를 로뱅이 시대에 뒤떨어진 까다로운 인물로 보이던 시대보다 오늘날에는 반론에 직면할 기회가 훨씬 적다. 1941년 후젤라는 자신의 저서 『세포조직의 사이』[67]에서 세포 내부의 관계들과 세포 외부의 물질들(예를 들어 세포간액, 혹은 결합조직 가운데 세포에 속하지 않는 것)은 생물학적으로 말하면 적어도 세포 그 자체만큼 중요하며, 따라서 현미경 표본에서 관찰된 세포 사이의 빈 공간은 조직학적으로도, 그리고 기능적으로도 무의미한 것이 아님을 보여 주었다. 1946년 부세 그라비츠는 『현대병리학의 실험적 기초』[68]에서 세포들은 비세포적인 기본물질의 한가운데서 나타날 수 있다는 결론을 자신의 관찰로부터 내렸다고 생각했다. 세포이론에 따르면 기본적 물질은(예를 들어 힘줄의 콜라겐) 세포에 의해 분비된다는 사실을 인정해야 한다. 이러한 분비가 정확히 어떻게 이루어지는가를 입증하지 못하더라도 말이다. 그러나 여기서 관계는 역전된다. 당연히 그라비츠의 이론에서 실험상의 논거는 부정적인 차원의 것이다. 그러한 논거는 세포가 비세포적 물질 안에서 점차 출현하는 것을 보므로, 세포가 외부에서 그 안으로 이동해 들어가지 않도록 기울이는 주의를 신뢰한다. 프랑스에서는 나제오트Jean Nageotte가 토끼 수정란의

67) Tivadar Huzella, *Zwischen Zellen Organisation*, 1941.

68) P. Busse Grawitz, *Experimentelle Grundlagen der modernen Pathologie*, 1946. 바젤에서 출판된 이 책은 '세포병리학에서 분자병리학으로'라는 부제를 달고 있다. 이것은 원래 스페인어로 된 저작의 독일어 번역판이다.

발생과정에서 눈의 각막이 먼저 처음 3일 동안 세포를 포함하지 않는 균질적 물질로서 나타난다는 사실을 잘 관찰했다. 그러나 그는 피르호의 공리에 따라 나중에 나타난 세포는 이동에 기인한다고 생각했다. 그러나 이 이동이라는 사실은 누구도 확인하지 못했다.

마지막으로 피르호의 기억과 명성이 러시아 생물학자들의 공격을 받았고, 지금도 받고 있다는 사실을 언급해야만 한다. 맑스-레닌주의 변증법의 영감을 받은 모든 발견에 통상적으로 주어진 선전은 피르호에 대한 공격에 큰 중요성을 부여했다. 그러나 이런 중요성은 생물학사(부르주아에 의해 기록된 역사)에서 주어지는 실제 의의에 전혀 부합하지 않는다. 1933년 이래 올가 레페신스카야Olga Lepeshinskaya(1871~1963)는 비세포적인 생명물질에서 세포가 탄생하는 현상에 대한 연구에 헌신했다. 1945년에 출판된 책 『생명물질로부터 세포의 탄생』[69]은 1950년에 개정되었으며, 그 개정은 소련과학아카데미의 생물학 분과에 의해 그 책에 포함된 테제를 검토하고 승인하고, 또한 많은 논문들이 학술지에 발표되는 계기가 되었다.[70] 피르호의 '관념론적' 개념은 거기에서 사실에 대한 관찰의 이름으로, 그리고 1860년 이래 피르호의 개념과 싸워 온 생리학자 세체노프Ivan Sechenov로 대표되는 러시아

---

69) Olga Lepechinskaia, *Origine des Cellules à partir de la matière vivante*, 1945.

70) 우리는 관련 정보를 다음 논문에서 얻었다. Joukov-Berejnikov, Maiski et Kalinitchenko, "Des Formes acellulaires de vie et de développement des cellules". 이 논문은 다음의 논문집에 실려 있다. *Orientation des Théories médicales en U.R.S.S.*, Paris: Editions du Centre culturel et économique France-U.R.S.S., 1950. André Pierre의 글(*Le Monde*, 1950. 8. 18)에서 우리가 암시한 논문들을 참조하고 있음을 발견할 수 있을 것이다.

과학의 권위와 변증법적 유물론의 권위라는 이중의 권위의 이름으로 격렬하게 비판받았다. 엥겔스는 『반뒤링론』과 『자연변증법』에서 세포이론의 보편적 가치에 대해 유보적인 태도를 보였다.[71] 올가 레페신스카야가 내세운 사실들은 닭의 수정란의 발생에 대한 관찰에서 나온 것들이다. 수정란의 노른자는 현미경으로 보이는 단백질 입자를 포함하고 있으며, 이들 입자는 세포구조를 가지지 않는 소구체로 응집될 수 있을 것이다. 궁극적으로 이 소구체들은 핵을 가진 세포의 전형적인 형태로 진화할 것이다. 그리고 이 소구체들이 난황의 가장자리에서 수정세포분열을 통해 태어난 세포들의 난황 덩어리로 이동하는 일은 전혀 없을 것이다. 우리가 본 바와 같이 세포이론의 역사가 제공해 주는 많은 사례 중의 하나인 그러한 논쟁의 목적이 무엇이냐고 자문할 수도 있을 것이다. 기본적으로 그 목적은 세포계열의 필연적 연속성에 맞서

---

71) *Anti-Düring*, trad. Bracke-Desrousseaux, Costes, t. 1, pp. 105~109. 여기서 엥겔스는 세포이론에 대한 모든 지지자들과 마찬가지로 "아메바로부터 […] 인간에 이르는 […] 세포로 이루어진 모든 유기적 존재들의 경우에 […] 세포는 오직 하나의 동일한 방식, 즉 분열에 의해서만 증식한다"는 사실을 받아들인다(p. 106). 그러나 그는 보다 하등한 생물들 가운데서도 세포보다 열등한 조직을 가진 생물도 많다고 생각한다. "모든 존재들은 고등한 유기체와 한 가지 공통점만을 가진다. 그것은 그들의 본질적 요소가 단백질이며 그 결과 그들은 단백질의 기능, 즉 살고 죽는 기능을 수행한다." 이러한 존재들 가운데서 엥겔스는 "어떤 분화도 하지 않는 단순한 단백질 덩어리인 원시 아메바, 그밖에 모네라의 계열, 그리고 모든 관상조류(管狀藻類)"를 인용한다(*Ibid.*). 또한 pp. 113~116도 보라. "생명은 단백질체들의 존재 양식이다." 여기서 헤켈의 개념과 그의 고유한 용어법들까지 어렵지 않게 알아차릴 수 있다.
『자연변증법』(앞선 각주에서 인용한 논문에서 칭찬과 더불어 전재되고 있는 발췌에 한정하는 한)에서 엥겔스는 살아 있는 단백질에서 세포 탄생의 가능성, 그리고 화학적 합성으로부터 살아 있는 단백질 형성의 가능성을 보다 분명하게 주장하고자 하지만 그의 생각은 『반뒤링론』의 테제와 근본적으로 달라 보이지 않는다.
이들 중 어느 경우에 해당하든지 헤켈의 예기가 혁명적으로 새로운 인상을 주지는 않았다고 우리는 소박하게 고백한다.

는, 따라서 유전질의 연속성과 독립성에 대한 이론에 맞서는 새롭고도 탄탄한 논거를 획득하는 것이다. 이것은 바이스만August Weissman에 반대하는 논거로서 따라서 환경의 영향 아래 개별 유기체가 획득하는 형질들의 유전적 전달에 관한 리센코Trofim Lysenko의 테제를 지지하는 것이다. 비록 우리가 사례로서 인용한 실험과 사용한 기술의 견실함을 과학적 관점에서 검토할 능력이 없다 하더라도 다음과 같은 사실을 강조해야 한다. 즉 생물학 이론은 사회적이며 정치적 테제로 확장되며, 낡은 작업가설로의 복귀는 지극히 역설적이게도 진보적 언어로 정당화되고 있다는 사실이다. 비록 올가 레페신스카야의 실험과 그 실험이 지지하는 이론들이 생물학자들의 잘 무장되고 정통한 비판에 저항한다고 하더라도, 그것이 "지구상에는 진정한 과학을 지지하는 하나의 국가가 있다. 그것은 소련이다"[72]라는 사실의 증거가 되지는 못한다. 우리가 보게 되는 것은 세포이론과 피르호의 생각에 대한 근거를 새롭게 확인시켜 주는 다음과 같은 유명한 말이다. "만약 어떤 이론이 그 이론의 오류를 입증할 수 없을 때, 그것은 이론으로서 아무런 가치도 없다."[73]

---

72) Joukov-Berejnikov, Maiski et Kalinitchenko, "Des Formes acellulaires de vie et de développement des cellules", p. 151. 우리는 동일한 논문에서 다음과 같이 단호한 주장들을 인용하고 싶은 유혹에 저항하기 어렵다. "비생명체에서 생명체로 이행하는 문제를 처음으로 연구하기 시작한 것은 소련이다."(p. 148) "생명의 기원과 같은 문제들은 자본에 봉사하는 학자들의 관심을 거의 끌지 않는다. 그들은 인류의 이익을 위해 생물학을 발전시키고자 하는 노력을 전혀 하지 않는다. 제국주의의 하인들은 지상의 생명들이 파괴되어야 한다는 사실을 표현한다."(p. 150)

73) 슈스터(Arthur Schuster[1851~1934, 영국의 물리학자])의 이 말은 다음에 인용되어 있다. Léon Brunschvicg, *L'Expérience humaine et la Causalité physique*, p. 447.

헤켈은 1904년에 다음과 같이 썼다.

> 19세기 중반 이래 세포설은 당연하게도 아주 큰 비중을 가진 생물학 이론의 하나로서 일반적으로 받아들여지게 되었다. 모든 해부학적·조직학적 작업, 모든 생리학적·발생학적 작업은 원소적 유기체 개념으로서 세포 개념에 근거해야 한다.[74)]

여기에 그는 이 개념의 모든 것이 아직 명료한 것은 아니며, 모든 생물학자가 아직 거기에 동의하는 것도 아니라고 덧붙였다. 그러나 협소하거나 시대에 뒤떨어진 정신의 마지막 저항으로 헤켈에게 보였던 것이 오히려 오늘날 우리에게는 이론의 협소함에 대한 칭찬할 만한 주의로 보인다. 세포설의 의미가 명료한 것은 분명하다. 그것은 분석적 방법이 경험에 의해 제기된 이론적 문제의 총체로 확장된 것이다. 그러나 이 세포설의 가치는 세포설이 약속한 해결책이나 연속과 불연속의 관계에 대한 생물학 분야의 묵은 논쟁을 새롭게 불러낸 것에만 있는 것이 아니라 그것이 야기한 장애물 안에도 존재한다. 세포라는 명칭 아래 문제가 되는 것은 생물학적 개체성이다. 개체는 하나의 현실인가 아니면 환상 즉 이상idéal인가? 이러한 질문에 답변할 수 있는 과학은, 생물학조차도, 존재하지 않는다. 만약 모든 과학이 이러한 규명에 기여할 수 있고 또 해야만 한다면, 문제가 단어의 통상적 의미대로

---

74) Die Lebenswunder, VIIe Kap., *Lebenseinheiten*, *Ges. Werke*, 1924, IV, p. 173.

순수하게 과학적인지 의심스럽다.[75)]

생물학에서, 유기체의 구조에 관한 생물학이 표상과 원리의 융합으로 향한다고 생각하는 것은 이상하지 않다. 그것은 외견상 모순적으로 보이는 파동과 입자라는 두 개념 사이에서 파동역학이 실현한 융합과 유사하다. 세포와 플라스마는 불연속과 연속이란 두 개의 지성적 요청이 최후로 구체화된 것이다. 이 두 개념은 인간이 사고하기 시작한 이래 계속 이루어지고 있는 이론적 해명의 과정에서 끊임없이 대립했다. 과학적 이론은 근본적 개념을 그 설명 원리 가운데 수용하며, 그것은 우리가 신화라고 말할 고대의 이미지에 접목된다고 말할 수 있다. 여기서 신화란 명백히 선전과 신비화를 목적으로 구축된 철학에서 사용된 결과 오늘날 평가절하된 것이 아닌 용어로서의 신화이다. 연속적인 최초의 플라스마는 다양한 명칭하에 고찰되었으며 생명체의 공통적 구조라는 문제의 입장에서 생물학자들에게 설명 원리를 제공했다. 그 원리는 그들이 보기에 입자적 설명이 불충분했기 때문에 요청된 설명 원리이다. 이 최초의 플라스마는 모든 생명을 만들어 내는 신화적 유체의 논리적 아바타, 비너스가 탄생한 거품의 파도와 다른 것인가?

멘델에 앞서 유전의 수학적 법칙을 거의 발견할 뻔한 프랑스의 생물학자 샤를 노댕은 원아체原芽體[76)]는 성서의 [신이 인간을 만들 때 사용

75)* 이 문장이 작성된 이후 시몽동(Gilbert Simondon)의 학위논문 *L'individu et sa genèse physico-biologique* (Paris: P.U.F., 1964)는 다행스럽게도 이 문제를 밝히는 데 공헌했다.
76) [옮긴이 주] 세포의 근원이 되는 원시적 물질을 말함.

한] 진흙이라고 말했다.[77] 그런 이유로 이론은 그것이 조화롭게 정리하는 사실로부터, 또 그 이론을 불러일으켰다고 간주되는 사실로부터 생겨나지 않는다고 우리는 제안했다. 보다 엄밀히 말하면 사실들이 이론을 불러일으켰으나, 사실은 이론을 내적으로 통일시키는 개념도, 이론이 전개하는 지적 의도도 산출하지 않는다. 이 의도들은 먼 곳에서 유래하며, 이들 관념은 소수이다. 바로 그 때문에 이론적 테마는 논쟁이나 반박이 가져왔다고 자만하는 외형상의 파괴 가운데서도 살아남는다.[78]

이로부터 과학과 신화 사이에, 측정과 몽상 사이에 아무런 차이도 없다는 결론을 내리는 것은 당치 않은 일일 것이다. 그러나 반대로 낡은 이론이라는 이유로 고대로부터의 직관을 근본적으로 폄하하고자 한다면, 어떻게 하여 우매한 인류가 어느 화창한 날에 갑자기 똑똑해진 것인지 이해할 수 없을 것이다. 우리는 생각하는 것처럼 손쉽게 기적을 몰아내지 못하며, 사물의 질서에서 기적을 소멸시키기 위해서 그것을 다시 사고에 통합시키는 일도 있다. 기적이 사고에 적지 않은 충격을 가하고 사고에는 불필요한 경우에도 말이다. 따라서 우리가 세포

---

77) Charles Naudin, "Les Espèces affines et la Théorie de l'Evolution", *Revue scientifique de la France et de l'Etranger*, 2e série, tome III, 1875.

78) "상상력과 같이 가장 자유롭다는 정신의 활동조차도 되는대로 떠돌아다니는 것은 아니다(시인은 그런 인상을 갖고 있지만). 그것은 미리 형성된 가능성들, 즉 原型(prototype), 元型(archétype), 원초적 이미지에 연결되어 있다. 아주 멀리 떨어진 사람들 사이에서 나타나는 민담들에 나타나는 테마의 유사성은 어떤 원초적 이미지에 종속되어 있음을 보여 준다. 에테르, 에너지, 그들의 변환과 항상성, 원자이론, 친화성 등 과학이론의 기초가 되는 이미지조차도 동일한 제약을 받고 있다." C. G. Jung, *Types psychologiques*, trad. Le Lay, Genève, 1950, p. 310.

이론보다 비너스의 신화나 창세기의 이야기에서 보다 많은 이론적 가치를 발견한다는 결론을 우리들의 연구로부터 내린다면 이는 잘못이다. 우리는 단지 세포이론의 장애물과 한계가 그 이론을 탄생시킨 동시대의 많은 과학자들과 철학자들, 특히 이 이론의 정교화에 진정으로 공헌한 이들에게조차도 없을 수 없다는 사실을 보여 주고자 했을 뿐이다. 따라서 보다 융통성 있고 포괄적인 이론에 대한 현재적 요구가 있다는 사실에 놀라는 사람이 있다면, 그와 같은 사람은 최신의 연구성과로 얻어진 지식의 교육이 친숙하게 만든 것과는 다른 이론적 가능성에 대한 감성, 즉 그것이 없이는 과학적 비판도 과학의 미래도 없게 되는 감성을 과학사의 안에서 찾을 능력이 없는 사람일 뿐이다.

3부
철학

생물학적 지식은 항상 반복되는 창조적 행위이다. 그 행위에 의해 유기체의 관념은 점차 우리 경험의 범위 내에 들어온다. 그것은 괴테의 직관Schau에 상응하는 일종의 관념화이다. 그것은 끊임없이 경험적 사실로부터 생겨나며 항상 경험에 기반하고 경험의 지지를 받는다.

— 쿠르트 골드슈타인, 『유기체의 구조』

1. 생기론의 여러 양상

철학자가 자신이 이용하거나 인용하는 생물학자들의 평판을 위태롭게 만드는 위험을 무릅쓰지 않으면서 생물학의 철학을 하기는 무척 어렵다. 철학자가 이용한 생물학은 이미 철학적 생물학, 따라서 환상적 생물학이 아닌가? 그러나 생물학을 수상쩍은 것으로 만들지 않으면서 생명과 같이 근본적인 철학적 개념을 다시 사유하거나 수정하기를 요구하는 허락 또는 기회를 생물학에 대해 요구하는 것이 가능할까? 생물학자들의 학교에 들어간 철학자가 거기서 받은 가르침 가운데 자신의 시야를 보다 확장시키고 질서를 부여한 가르침을 선택하는 것이 허용될 수 있을까?

이 점에 관해서는 물리화학적 과학의 명성에 매혹되고, 이들 과학의 위성의 역할로 환원되거나 스스로를 위성으로 환원시키고 있는 생물학으로부터 기대할 수 있는 것은 거의 없다. 이처럼 환원된 생물학은 그 당연한 귀결로서 고유성이 폐기된 생물학적 대상, 다시 말해 그 특이성의 가치가 박탈된 대상을 가지게 된다. 그런데 자율적인 생물학은 자신의 주제와 그 주제를 포착하는 방식에서(물질과학을 무시하거나 경시하는 생물학이라는 의미는 아니다) 항상 어느 정도는 생기론이라는 단죄, 혹은 성격규정을 받게 될 위험에 처한다. 이 용어는 많은 경우 상궤를 벗어났다는 꼬리표로 작용했다. 과학의 실천이 일정한 탐구양식을, 다시 말해 과학자의 생활에 규칙이나 의무를 부과하던 시기에 이 용어는 경멸적 가치를 가진 것으로 나타났다. 그것은 자신들의 연구대상을 물리학자와 화학자의 연구대상에 맞추려는 의사가 거의 없는 생물학자의 경우조차 그러했다. 비판자들에 의해 생기론자로 분류되는 생물학자들 중에서 이러한 딱지를 기꺼이 받아들이는 사람은 거의 없다. 적어도 프랑스에서는 파라셀수스Paracelsus나 판 헬몬트Jan Baptista van Helmont의 이름이나 명성을 불러내는 것은 찬사가 아니다.

그렇지만 생기론이란 호칭은 그것이 18세기에 일반적으로 가졌던 의미 때문에 물질과학에 합병시키려는 야심으로부터 독립을 유지하려는 주의 깊은 모든 생물학에 적합한 것은 사실이다. 여기서 생물학의 과거 역사를 고찰하는 것은 현재의 생물학 지식과 문제를 고찰하는 것만큼 중요하다. 과학에게 개념의 해명을 요구하는 철학이 과학의 구성과정에 관심이 없을 수는 없다. 따라서 생물학적 사유의 방향설정은 비록 사람들이 거기에 부여한 명칭이 역사적으로 제한된 공명을 얻는다 하더라도 생물학 발전의 어떤 단계보다도 더욱 중요하게 생각된다.

여기서 문제는 과학적 관점에서 생기론을 옹호하는 것이 아니다. 그에 대한 논쟁은 오직 생물학자들에게만 문제가 된다. 우리들의 관심사는 생기론을 철학적 관점에서 이해하는 것이다. 생기론은 과거의 생물학자들에게 그러했던 것처럼 오늘날의 생물학자들에게 사유의 환상으로 보일 수 있을 것이다. 그러나 이 환상적 특성에 대한 고발은 철학적 반성을 금하거나 폐쇄시키는 것이 아니라 오히려 그것을 요청한다. 왜냐하면 여전히 오늘날에도 생기론을 논박해야 할 필요성이 있다는 것은 다음의 두 가지 사실 중 하나를 의미한다. 즉 지금 문제가 되고 있는 환상은 천동설이나 플로기스톤 이론과 같은 종류가 아니라 그 자체의 고유한 생명력을 갖고 있다는 암묵적인 고백이다. 따라서 이 환상의 생명력을 철학적으로 이해하려고 노력해야 한다. 아니면 그것은 환상의 완강함이 환상의 비판자들로 하여금 자신들의 논거와 무기를 재정비하게 만든다는 고백이며, 그것은 또한 환상에 대응하는 이론적 혹은 실험적 획득물 안에 어떤 이익이 있음을 인정하는 것이다. 그 이익의 중요성은 그 획득물이 생겨나는 계기와 완전히 무관하지 않다. 왜냐하면 그 획득물은 그 계기에 다시 호소하거나, 아니면 등을 돌리지 않으면 안 되기 때문이다. 따라서 맑스주의 생물학자는 생기론이라는 유類의 한 철학적 종種으로 분류되는 베르그손주의에 대해 다음과 같이 말했다.

> (베르그손의 목적론으로부터) 생명의 변증법은 그 전체적 모습에서 맑스주의 변증법과 유사함을 보이게 된다. 이들 둘은 모두 새로운 사실과 존재들을 만들어 낸다는 의미에서 유사하다. [...] 생물학의 베르그손주의는 이미 오래전에 맑스와 엥겔스가 했던 기계론에 대한 비판만이 관

심을 끌 뿐이다. 그 건설적인 부분에서는 아무런 가치가 없다. 베르그손주의는 변증법적 유물론의 공허한 주물틀이다.[1]

따라서 철학적 반성이 의문을 제기하게 되는 생기론의 첫 번째 측면은 생기론의 생명력이라고 우리는 생각한다.

이러한 생명력을 증언하고 있는 것은 히포크라테스와 아리스토텔레스로부터 판 헬몬트, 바르테즈, 블루멘바흐, 비샤, 라마르크와 뮐러, 폰 베어를 거쳐서, 또 클로드 베르나르를 제외하지 않고 드리슈, 폰 모나코프, 골드슈타인에 이르는 이름들의 연쇄이다.

생물학 이론은 그 역사를 통해 분열되고 진동하는 사유로 나타난다는 점을 지적할 수 있다. 기계론과 생기론은 구조와 기능의 문제에 관해 대립하며, 불연속과 연속은 형태의 계기繼起에 관한 문제로, 전성설과 후성설은 존재의 발생 문제와 관련해, 원자성과 전체성은 개체성의 문제에 관해 대립한다.

이러한 항구적인 진동, 즉 사고가 완전히 상호 동떨어진 입장 사이를 진자와 같이 왕복하는 것은 다르게 해석될 수도 있다. 새로운 실험

---

1) M. Prenant, 『생물학과 맑스주의』(*Biologie et marxisme*), Paris: Hier et Aujourd'hui, 1948, pp. 230~231. 이후 프르낭 씨는 동일한 견해를 새롭게 표현했다. "베르그손은 『창조적 진화』에서 무엇을 했는가? 두 가지이다. 하나는 기계적 유물론에 대한 비판으로 그것은 우리가 보기에 탁월한 비판이다. 다만 더 멀리 가지 못한 잘못은 있다. 왜냐하면 그는 비판을 생명에만 적용시켰기 때문이다. 반면 우리는 그 비판은 다른 조건에서 무생물계에도 적용할 수 있다고 생각한다. 따라서 이 점에서 우리는 일치한다. 우리가 베르그손을 강하게 비판하는 것은, 그의 신비주의를 이루는 것으로, 어떤 경험으로도 전환 가능한 실증적 결론을 헛되게 추구했다는 점이다." *Progrès technique et Progrès moral in Rencontres internationales de Genève en 1947*, Neuchâtel: Éd. La Baconnière, 1948, p. 431.

적 사실의 발견을 제외한다면 어떤 의미에서는 진정으로 이론적 발전이 있었는가를 우리는 자문할 수 있다. 결국 실험적 사실의 현실성이 가지는 확실함은 그 의미의 불확실함에 대해 전혀 위로가 되지 않는다. 또 다른 의미에서는 이러한 외견상의 왕복을 어떤 알려지지 않은 변증법의 표현으로 간주하는 것도 가능하다. 동일한 입장으로의 회귀는 일종의 광학적 오류에 의해서만 의미를 가질 수 있다. 그 오류는 동일한 수직선상의 공간에서 항상 다르게 위치하는 점을 그것이 동일한 평면상에 투사된 하나의 점으로 혼동하는 오류이다. 그러나 우리는 사유의 변증법적 과정을 현실 속에 옮겨 놓으며 연구대상 자체인 생명이 변증법적 본질이며, 사유는 그 대상의 구조와 합치해야 한다고 주장할 수도 있다. 기계론과 생기론, 전성설과 후성설의 대립은 생명에 대한 이론으로 스스로를 확장시키는 생명 자체에 의해 초월된다.

생기론의 생명력을 이해하는 것은 생명과 과학 일반, 보다 전문적으로 생명과 생명과학 간의 관계가 가지는 의미에 대한 탐구에 참여하는 것이다.

18세기 몽펠리에 학파의 의사였던 바르테즈가 정의한 바에 따르면 생기론은 명시적으로 히포크라테스 전통을 내세웠다. 히포크라테스와의 유연관계는 의심의 여지 없이 아리스토텔레스와의 유연관계보다 더욱 중요하다. 왜냐하면 생기론이 자주 아리스토텔레스 철학으로부터 많은 용어들을 빌리지만, 항상 히포크라테스의 학설로부터 그 정신을 받아들이기 때문이다.

> 나는 인체에서 모든 생명현상을 만들어 내는 원인을 인간의 생명원리라 부른다. 이 원인의 명칭은 아무래도 상관없으며 임의적으로 취해도 된다. 만약 내가 생명원리라는 말을 좋아한다면 그것은 이 말이 히포크라테스가 부여했던 추동형성력impetum faciens이나, 혹은 생명 기능의 원인을 지칭하는 다른 용어보다 덜 제한적인 관념을 표현하기 때문이다.[2)]

생기론에서 치료약의 강한 능력에 대해 회의적 태도를 가지는 의사들의 생물학을 읽어 내는 것은 흥미로운 일이다. 자연치유력에 대한 히포크리테스의 이론은 병리학에서 질병의 원인보다는 유기체의 반응과 방어에 더욱 큰 중요성을 부여한다. 예후 판단의 기술은 그것이 의존하고 있는 진단술보다 더욱 우위를 점한다. 질병의 경과를 예기하는 것은 질병의 원인을 결정하는 것만큼 중요하다. 치료법은 대담함과 더불어 같은 정도의 신중함으로 성립된다. 왜냐하면 최고의 의사는 자연이기 때문이다. 이처럼 생기론과 자연주의는 분리할 수 없다. 따라서 의학적 생기론은 생명에 대해 기술이 가지는 지배력에 대한 본능적 불신의 표현이다. 여기에서 자연적 운동과 강제적 운동이라는 아리스토텔레스적 대비의 유사성이 성립된다. 생기론은 생명에 대한 생명체의 신뢰의 표현이자, 살아 있음을 의식하고 있는 살아 있는 인간이 자신과 생명을 동일시하고 있음의 표현이다.

---

2) Paul-Joseph Barthez, 『인간과학의 새로운 원리』(*Nouveaux Eléments de la Science de l'Homme*), 1778.

따라서 우리는 생기론이 생명체에서 생명에 대한 영구적인 요청, 즉 생명체에 내재하는 생명이 자신과의 동일성을 표현하는 것이라고 제안할 수 있을 것이다. 이로부터 기계론적 생물학자와 합리주의 철학자들이 생기론 가운데 비판하는 특징의 하나인 애매함과 모호함이 설명된다. 만약 생기론이 무엇보다도 하나의 요청이라면 생기론이 자신을 결정적인 방식으로 정식화하는 데 상당한 어려움을 겪는 것은 당연하다. 이는 기계론과 비교하면 더욱 분명하게 드러난다.

만약 생기론이 생명체에서 생명의 항구적인 요청을 표현한다면, 기계론은 살아 있는 인간이 생명 앞에서 가지는 항구적인 태도를 표현한다. 인간은 과학에 의해 생명으로부터 분리되었지만 과학을 가로질러 생명에 재합류하려고 노력하는 생명체이다. 만약 생기론이 요청으로서 모호하고 정식화되어 있지 않다면, 기계론은 방법으로서 엄밀하고 빈틈이 없다.

기계론은 우리가 아는 바와 같이 '메카네'mēchanē에서 유래한다. 불어 단어 '앙쟁'engin의 의미는 한편으로는 간계와 책략, 그리고 다른 한편으로는 기계라는 두 가지 의미를 결합시킨다. 우리는 이 두 의미가 사실은 하나에 불과하지 않은가 자문할 수 있다. 인간에 의한 기계의 발명과 사용은, 기술적 활동 일반은 헤겔이 이성의 간계라고 부르는 것이 아닌가?[3] 이성의 간계는 그 자신의 본성에 일치하여 상호 작용하는 대상들의 매개를 통해 이성이 자신의 고유한 목적을 달성하는 것이

3) 『백과전서』(*Encyclopédie*) '논리학' 209항.

다. 기계의 본질은 하나의 매개, 혹은 기술자들이 말하듯이 중계이다. 기계장치는 아무것도 창조하지 않으며, 그것이 기계의 타성(inertie = inars, 기술ars의 부재)을 이룬다. 기계장치는 기술ars에 의해서만 구성될 수 있으며 그것이 간계이다. 과학적 방법이자 철학으로서의 기계론은 따라서 기계의 모든 사용을 암묵적으로 전제하는 것이다. 인간의 간계는 자연이 동일한 간계를 가지지 않을 때만 성공할 수 있다. 자연 자체가 기술이 아닐 때에만 기술은 자연을 굴복시킬 수 있다. 율리시스라는 이름의 사람만이 목마를 트로이 성안으로 끌고 들어갈 수 있게 만든다. 그는 솜씨 있는 기술자가 아니라 자연의 힘을 적으로 상대할 때에만 그것이 가능하다. 데카르트의 동물-기계 이론에 대해 사람들은 항상 덫을 피하기 위한 동물의 간계를 대립시켰다.[4] 라이프니츠는 자신의 『신인간오성론』의 서문에서 동물들에게는 오직 경험적 계기행동(오늘날 말하자면 조건반사)만이 가능하다는 데카르트의 테제를 채용하면서 그 증거로 사람들이 손쉽게 덫을 놓아 동물을 잡는 것을 들었다. 역으로 속이는 신이나 악령에 대해 데카르트가 『성찰』에서 정식화한 가설은 결국 인간을 덫에 둘러싸인 동물로 귀착시킨다. 동물에 대한 인간의 간계를 인간에 대한 신의 간계와 같은 것으로 보기는 불가능하다. 만약 그렇게 되면 인간을 무기력한 상태로 만들면서 생명체로서의 인간은 폐기되기 때문이다.[5] 그러나 생명체-기계의 이론을 문자

---

4) Morus, 「데카르트에게 보내는 편지」, 1648년 12월 11일. 「데카르트의 답신」, Adam-Tannery, t. V, Paris: Vrin, p. 244. La Fontaine, *Les Deux Rats, le Renard et l'Oeuf*.

그대로 받아들인다면 생명체를 폐기시키는 인간의 간계라고 결론을 내릴 수 있지 않은가? 만약 동물이 기계 이상의 존재가 아니라면, 그리고 자연 전체가 기계 이상의 존재가 아니라면 왜 그들을 기계로 환원시키기 위해 인간은 그토록 많은 노력을 기울이는가?

생기론이 하나의 방법이기보다는 요청이며, 하나의 이론이기보다는 아마도 도덕이라는 것을 라들Emanuel Rádl은 잘 알고 있었다. 그는 그 사실에 대한 충분한 지식을 갖고 그에 대해 말했던 듯하다.[6)]

그에 따르면 인간은 자연을 두 가지 방식으로 고찰할 수 있다. 먼저 그는 자신을 자연의 아이로 느끼고 자연에 대한 소속감과 종속감을 느끼며, 자연 안에서 자신을 보고 자기 안에서 자연을 본다. 아니면 인간은 낯설고 규정할 수 없는 대상을 앞에 두고 있는 것처럼 자연에 대한 태도를 취한다. 자연에 대해 자식으로서의 감정, 공감의 감정을 품는 과학자는 자연현상을 이상하고 낯선 것으로 생각하지 않고, 지극히 자연스럽게 자연에서 생명과 정신, 그리고 의미를 발견한다. 그러한 사람은 근본적으로 생기론자이다. 플라톤, 아리스토텔레스, 갈레노스, 모든 중세 사람들과 대부분의 르네상스 시대 사람들은 이러한 의미에서 생기론자였다. 그들은 우주를 유기체로, 다시 말해 법칙과 목적에 따라 조절되는 조화로운 체계로 간주했다. 그들은 자신들을 우주의 조

---

5) "지금으로서는 행동하는 것이 아니라 성찰하고 인식하는 것만이 문제이므로 오늘 나는 지나친 불신을 허용할 수는 없다. […]"(『성찰』*Méditations métaphysiques*)

6) E. Radl, *Geschichte der biologischen Theorien in der Neuzeit*, I, 2e edition. Leipzig, 1913, chap. IV, § 1. "Der Untergang der biologischen Weltanschauung".

직된 한 부분으로, 우주적 유기체를 구성하는 일종의 세포로 간주했다. 거기에서 모든 세포는 내적인 공감에 의해 통합되어 있고, 따라서 부분 기관의 운명은 자연히 천체의 운동과 관련된 것으로 여겨진다.

지식에 대한 정신분석이 틀림없이 그 안에서 소재를 발견하게 될 이러한 해석이 유지될 가치가 있다면, 그것은 이 해석이 콘스탄틴 폰 모나코프Constantin von Monakow의 생물학적 이론에 대한 발터 리즈Walther Riese의 주석과 일치하기 때문이다. "폰 모나코프의 신경생물학에서 인간은 자기 어머니의 가슴을 결코 포기하지 않는 자연의 자식이다."[7] 생기론자들에게 근본적인 생물학적 현상은 발생의 현상이라는 사실은 확실하다. 그 현상이 불러일으키는 이미지나 그것이 제기하는 문제는 다른 생물학적 현상이 가지는 의미에 어느 정도 영향을 준다. 생기론자는 쇠로 된 권양기나 풀무의 조작이 아니라 수정란에 대한 명상에 의해 생명의 문제를 성찰하는 사람이라고 우리는 제안한다.

생명의 자발성에 대한 생기론자들의 이러한 신뢰와, 생명을 여러 기계장치로 분해된 자연으로부터 산출된 것으로 보는 것에 대한 주저함이나 (그에 대해 어떤 이들이 갖는) 공포는 전형적으로 판 헬몬트와 같은 사람에게서 체현되었다. 여기서의 기계적 자연은 역설적으로 장애물에 맞서 싸우듯 자연에 맞서 싸우기 위해 인간의 의지가 만들어 낸 기구장치의 총합 이외의 다른 어떤 것도 포함하지 않도록 환원된 자연

7) W. Riese, *L'Idée de l'homme dans la neurologie contemporaine*, Paris: Alcan, 1938, p. 8(p. 9도 보라).

이다. 판 헬몬트는 철학사가 무시할 수 없는 세 명의 생기론자 의사 중 한 사람이다. 그 세 명의 의사는 버클리(『사이리스』*siris*) 때문에 무시할 수 없는 윌리스Thomas Willis(1621~1675), 라이프니츠(『단자론』) 때문에 무시할 수 없는 판 헬몬트, 그리고 칸트(『판단력비판』) 때문에 무시할 수 없는 블루멘바흐Johann Friedrich Blumenbach(1752~1840)이다.

라들은 판 헬몬트를 루뱅에서 예수회의 학문과 교육에 반발하는 신비주의자로 제시한다(데카르트가 예수회의 학생이었음에 유의하자). 판 헬몬트는 자신이 경멸하거나 무시하는 데카르트, 하비, 베이컨, 갈릴레이를 건너뛰어 의도적으로 아리스토텔레스와 히포크라테스로 돌아간다. 그는 세계를 지배하는 힘, 점성술, 마술사, 악마를 믿었다. 그는 실험과학과 기계론을 예수회적인 동시에 악마적인 것으로 보았다. 그가 기계론을 거부한 이유는 기계론이 하나의 가설, 다시 말해 실재하는 것에 대한 지성의 간계이기 때문이다. 그에 따르면 진리는 실재이고, 그것은 실존한다. 사유는 반영에 지나지 않는다. 진리는 번개처럼 인간을 관통한다. 지식에 관한 한 판 헬몬트는 전면적인 실재론자이다.

판 헬몬트는 데카르트와는 달리 자연에 존재하는 여러 힘들의 통일성을 받아들이지 않았다. 각 존재는 자신에게 고유한, 자신만의 힘을 가진다. 자연은 위계화된 무수한 힘과 형태들이다. 이 위계는 종자, 효모, 아르케*arche*, 이데아를 포함한다. 생명체는 아르케의 위계에 의해 조직된다. 파라셀수스로부터 취한 용어인 아르케는 일꾼보다는 군대의 지휘자와 유사한, 지휘하고 조직하는 힘을 지칭한다. 그것은 병사가 지휘관에게, 노예가 주인에게 복종하듯 육체가 영혼에 복종하는 아리스토텔레스적 관념으로 돌아간 것이다.[8] 기계론에 대한 생기론의 적대감은 그 이론적 형태에 대해서만이 아니라 어쩌면 그 이상으로 그것이 가지는 기술적인 형태로 향해 있다는 점을 여기서 다시 한번 주목하자.

진정한 생명력은 다산성fécondité을 가지므로 우리가 관심을 가지는 생기론의 두 번째 양상은 그 다산성이다.

생기론은 일반적으로 그 비판자들에게 공상적chimérique이라는 평가를 받았다. 이 용어는 오늘날 생물학자들이 서로 다른 종의 수정란의 분할에서 얻어진 세포들을 결합시켜 키메라를 만들 수 있다는 점에서 그만큼 더 엄밀한 용어이다. 한스 슈페만Hans Spemann은 종을 달리하는 소라고둥의 어린 배아조직을 서로 이식하여 최초의 동물 키메라를 만들어 내었다. 이 키메라의 제작은 생기론에 반대하는 정확한 논거가 되었다. 왜냐하면 애매한 종의 생명체가 만들어졌기 때문이다. 두 종류 세포들의 협동작용을 지배하고 이끌어 내는 생명원리 혹은 엔텔레키entéléchies는 무엇인가? 이 두 특정한 엔텔레키 사이에 우선권, 혹은 관할의 문제가 제기되지 않는가? 슈페만의 실험과 형성체organisateur에 대한 그의 이론이 배아의 국재성이란 사실을 명백하게 기계론자의 관점에 유리한 의미로 해석하도록 이끄는 것에는 의문의 여지가 없

8) Aristote, 『정치학』(*Politique*), I. ii. § 11.

다.[9] 배아발생의 동역학은 국소 영역에 의해 제어된다. 예를 들어 소라고둥의 경우는 원구原口, la bouche primative 바로 인접 부위이다. 그런데 한편으로 형성체는 그것이 이식된 다른 종의 배아발생을 자극하고 지배할 수 있으며, 다른 한편으로는 이를 위해 형성체가 반드시 살아 있을 필요가 없으며(열로 파괴해도 형성체의 기관형성능력은 없어지지 않는다), 형성체의 작용을 실험실에서 준비한 스테롤계 화합물의 작용과 동일시하는 것도 가능하다(니덤의 업적). 그러나 그럼에도 불구하고 한 가지 사실은 존속한다. 여기서 기계론적 해석은 바로 이 승리의 순간에 새로운 장애물에 봉착한다. 형성체의 작용은 특이적이지 않더라도 그 효과는 특이적이다. 소라고둥에 이식된 개구리의 형성체는 소라고둥의 신경축 형성을 유도한다. 상이한 원인이 동일한 효과를 얻고, 상이한 효과는 동일한 원인에 의존한다. 화학 구조로 환원된 형성체는 그렇게 말하고자 한다면 분명 하나의 원인이다. 그러나 그것은 필연적 인과성이 없는 원인이다. 인과성은 형성체와 그 형성체가 이식되는 조직에 의해 구성되는 시스템에 속한다. 인과성은 자신에 대한 전체의

9) 슈페만 자신은 이러한 사실을 해석할 때 지극히 자유로운 정신의 모범을 보여 주었다. "사람들은 물리적 유비가 아니라 심리적 유비를 가리키는 표현을 계속적으로 사용해 왔다. 그것은 그러한 유비의 의미가 시적 이미지를 능가한다는 것을 의미한다. 다양한 가능성을 갖춘 주어진 배아의 조각이 보이는 반응은 그 조각이 자리 잡는 배아의 장(champs)에 따르며, 결정된 상황에서 그것이 보이는 행동은 단순하건 복잡하건 일반적인 화학반응이 아니다. 이 발생과정은 어느 날 다른 모든 생명체의 과정과 마찬가지로 화학적이거나 물리적인 과정으로 분석되거나 그들로부터 구성될 수 있을 것이다. 혹은 발생과정은 아주 손쉽게 접근 가능한 다른 실체와 그들이 맺는 관계의 본성에 따라, 우리가 가장 친밀한 인식을 소유하고 있는 생명과정인 심리과정과 같이 그러한 분석이 가능하지 않을 수도 있을 것이다." Spemann, *Experimentelle Beiträge zu einer Theorie der Entwicklung*, éd. Springer, 1936, p. 278.

인과성이며, 다른 것에 대한 한 부분의 인과성이 아니다. 따라서 이상에 언급한 것은 키메라와 같은 공상적 해석이 자신의 재로부터 재탄생하는 정확한 한 사례이다.

그러나 기계론이란 장애물에 봉착하여 생기론적 요청에 의해 생겨난 이론적 관념이 언어상의 관념이라는 것은 당연하다. 바르테즈와 같이 생명원리principe vitale에 대해, 비샤와 같이 생명력force vitale에 대해, 드리슈Hans Driesch와 같이 엔텔레키entéléchie에 대해, 폰 모나코프와 같이 호르메hormè에 대해 말하는 것은 대답을 주기는커녕 대답 안에 질문을 넣는 것이다.[10] 이 점에 있어서는 생기론의 정신에 가장 공감하는 철학자들조차도 동의한다. 앙트완 오귀스탱 쿠르노(『유물론, 생기론, 합리론』*Matérialisme, vitalisme, rationalisme*), 클로드 베르나르(『동물과 식물에 공통된 생명현상에 대한 강의』), 루예르Raymond Ruyer(『정신생물학원리』*Éléments de psycho-biologie*)만 인용해도 충분하다.

언뜻 보기에 생기론은 항상 고대로 회귀하는 것으로 나타나므로 생기론의 다산성은 의심스러워 보인다. 생기론은 아주 흔히 자신이 내세워야 한다고 생각하는 아주 모호한 본질존재의 명칭을 그리스어에서 빌려온다. 르네상스의 생기론은 지나치게 논리화된 아리스토텔레스에 반대하여 플라톤으로 회귀한다. 판 헬몬트, 슈탈Georg Ernest Stahl, 바르테즈의 생기론은 앞에서 말한 바와 같이 데카르트를 건너뛰어

---

10) 생기론적 생물학자들이 만들어 낸 언어적 관념의 거의 완전한 목록을 다음에서 볼 수 있다. Lucien Cuénot, *Invention et finalité en biologie*, Paris: Flammarion, 1941, p. 223.

『영혼론』의 아리스토텔레스로 회귀한다. 드리슈의 경우 이러한 사실은 이미 잘 알려져 있다. 그런데 이러한 과거로의 회귀에 어떤 의미를 부여해야 하는가? 그것은 시간적으로 보다 오래되고, 따라서 보다 낡은 개념들의 재평가인가? 아니면 자신들의 대상에 존재론적으로 보다 본원적으로 가까운 직관에 대한 향수인가? 고고학은 옛날 물건에 대한 사랑인 동시에 근원으로의 회귀이다. 예를 들어 우리 앞에 부싯돌이나 손도끼가 있을 때가 전자시계나 카메라가 있을 때보다는 우리가 도구나 기계의 생물학적이고 인간적인 의미를 더욱 손쉽게 파악한다는 것은 명백하다. 그리고 나아가 이론의 차원에서 회귀를 후퇴로, 그리고 방기를 반동이나 배신으로 해석하기 위해서는 그 운동의 기원과 방향을 확실히 알아야 한다. 『파이돈』에서 플라톤의 목적론이 아낙사고라스의 기계론에 대한 반동이었던 것과 마찬가지로 아리스토텔레스의 생기론은 이미 데모크리토스의 기계론에 대한 반동이 아니었던가? 어쨌든 생기론자의 눈은 사물에 대한 소박한 시각, 기술 이전이자 논리 이전의 시각, 삶을 연장하고 확고히 하기 위해 인간에 의해 창조된 도구와 언어에 선행하는 시각이라는 사실은 분명하다. 몽펠리에 학파 최초의 위대한 이론가인 보르도Théophile de Bordeu(1722~1776)는 판 헬몬트를 "스콜라 철학자들이 숨 쉴 수 없도록 하기 위해 어떤 시대에나 필요한 열정가 중의 한 사람"[11]이라고 불렀다.

생기론의 다산성 문제에서 자신의 의견을 제시하기 위해서는 사실과 역사에 근거해야 한다. 우선 생기론자로 분류되는 연구자들의 성과물을 생기론의 공적으로 여기지 않도록 주의해야 한다. 생기론은 이러한 사실들의 발견 이전이 아니라 이후의 일이며, 따라서 이러한 사실들로부터 생기론적 개념이 유래한 것이지, 생기론적 개념이 이러한 사실들을 발견하도록 이끈 것은 전혀 아니다. 예를 들어 드리슈는 분할 도중에 있는 성게 수정란의 초기난할구가 가진 전형발육능totipotentialité에 대한 자신의 발견에 의해 생기론과 엔텔레키 학설로 인도되었다. 그러나 그는 초기에(1891~1895) 개구리 알에 대한 루W. Roux의 연구와 발생기전에 대한 학설을 확증할 의도로 연구를 진행했다.[12]

어떤 관점도, 어떤 입장도 특권화하지 않을 정도로 충분히 체계적인 생물과학의 역사는 생기론 그 자체의 다산성에 대해 우리에게 다음과 같이 가르쳐 주고 있다. 즉 생기론의 다산성은 특히 역사적이고 국가적인 상황에 좌우되지만 그와 같은 상황의 의미를 정확히 평가하기는 지극히 어렵다. 또 그것은 인종, 환경, 역사적 순간이란 엄격한 이론적 틀이나, 혹은 보다 유연한 역사적 유물론이라는 틀에도 잘 들어맞지 않는다는 사실이다.[13]

생기론적 개념에 동의했던 볼프Caspar Friedrich Wolff(1733~1794)는 그 때문에 현대발생학을 올바르게 정초하는 데 방해를 받지는 않았다. 그는 노련하고 정확한 관찰에 의해 배아발생의 연속적 계기를 설명하

---

11) Théophile de Bordeu, *Recherches anatomiques sur les positions des glandes*, §64. Charles Daremberg, *Histoire des Doctrines médicales,* II, 1870, p. 1157, 각주 2에 재인용됨. 콩트는 바르테즈의 생기론이 "그의 초기 사상에서 명백하게 진보적인" 의도에, 다시 말해 데카르트와 부르하버(Herman Boerhaave)의 기계론에 대한 반작용에 해당한다는 사실을 잘 알고 있었다(*Cours de Philosophie positive*, XLIIIe leçon; éd. Schleicher, III, pp. 340~342).

12) Hans Driesch, *La Philosophie de l'Organisme*, trad. fr., Rivière, 1921, pp. 41 sq.

는 데 역사와 역동성을 도입했다. 또 다른 생기론자 폰 베어Karl Ernst von Baer는 1827년 포유류의 난자를 발견한 다음, 1828년에는 배엽이론을 정립할 수 있었는데 이는 초기배형성의 산물에 대한 뛰어난 관찰의 결과였다. 이 시대에는 생기론자라는 사실이 반드시 과학적 탐구의 움직임을 억제하는 것은 아니었다.

세포이론 형성의 역사에 등장하는 선구자와 정초자들 중에는 생기론자와 기계론자가 함께 있다.[14] 독일에는 생기론자(오켄과 뮐러J. Müller)가, 프랑스에는 기계론자(브리소-미르벨, 뒤트로셰Henri Dutrochet)가? 현실은 훨씬 복잡하다. 한 가지 예만을 들어 보자. 세포형성의 일반법칙을 확립한 것(1838)으로 간주되는 슈반은 세포가 거기에서 이차적으로 생겨나는 형성아체形成芽體, blastème formateur의 존재를 믿었으므로 일부 반-기계론적 개념에 호의적인 것으로 여겨질 수 있다. 만약 형성아체가 존재한다면 생명체는 단순히 세포들의 모자이크나 응집체가 아니다. 반대로 "모든 세포는 세포로부터"Omnis cellula e cellula라는 경구를 만들어 세포 개념의 전능한 설명적 가치를 교조적으로 옹호한 피르호는 일반적으로 확신에 찬 기계론자로 통한다. 그러나 홀데인의 판단에 따르면 진실은 정반대이다.[15] 정통 가톨릭 교도이자 가톨릭 대

---

13) 이러한 사실에 대한 인종주의적 해석을 내셔널리즘의 입장에서 활용한 사례가 독일의 생물학자 아돌프 마이어(Adolf Meyer)이다. 그에 따르면 생기론자는 당연히 북구인이다. 라틴인들인 바글리비(Giorgio Baglivi), 데카르트, 콩트는 당연히 기계론자이며 볼셰비즘의 선발대이다! 이것은 몽펠리에 학파를 간과한 것이다. 콩트는 정확히 비샤의 생명에 대한 생기론적 개념을 취했으며, 우리가 알다시피 그로 인해 그는 세포이론에 적대적이 되었다. Lucien Cuénot, *Invention et finalité en biologie*, Paris: Flammarion, 1941, p. 152.

14) 앞의 장 '세포이론'을 보라.

학인 루뱅 대학의 교수였던 슈반은 엄격한 기계론자였다. 그는 세포가 기본물질에서 일어나는 침전작용에 의해 출현하다고 생각했다. 반면 모든 세포가 이전에 존재하던 세포에서 유래한다는 주장은 생기론의 선언으로 여겨질 수 있다.

일반적으로 거의 알려져 있지 않지만 생기론적 생물학자가 예기치 않게도 자신들의 진정한 발견을 주장할 수 있는 또 다른 분야가 신경학이다. 반사이론의 형성은(자동운동의 실험이나 임상에 대해 이야기하는 것은 아니다) 기계론자가 아니라 누구보다도 17세기(윌리스)에서 19세기 초(플뤼거)에 걸친 생기론자들에게 빚지고 있다. 한 사람만 언급한다면 프로차스카Prochaska는 공통감각과 척수영혼에 관한 생기론적 이론에 의해 반사 개념에 도달한 생물학자들의 전통을 공유하고 있다는 사실은 명백하다. 이후 반사이론이 기계론화되었지만 그 기원은 조금도 바뀌지 않았다.[16)]

그러나 역사는 또한 생기론적 생물학자가 비록 젊은 시절에 확증된 실험적 연구에 의해 과학의 진보에 참여하였다 하더라도 나이가 들어서는 철학적 사변에 경도되거나 순수생물학을 철학적 생물학으로 연장시키는 일이 아주 흔하게 일어난다는 사실을 보여 준다. 결국 그 생물학자의 자유라고는 하지만, 사람들이 그를 비난하는 근거는 그가

---

15) J. S. Haldane, *The Philosophy of a Biologist*, Oxford, 1935, p. 36.

16)* 나는 이 구절을 쓴 이후에 이 문제를 전체적으로 다루었다. 나의 문학박사 학위논문을 참조하라. Georges Canguilhem, *La formation du concept de réflexe aux XVIIe et XVIIIe siècles*, Paris: PUF, 1955.

철학의 영역에서 생물학자라는 자격을 이용한다는 것이다. 생물학의 철학자가 된 생기론적 생물학자는 철학에 자본을 가져다주었다고 믿고 있지만, 그가 더 이상 참여하지 않는 탐구는 계속 진행되고 있으므로 실제로 그가 철학에 가져다준 것은 과학적 가치의 증권거래소에서 계속해서 값이 떨어지는 공채에 불과하다. 사변을 위해 과학적 탐구를 포기하고 철학을 가르치기까지 했던 드리슈의 경우가 바로 그러했다. 거기에는 사전의 숙고가 결여된 신뢰의 남용과 같은 것이 있다. 과학적 연구의 권위는 무엇보다도 자신의 내적인 역동성에서 유래한다. 연구활동에서 물러난 과학자는 현재 연구활동을 하고 있는 과학자가 보기에 이러한 권위가 결여되어 있음을 느낀다. 그 과학자는 자신의 권위를 철학자들 가운데서 유지할 것이라고 믿는다. 그러나 전혀 그렇지 않다. 철학은 반성의 자율적인 기도entreprise인 까닭에 어떠한 권위도 허용되지 않는다. 현재 과학자의 권위뿐 아니라 보다 합당하게도 과거에 과학자였던 이의 권위도 말이다.

생기론적 요청에서 그 정당성을 구하지 않고도 이상의 사실들을 인정할 수 있는가? 생명에 대한 생기론자의 신뢰는 태만과 게으름의 경향으로, 생물학적 탐구에 대한 열의 부족으로 나타나지 않는가? 생기론의 가정들 안에는 그 반대자들이 의심하고 격렬히 주장하는 바와 같이 지적 불모성의 내적인 이유들이 존재하는 것은 아닌가?

생기론은 생명에 대한 기계론과 물리화학적 설명의 한계를 교조적인 배척으로 전환시킨 것이 아닌가? 바슐라르의 표현을 따르자면 우리는 인식론적 경계라는 관념의 거짓 개념에 직면한 것은 아닌가?[17)]

생기론은 기계론이 그 과업을 완성하기 위해 요청하는 유예기간을 거부하는 것에 지나지 않는 것은 아닌가? 장 로스탕은 이와 같은 거부를 생기론에 귀착시키고 있다.

> 현재 기계론은 지극히 견고한 위치를 점하고 있으며, 일상의 성공에 크게 힘입은 기계론이 자신의 과업을 완성할, 다시 말해 생명 없이 생명을 완벽하게 설명하기 위한 유예기간을 단지 요구한다면, 우리는 거기에 어떻게 답해야 좋을지 알지 못한다.[18]

바슐라르가 말한 바와 같이 "과학에 제안된 모든 절대적 경계는 잘못 제기된 문제의 표식이다. […] 과학적 사유가 철학적 한계의 흔적을 지니지 않을까를 우려해야 한다. […] 억압적 경계는 환상의 경계이다".[19] 이러한 고찰은 그 자체로 지극히 타당하며 우리들의 문제에 완벽히 적용된다. 실제로 비샤와 같은 생물학자에서 나타나는 바와 같이 우리는 생기론을 설명되어야 할 경험의 분할 학설[물리법칙과 생명법칙으로 분할해 설명하는 것]과 동일한 것으로 간주한다. 비샤에 따르면 생명의 행위는 물리법칙의 불변성에 대해 생명 행위의 불안정성과 불규칙성을 대비시킨다. 이는 "지난 세기의 물리학자-의사[기계론적 의

---

17) G. Bachelard, "Critique préliminaire du concept de frontière épistémologique", *Congrès international de philosophie de Prague*, 1934.
18) Jean Rostand, *La Vie et ses Problèmes*, Paris: Flammarion, 1939, p. 155. 강조는 인용자.
19) G. Bachelard, *Études*, Paris: Vrin, 2000, pp. 75~76.

사]들의 모든 계산을 좌초시키러 온 암초이다". 그는 또 다음과 같이 덧붙인다.

> 물리학과 화학은 서로 접촉한다. 왜냐하면 동일한 법칙이 그들 현상들을 지배하기 때문이다. 그러나 유기체에 대한 과학과 이들 사이에는 엄청난 간극이 있다. 왜냐하면 물리화학의 법칙과 생명의 법칙 사이에는 커다란 차이가 있기 때문이다. 생리학을 동물에 대한 물리학이라고 말하는 것은 지극히 부정확한 관념을 주는 것이다. 그렇다면 나는 천문학이 별들의 생리학이라고 말하고 싶다.[20)]

요컨대 고전적 생기론자는 생명체가 물리적 환경 속에 삽입되는 것을 받아들이지만 그 법칙에 대해서는 예외로 하고 생각한다. 우리가 보기에 철학적으로 용납할 수 없는 잘못은 바로 거기에 있다. 하나의 제국 안에 또 다른 제국을 가질 수는 없다. 그렇지 않다면 포함하는 것으로건 포함되는 것으로건 어떤 제국도 존재하지 않는다. 제국의 철학은 오직 하나만 존재한다. 그것은 분할을 거부하는 철학, 즉 제국주의이다. 따라서 물리학자나 화학자의 제국주의는 완벽하게 논리적이다. 그것은 논리의 확장을, 혹은 확장의 논리를 끝까지 밀어붙인다. 우리는 생물학적 현상의 고유성을 옹호할 수 없다. 따라서 물리화학적

---

20) X. Bichat, *Recherches physiologiques sur la Vie et la Mort*, 1800, Paris: Vrin, 1982, 7조 1항, "Différence des forces vitales d'avec les lois physiques".

영역 안에서, 다시 말해 불활성의 환경, 혹은 외부에 의해 결정되는 운동의 환경 가운데 불확정성의 영역, 반역의 지역, 이단의 소굴의 경계를 정해 줌으로써 생물학의 고유성을 옹호할 수 없다. 만약 생물학의 고유성이 요구되어야 한다면, 그것은 모든 경험을 지배하는 고유성이지 경험 속에 고립된 일부 섬에 대한 고유성은 아니다. 결국 전통적 생기론은 역설적으로 과도한 겸손으로 인해, 경험에 대한 자신의 관념을 보편화시키는 것을 망설임으로 인해서만 죄를 짓는다.

만약 생명의 고유성을 인정한다면 물질을 생명 안에 포함시켜서, 또 그냥 과학일 따름인 물질에 대한 과학을 생명체의 활동에 포함시켜서 이해해야 한다. 물리학과 화학은 생명체의 특이성을 감소시키려는 노력을 통해 자신들의 깊은 의도에 충실히 남아 있을 뿐이다. 그 깊은 의도는 어떤 절대적인 중심을 참조하지 않고 사물들 사이의 타당한 법칙을 결정하는 것이다. 이러한 법칙 결정은 결국 오늘날 물리학과 화학으로 하여금 측정하는 것이 측정되는 것에 내재해 있음을, 그리고 관찰 내용이 관찰 행위 자체와 연관되어 있음을 인정토록 만든다. 우리가 생명의 출현을 보고자 하는 환경은 인간이 필수적으로 도구를 사용하고 기술적 조작을 거쳐 측정함으로써 비로소 환경이라는 의미를 가지게 된다. 실험물리학과 수리물리학의 3세기를 경과하여 처음에는 물리학에서 주위environment를 의미하던 환경milieu이 물리학을 통하여 생물학에서 중심을 의미하게 되었다. 'milieu'가 원래 의미하던 바[중앙]를 의미하게 된 것이다. 물리학은 여러 장場, champs, 즉 환경에 대한 과학이다. 그러나 주위environment가 있기 위해서는 중심이 있어야 한다는 사실을 마침내 발견하게 된 것이다. 환경에 생존조건이라는 의미를 부여한 것은 생명체가 총체로서 살아 있는 경험에 관련되는 생명체의 위치이다. 오직 생명체만이 환경을 조정할 수 있다. 중심milieu을 주변environment에 의해 설명하는 것은 역설로 보인다.

이러한 해석은 결정론적이고자 하고, 또 그렇게 될 수 있는 물리학으로부터 아무것도 탈취하지 않을 뿐만 아니라, 물리학의 대상으로부터 아무것도 빼앗지 않는다. 그러나 이 해석은 다른 보다 광대하고 포괄적인 해석 안에 물리적 해석을 포함한다. 왜냐하면 물리학의 의미는 거기에서 정당화되며 물리학자의 활동은 충분히 보장되기 때문이다.

그러나 폰 윅스퀼Jakob von Uexküll이 동물에 대해서, 그리고 골드슈타인이 환자에 대해서 시도했던 의미에서 기술자이자 과학자인 인간에 대한 정통적인 생물학적 관점에서 본 환경milieu에 대한 일반이론은 아직 만들어지지 않았다.[21)]

이렇게 이해된다면 경험의 총체성에 대한 생물학적 관점은 과학자로서의 인간, 특히 물리학자에 대해, 그리고 생명체로서의 인간에게 완벽하게 적절한 것으로 나타날 것이다. 그런데 이 적절함이란 성격은 기계론자나 유물론자와 같이 생물학의 방법론적이고 학설적인 자율성을 질투하는 반대자에 의해 도전받는다. 이것이 우리가 검토하고자

---

21) 이 장 뒤에 나오는 '생명체와 그 환경' 장을 보라. 동일한 문제에 대해서는 앞에서 인용한 바 있는 J. S. Haldane의 저서 2장에서 시사적인 언급을 발견할 수 있을 것이다.

하는 생기론의 세 번째 측면이다.

생기론은 그 비판자들에 의해 과학적으로 퇴행적일 뿐만 아니라 (우리의 견해로, 이러한 뒤로의 회귀에 대해 어떤 의미를 부여하는 것이 적절한가에 대해 우리는 말했다) 정치적으로 반동적이거나 반혁명적이라고 간주된다.

고전적 생기론(17~18세기)은 그것이 애니미즘animisme과 유지하는 관계로 인해 이러한 비난을 사게 되었다(슈탈). 애니미즘 이론에 따르면 동물 신체의 생명은 지성의 모든 속성을 갖춘 혼의 존재와 활동에 의존한다. "추론하는 능력을 부여받은 인간이 가진 능동적이고 생기를 부여하는 이 생명의 원리를 나는 현재 있는 그대로의 이성적 혼이라고 말하고 싶다."[22] 또 이 혼은 존재론적으로 구별되는 하나의 실체가 다른 실체에게 작용하는 것과 같이 신체에 작용한다. 여기서 신체에 대한 생명의 관계는 데카르트적 혼이 인체에 대해 가지는 관계와 같다. 데카르트적 혼은 인체에 생명을 불어넣지는 않지만 인체의 운동을 자신의 의지에 따라 지배한다. 만약 신체가 살아 있다면 데카르트적 혼은 데카르트가 부여한 것과 같은 역할을 할 수 없다. 따라서 애니미즘에 오염된 생기론은 이원론적 유심론과 마찬가지로 철학적인 동시에 정치적인 비판에 직면한다. 유심론에서 반동적 철학을 보는 것과

22) 슈탈(Georg Ernest Stahl)의 말. Daremberg, *Histoire des Doctrines médicales*, II, p. 1029에서 재인용. 이 책에서 다랑베르그(Charles Victor Daremberg)는 적절하게 다음과 같이 말한다. "만약 종교적 당파의 정신, 즉 순수 신학이 애니미즘을 가로채지 않았다면, 이 학설은 그 주창자 이후에는 살아남지 못했을 것이다."(p. 1022)

마찬가지로 생기론적 생물학을 반동적 생물학으로 간주하게 만든다.

특히 오늘날 나치 이데올로기가 생기론적 생물학을 이용한 사실, 또 전체주의의 힘과 사회형태를 옹호하면서 개인주의적·원자론적·기계론적 자유주의에 반대하여 전체성Ganzheit의 이론을 사용하는 신비화와 그리고 생기론적 생물학자들이 나치즘으로 손쉽게 전향한 사실 등이 필립 프랑크[23]와 같은 실증주의 철학자들과 맑스주의자들의 고발이 정당함을 확인해 주었다.

드리슈의 사상은 명백하게 유기체적 전체성이란 생물학적 개념을 정치 영역에 이식한 전형적인 사례를 제공한다. 1933년 이후 엔텔레키는 유기체의 지도자Führer[24]가 되었다. 지도자원리Führerprinzip의 그와 같은 사이비과학적 정당화에 책임이 있는 것은 생기론인가, 아니면 드리슈의 성격인가? 정치의 영역에서 자연선택이라는 개념을 이용한 것에 책임이 있는 것은 다윈주의인가, 아니면 모라스Charles Maurras의 『군주제에 관한 조사』에 대한 응답에서 나타나는 폴 부르제Paul Bourget의 성격인가? 문제는 생물학인가, 아니면 생물학에 기생하는 것인가? 정치가 앞서 생물학에 빌려 주었던 것을 생물학으로부터 돌려받는 것이라고 생각할 수 있지 않을까? 신체에 대한 혼의 관계는 정치적 지도자나 가장이 국가나 가족에 대한 관계와 같다는 아리스토텔레스적 관념과, 군대의 장군으로서 아르케라는 판 헬몬트의 관념은 드리슈 이론

23) Philipp Frank, *Le Principe de Causalité et ses limites*, Paris: Flammarion, 1937, ch. III.
24) "지도자를 위한 제작도구로서의 기계장치 — 그러나 지도자가 요점이다." Hans Driesch, *Die Ueberwindung des Materialismus*, 1935, p. 59.

의 예시이다. 그런데 아리스토텔레스에서 유기체의 구조와 기능은 지적으로 조정되는 도구와 명령에 의해 통일되는 인간사회와 유비에 의해 서술되고 있다.[25] 나치 사회학자들이 반기계론적 생물학 개념을 활용할 때 문제가 되는 것은 유기체와 사회의 관계 문제이다. 어떤 생물학자도 생물학자로서 오직 생물학적 사실들만으로 그 권위가 보증될 수 있는 해답을 이 문제에 대해 줄 수 있는 사람은 없다. 사회정의를 명분으로 하는 계급 없는 사회의 지지자라는 이유로 살아 있는 유기체가 가진 기능들의 위계성과 관련 기능들이 보다 상위수준에서 통합되는 현상(셰링턴Sherrington)을 부정하는 것은 당치않다. 마찬가지로 인간에 의한 인간의 착취를 정당화하는 정치와 경제의 근거를 생물학에서 찾는 것 또한 당치않다.

더구나 나치가 자신들의 이해에 부합하는 방향으로 결론을 유도하기 위해 병합시킨 것은 생기론적 생물학만은 아니다. 그들은 또한 인종주의적 우생학을 정당화시키기 위해 유전학, 불임술, 인공수정을 끌어들였을 뿐만 아니라, 자신들의 제국주의와 생활권Lebesraum 정책을 정당화시키기 위해 다윈주의도 끌어들였다. 자본주의적 은행가들이나 보험계리사가 사용한다는 이유로 산술과 복리계산법을 비난할 수 없는 것과 마찬가지로 나치가 활용했다는 이유로 자신의 자율성에 관심을 기울이는 생물학을 비난할 수는 없다. 일부 생물학자들이 자신의 이해관계에 의해 나치즘으로 전향한 사실은 실험적 사실 그 자체나 이

---

25) Aristote, 『동물운동론』(*Du Mouvement des Animaux*).

러한 사실을 설명하기 위해 합리적이라 판단된 가정들의 질을 부정할 이유가 되지 않는다. 이들 사실이나 가정은 이 생물학자들이 전향하기 이전에 과학자로서 찬동하지 않을 수 없었던 것들이다. 일부 생물학자들이 줏대가 없고 확고한 철학이 없어서 취한 태도를 불가피한 논리적 결과로서 생물학 안에 위치시켜서는 안 된다.

만약 우리가 생기론의 의미를 그 기원에서, 생기론의 순수함을 그 원천에서 찾는다면, 히포크라테스나 르네상스 휴머니스트들을 그들의 생기론이 가진 불철저함을 이유로 비난하고픈 생각이 들지는 않을 것이다.

공세적이건 방어적이건 생기론의 귀환을 자본주의적 기구의 효율성에 대해 부르주아 사회가 가졌던 신뢰의 위기와 관련이 있는 것으로 제시하는 것은 흥미로우며 완전히 잘못된 것은 아니라는 사실을 인정해야 한다. 그러나 생기론의 귀환 현상에 대한 이러한 해석은, 물론 인식론적 의미에서, 너무 강하기보다는 설득력이 약해 보일 수 있다. 이러한 해석은 인류의 생물학적 위기 현상을, 즉 정치철학만이 아니라 기술철학의 영역에 속하는 현상을, 사회적·정치적 위기 현상으로 제시하는 한 설득력이 약한 것으로 보일 수 있다. 생기론의 부흥은 아마도 생명의 기계화 앞에서 생명의 영구적인 불신을 불연속적인 방식으로 표현하는 것이리라. 생명은 기계작용의 자리를 생명 안에서 다시 찾아주고자 한다.

마지막으로 맑스주의 철학자들이 옹호하는 생명현상에 대한 변증법적 해석은 생명에는 그 기계화를 거부하는 무언가가 있다는 사실에 의해 정당화된다.[26] 만약 변증법이 생물학에서 정당화될 수 있다면 그것은 학설의 형태가 아니라 요청의 형태로서 생기론을 낳은 것이 생기론에 있기 때문이며, 그것이 생기론의 생명력을 설명한다. 이 생명력은 생명의 고유한 자발성으로 클로드 베르나르는 이를 다음과 같이 표현했다. "생명, 그것은 창조이다."[27]

그렇지만 생물학에서 기계론과 과학주의가 강제하는 공준과 태도를 포기하는 것보다 기계론과 과학주의를 말로 고발하는 편이 더욱 쉽다. 만약 맑스주의 생물학자가 생명이 보여 주는 창의력과 환원불가능성에 주의를 기울인다면, 그는 생명의 어떤 특징들 앞에서 생기론이 가진 객관성을 상찬해야 할 것이다. 영국의 생물학자로 J. B. 홀데인의 아들인 J. B. S. 홀데인John Burdon Sanderson Haldane은 자신의 저서 『맑스주의 철학과 과학』*The Marxist Philosophy and the Sciences*에서 새뮤얼 버틀러Samuel Butler와 같은 이론을 기술했다. 그것은 라마르크적 관점에서 의식을 생명의 원리에 위치시키는 이론에는 변증법적 유물론이 협조하지 못할 어떤 것도 선험적으로 포함되어 있지 않다는 주장이다. 그러나 프랑스에서는 아직 그런 종류의 것들을 전혀 읽은 적이 없다.[28]

---

26) 따라서 프랑크와 같은 실증주의자가 생기론에 대해서뿐 아니라 맑스주의 변증법에 대해서 유보적인 태도를 취하는 것은 놀라운 일이 아니다. Frank, *Le Principe de Causalité et ses limites*, pp. 116, 117, 120.

27) C. Bernard, *Introduction à la Médecine expérimentale*, IIe partie, chap. II.

28) G. Canguilhem, "Note sur la situation faite en France à la philosophie biologique", dans la *Revue de Métaphysique et de Morale*, octobre 1947.

29) Jean Wahl, *Tableau de la Philosophie française*, Paris: Éditions de la Revue Fontaine, 1946.

반면에 장 발은 『프랑스 철학 일람』[29]에서 보통 유물론자로 간주되는 18세기 철학자들의 저작에 존속하고 있는 생기론의 중요한 부분을 조명했다. 그 책에서 디드로는 생명의 통일성에 대한 감각을 가진 철학자로서, "라이프니츠에서 베르그손으로 가는 도상에" 위치한 철학자로서, 그리고 그의 학설은 "생기론적 유물론"이자 "르네상스로의 회귀"(pp. 75~82)로 우리에게 제시된다.

생기론을 정당하게 평가하는 것은 결국 생기론에게 생명을 돌려주는 것에 다름 아니다.

2. 기계와 유기체

오랫동안 생물학자들에 의해 하나의 도그마로 받아들여진 유기체 기계론은 오늘날 변증법적 유물론을 주장하는 생물학자들에 의해 편협하고 불충분한 견해로 간주되고 있다. 따라서 이 이론을 여전히 철학적 관점에서 다룬다는 사실은 철학에 대해 널리 퍼져 있는 다음과 같은 관념을 확증해 주는 것으로 여겨진다. 그것은 철학이 자기 고유의 영역이 없으며, 철학은 사변의 빈곤한 조상이며 과학자들이 버린 낡은 옷을 입어야 한다는 관념이다. 우리는 이 주제가 보다 광대하고 복잡하며, 그것을 생물학적 학설이나 방법의 문제로 환원시키는 사람들이 생각하는 것보다 훨씬 중요하다는 사실을 보여 주고자 노력할 것이다.

이 문제는 여러 문제를 자신의 것으로 만드는 과학 자체가 하나의 문제라고 말할 수 있는 전형적인 사례이다. 왜냐하면, 비록 기술상의 훌륭한 성취가 이미 있다 하더라도 '유기체학'의 개념과 방법은 여전히 지극히 모호하기 때문이다. 따라서 역설적으로 철학은 과학이 버린

자리를 늦게나마 차지하기는커녕 과학에게 취해야 할 자리를 지시해 줄 것이다. 왜냐하면 기계와 유기체의 관계 문제는 일반적으로 한 방향으로만 탐구되었기 때문이다. 사람들은 거의 항상 이미 제작된 기계의 구조와 기능으로부터 유기체의 구조와 기능을 설명하고자 시도해 왔지, 기계의 구성 자체를 유기체의 구조와 기능으로부터 이해하려는 시도는 거의 하지 않았다.

기계론적 철학자와 생물학자들은 기계를 이미 주어진 것으로 간주하거나, 혹은 그 제작과정을 연구했다고 하더라도 그들은 인간의 계산에 호소하여 그 문제를 설명했다. 그들은 기술자에게, 다시 말해 과학자들에게 호소했다. 역학이라는 용어의 모호성이 남용된 까닭에 그들은 기계를 정리theorem의 실현으로만 보았다. 이들 정리는 전적으로 이차적인 제작조작에 의해, 즉 자신의 한계를 인식하고 그 효과에 대해 확신하는 지식의 적용에 의해 구체적인 형태로 응고되어 눈앞에 제시되고 있다. 그런데 우리는 유기체-기계에 대한 생물학적 문제를 그것이 해결했다고 간주하는 기술학적technologique 문제, 즉 기술과 과학의 관계에 대한 문제로부터 분리시켜 다루는 것이 불가능하다고 생각한다. 이 기술학적 문제는 지식이 그 적용에 대해 논리적으로도, 그리고 시간적으로도 선행한다는 사실에 의해 통상 해결된다. 그러나 우리가 명백히 보여 주고자 하는 것은 순수하게 생물학적 개념에 호소해서는 기계제작이라는 현상을 이해할 수 없다는 사실이다. 이를 이해하기 위해서는 과학적 현상에 대한 기술적 현상의 고유성을 동시에 검토해야 한다.

따라서 우리는 다음의 내용을 순차적으로 검토할 것이다. 유기체를 기계와 동일시하는 것의 의미, 기계장치와 합목적성의 관계, 기계와 유기체의 전통적 관계의 전복, 이러한 전복의 철학적 결과.

척추동물 이외의 생명체와 그들의 형태가 과학자가 그 용어에 부여하는 의미에서 기계장치라는 관념을 불러일으킬 수 있는 장치로 주의 깊은 관찰자에게 나타나는 경우는 드물다. 예를 들어 『기술적 사유』[1]에서 쥘리앵 파코트는 사지의 관절과 안구의 운동이 유기체에서 수학자들이 기계장치라 부르는 것에 상응한다는 사실에 주목했다. 기계는 그 본질적 기능이 메커니즘에 의존하는 인공적 제작물이나 인간의 작품으로 정의할 수 있다. 메커니즘이란 배치형태를 변화시키지 않으면서 운동하고 있는 고체적 배치형태이다. 따라서 메커니즘은 변형 가능한 부분들의 조합체로서, 이들 부분들 사이의 동일한 관계가 주기적으로 복원된다. 이 조합체는 특정한 자유도를 가진 연결 시스템으로 이루어진다. 예를 들어 추시계의 추와 밸브의 캠은 일一의 자유도를 가진다. 암나사에 끼워진 수나사는 이二의 자유도를 가진다. 이 자유도의 물질적 실현은 유도장치, 즉 접촉하고 있는 고체가 제한하는 운동으로 이루어진다. 모든 기계에서 운동은 연결조합의 함수이고, 메커니즘은 배치형태의 함수이다. 이렇게 이해된 메커니즘의 일반이론에 대한 근본원리는 예를 들어 륄로의 잘 알려진 저작 『이론운동학』[2]에서 찾아

---

1) Julien Pacotte, *La Pensée technique*, Paris: Alcan, 1931.

볼 수 있다.

기계에 의한 운동은 창조된 것이 아니라 산출된 것으로 기하학적으로 측정 가능한 위치이동이다. 메커니즘은 자신에게 충격을 전하는 운동을 조정하거나 전환한다. 메커니즘은 동력원이 아니다. 운동의 전환에 대한 가장 단순한 예는 크랭크나 편심기구와 같은 기술장치를 매개로 초기의 이동운동을 회전운동의 형태로 받아들이는 데 있다. 당연히 메커니즘은 중합이나 합성에 의해 결합된다. 어떤 원초적인 메커니즘의 배치형태를 변용시키는 메커니즘을 만드는 일과 어떤 기계가 여러 메커니즘을 교대로 수행할 수 있도록 만드는 것은 가능하다. 이것은 시동해제장치나 연동장치에 의해 조작된 변용의 경우로, 예를 들어 자전거의 프리휠free wheel 장치가 그러하다.[3]

인간의 산업에서는 통례인 것이 유기체의 구조에서는 예외이며 자연에서도 예외라는 사실은 이미 말한 바 있다. 여기에 더해 기술의 역사에서, 다시 말해 인간에 의한 발명의 역사에서 연결조합에 의한 배치형태는 원초적인 것이 아니다. 알려진 가장 오래된 도구는 하나의 부분으로 되어 있다. 규석과 손잡이를 결합시킨 도끼나 화살의 제작, 실이나 천의 제작은 이미 원초적 사실이 아니다. 일반적으로 이들 생산물은 지질시대 제4기의 말에 나타난 것으로 본다.

운동학의 기초적 관념들을 이처럼 간략하게 상기해 보는 것은 다

---

2) Franz Reuleaux, *La Cinématique*, 1877년에 독일어에서 프랑스어로 번역됨.

3) 기계와 메커니즘에 관련된 모든 것은 다음을 참조하라. Pacotte, *La Pensée technique*, ch. III.

음과 같은 문제를 그 모든 역설적 의미에서 제기할 수 있도록 해 준다는 점에서 무익해 보이지 않는다. 그 문제는 유기체의 구조와 기능을 지적으로 이해하기 위한 모델을 앞에서 규정한 바와 같은 기계와 메커니즘에서 찾았다는 사실을 어떻게 설명할 것인가 하는 것이다. 이 질문에 대해 생명체를 기계적 모델로 표상하는 것은 오직 운동학적 유형의 기전만을 개입시키는 것은 아니라고 대답할 수도 있을 것이다. 이미 정의를 내린 의미에서의 기계는 그 자체로 자족적이지 않다. 왜냐하면 기계는 자신이 전환시키는 운동을 다른 곳으로부터 받아야 하기 때문이다. 따라서 운동하고 있는 기계는 그것을 에너지원과 연관시킴으로써만 표상할 수 있다.[4]

아주 오랫동안 운동학적인 기전은 사람이나 동물 근육의 수고에서 그 운동을 받았다. 이 단계에서는 생명체의 운동을 생명체 근육의 수고에 의존하는 기계의 운동과 동일시함으로써 그 운동을 설명하는 것은 명백히 동어반복이다. 따라서 생명의 기능에 대한 기계적 설명은 역사적으로 지극히 자주 나타난 바와 같이 자동기계의 제작을 상정한다. 자동기계라는 명칭은 적어도 직접적으로 사람이나 동물 근육의 노력의 효과가 아닌 에너지를 전환시키는 기적적인 특성과 어떤 기계장치의 자기충족적인 모습을 동시에 의미한다.

이것은 다음의 아주 잘 알려진 텍스트를 읽어 보면 잘 드러난다.

---

4) 맑스에 따르면 도구는 사람의 힘에 의해 움직이고, 기계는 자연의 힘에 의해 움직인다. Karl Marx, *Le Capital*, trad. Molitor, tome II, p. 8.

약간 주의를 기울여 사람의 신체적 작용을 검토해 보자. 거기서 무엇을 발견하는가? 치아로 무장된 턱은 집게가 아니면 무엇인가? 위는 증류기일 뿐이며, 정맥, 동맥, 전체 혈관계는 수도관이다. 심장은 용수철이며, 내장은 여과기와 체에 지나지 않는다. 폐는 풀무일 뿐이다. 근육은 밧줄이 아니라면 무엇인가? 안구 근육은 도르래가 아니면 무엇인가? 나머지도 이와 같다. 화학자들이 '융해', '승화', '침전' 등과 같은 그들의 위대한 단어들로 자연을 설명하고, 그렇게 함으로써 별개의 철학을 확립하고자 한다면 그렇게 하도록 두라. 그럼에도 불구하고 이 모든 현상들은 균형의 법칙에, 쐐기와 밧줄과 용수철 등 기계장치의 다른 요소들의 법칙에 관련된다는 것은 이론의 여지가 없다.

이 텍스트는 사람들이 생각할 수도 있는 어떤 자에게서 유래한 것이 아니고, 의기계학파의 이탈리아 의사 바글리비(1668~1706)가 써서 1696년에 출간한 저작 『의학의 실제』[5]에서 인용한 것이다. 보렐리 Giovanni Alfonso Borelli(1608~1679)가 창설한 의기계학파는 명백하게 데카르트의 영향을 받은 것으로 보인다. 비록 이탈리아에서는 국가적 위신을 이유로 의기계학파를 갈릴레이에 연결시키기는 하지만 말이다.[6] 이 텍스트가 흥미로운 이유는 설명의 원리로서 쐐기와 밧줄과 용수철을 동일한 차원에 둔다는 점이다. 그럼에도 불구하고 기계의 관점에

5) Giorgio Baglivi, *De praxi medica*, 1696.
6) Charles Daremberg, *Histoire des Doctrines médicales*, tome II, Paris, 1870, p. 879.

서 보았을 때, 이들 기계장치들 사이에 차이가 있다는 것은 명백하다. 왜냐하면 밧줄은 힘을 전달하는 기계장치이고, 쐐기는 주어진 운동을 전환시키는 기계장치이고, 용수철은 동력원이기 때문이다. 물론 용수철은 누군가가 빌려준 것을 돌려 주는 동력원이지만, 그것이 작용하는 순간에는 독립적이다. 바글리비의 이 텍스트에서는 심장(primum movens[제1운동원])이 용수철과 동일시된다. 유기체 전체의 동력원이 심장에 있다.

운동학적 장치라는 의미에서의 기계와는 별도로 동물의 근육이 아닌 다른 원천에서 사용되는 에너지를 끌어오는 동력원이라는 의미에서의 기계가 존재한다는 사실은 유기체적 현상에 대한 기계론적 설명이 형성되는 데 불가결하다. 따라서 비록 바글리비의 이 텍스트가 우리로 하여금 데카르트를 참조하게 만들지만, 사실 유기체를 기계에 동일시한 것에 관해서는 아리스토텔레스로까지 거슬러 올라가야 한다. 데카르트의 동물-기계론을 다룰 때, 데카르트가 과연 이 문제에서 선구자인가 아닌가를 밝히고자 한다면 곤혹스러워진다. 데카르트의 선조를 찾는 사람들은 일반적으로 16세기 후반의 스페인 의사 고메스 페레이라를 인용한다. 페레이라가 데카르트에 앞서 동물은 순수한 기계이며, 동물은 결국 사람들이 흔히 동물들에게 부여하는 감각적 혼을 갖고 있지 않다는 것을 증명할 수 있다고 생각한 것은 분명하다.[7)]

---

7) Gómez Pereira, *Antoniana Margarita; opus physicis, medicis ac theologis non minus utile quam necessarium*, Medina del Campo, 1555~1558.

그러나 투석기와 같은 전쟁용 기계를 제작하는 가운데 동물의 운동을 자동적인 기계적 운동과 동일시하는 것을 허용한 것은 아리스토텔레스였다는 사실은 이론의 여지가 없다. 이러한 사실은 알프레드 에스피나가 「기원전 4세기 그리스에서의 유기체 혹은 살아 있는 기계」[8]에서 아주 잘 밝혔다. 에스피나는 아리스토텔레스가 『동물운동론』*De motu animalium*에서 다룬 문제와 『기계학에 관한 물음』*Questiones mechanicae*에서 다룬 문제들 사이에 관련성이 있다고 지적한다. 아리스토텔레스는 동물의 운동기관을 '도구'organa, 즉 전쟁기계의 부분들, 예를 들면 발사물을 던지는 투석기의 팔과 동일시한다. 또 그는 동물 운동의 전개를 시동장치의 해제 후에 저장된 에너지를 방출하는 기계, 즉 당시의 전형적인 자동기계였던 투석기의 전개와 동일시한다. 아리스토텔레스는 동일한 저작에서 사지의 운동을 위에서 주어진 의미에서의 메커니즘과 동일시한다. 적어도 이 점에서 그는 『티마이오스』에서 척추의 운동을 경첩의 운동으로 정의한 플라톤에 충실하다.

아리스토텔레스의 운동이론과 데카르트의 운동이론은 확실히 다르다. 아리스토텔레스에 따르면 모든 운동의 원리는 혼魂, âme이다. 모든 운동은 최초의 운동자를 필요로 한다. 운동은 부동자를 전제로 한다. 현실태가 가능태를 설명하는 것과 마찬가지로 신체를 움직이는 것은 욕망이고, 욕망을 설명하는 것은 혼이다. 운동에 대한 설명의 이러

8) Alfred Espinas, "L'organisme ou la machine vivante en Grèce, au IVe siècle avant J. C.", *Revue de Métaphysique et de Morale*, 1903, pp. 702~715.

한 차이에도 불구하고, 후에 데카르트와 마찬가지로 아리스토텔레스의 경우에도 유기체를 기계에 동일시하는 것은 인간이 만든 어떤 장치의 제작을 전제로 한다. 그 장치의 자동 메커니즘은 어떤 에너지원과 연결되어 있으며, 그 에너지원이 방출하는 운동효과는 사람이나 동물의 수고가 멈춘 후에도 한참 동안 지속된다. 방출의 순간과, 메커니즘에 의해 방출된 에너지가 축적되는 순간의 이러한 시간 차가 메커니즘의 효과와 생명체의 활동 사이에 의존관계가 있음을 망각하게 만든다. 데카르트가 유기체를 설명하기 위해 기계에서 유비를 찾았을 때, 그는 태엽자동기계나 수력자동기계를 떠올렸다. 따라서 그는 지적으로 말하면 자기 시대 기술의 형태들, 즉 괘종시계, 손목시계, 수차, 인공분수, 파이프오르간 등에 종속된다. 따라서 우리는 살아 있는 인간이나 동물이 기계에 '부착되어' 있는 한, 유기체를 기계로 설명하는 일은 일어날 수 없을 것이라고 말할 수 있다. 이러한 설명은 인간의 창의성이 유기체의 운동을 모방하는 도구들을 제작하는 날이 되어야 비로소 이해될 수 있다. 발사물의 투척이나 톱의 왕복운동과 같이 제작과 시동을 제외한다면 그 작용이 사람 없이도 이루어지는 운동이 그러한 예이다.

우리는 두 번에 걸쳐 "생겨날 수 있다"peut naître고 말했다. 이것은 이러한 설명이 반드시 생겨나야 한다는 말인가? 따라서 데카르트에게서 생물학적 현상에 대한 기계적 해석이 단호하고 갑작스럽게 출현한 것을 어떻게 이해할 것인가? 이 이론이 서구 사회의 정치·경제의 구조 변화와 관련이 있음은 명백하지만, 이 관계의 본질이 무엇인지는 모호하다.

이 문제는 슐의 저서 『기계와 철학』[9]에서 제기되고 있다. 슐은 고대철학에서 과학과 기술의 대립은 자유로운 것과 예속적인 것의 대립, 보다 근본적으로는 자연과 기예의 대립을 포함하고 있다는 사실을 보여 주었다. 슐은 자연적 운동과 강제적 운동이라는 아리스토텔레스적 대립에 준거를 두고 있다. 강제적 운동은 자연에 반항하기 위해 여러 메커니즘에 의해 산출되며, 그것은 다음의 두 가지 특징을 가진다. 첫 번째, 빠르게 고갈된다는 특징. 두 번째, 결코 습관을, 다시 말해 재생산되는 항구적 경향성을 산출하지 않는다는 특징이다.

여기서 문명사와 역사철학에 대한 지극히 어려운 문제가 제기된다. 아리스토텔레스에서 자유로운 것과 예속적인 것, 이론과 실천, 자연과 기예의 위계는 경제적이고 정치적인 위계에, 다시 말해 도시국가에서 자유인과 노예의 위계에 대응된다. 아리스토텔레스는 『정치학』[10]에서 노예는 혼을 가진 기계라고 말한다. 여기서 슐이 지적하는 데 그치는 문제가 생겨난다. 과학의 위엄에 대한 그리스적 관념이 기술에 대한 무시를 낳고, 이어서 발명의 빈곤을, 따라서 어떤 의미에서 기술적 활동의 성과를 자연에 대한 설명으로 옮기는 것의 어려움을 낳는가? 아니면 기술적 발명의 부재가 순수하게 사변적인 과학, 즉 관조적이고 불편부당한 지식의 탁월한 존엄이라는 관념으로 표현되는가? 노동에 대한 경멸이 노예제의 원인인가, 아니면 군사적 우위와 관련된

9) Pierre-Maxim Schuhl, *Machinisme et Philosophie*, Paris: Alcan, 1938.
10) Aristote, 『정치학』(*Politique*), 1권 2장, 4, 5, 6, 7절.

노예의 풍부함이 노동에 대한 경멸을 낳았는가? 여기서 경제사회의 구조에 의해 이데올로기를 설명해야 하는가, 아니면 관념의 방향성에 의해 그 구조를 설명해야 하는가? 인간에 대한 인간의 착취가 용이한 것이 인간의 자연 착취 기술을 업신여기게 만드는가? 인간에 의한 자연 착취의 어려움이 인간에 의한 인간의 착취를 부득이하게 정당화하는가? 여기에 인과관계가 있는가, 만약 있다면 어떤 방향인가? 아니면 우리에게 있는 것은 상호적인 관계와 영향을 지닌 전체적 구조인가?

유사한 문제가 라베르토니에르 신부의 저서 『데카르트 연구』에서, 특히 제2권 '데카르트의 자연학과 아리스토텔레스의 자연학'[11]에서 제기된다. 거기서 예술가와 심미주의자의 자연학이 기술자와 장인의 자연학과 대립된다. 라베르토니에르 신부는 기술철학에 대한 데카르트 혁명은 기독교 혁명을 상정하고 있으므로 여기서 결정요인이 되는 것은 관념이라고 생각하는 듯하다. 따라서 물질에 대해 배려하지 않고 물질을 이용할 인간의 권리와 의무를 긍정하기 위해서는 우선 인간이 자연과 물질을 초월하는 존재로 여겨져야 한다. 달리 말하면 자연의 가치가 절하되기 위해서는 인간에게 가치가 부여되어야 한다. 다음으로 인간이 인간을 착취하는 정치적 기술이 단죄되었으므로, 인간에 의한 자연 착취 기술의 가능성과 의무가 출현하기 위해서 인간은 근본적으로, 그리고 원래적으로 평등한 존재로 여겨져야 한다. 따라서

11) Lucien Laberthonnière, "La Physique de Descartes et la Physique d'Aristote", *Les Etudes sur Descartes*, Paris: Vrin, 1935.

이를 통해 라베르토니에르 신부는 데카르트 자연학의 기독교적 기원에 대해 말할 수 있게 된다. 그런데 그는 다음과 같은 반론을 스스로 제기하고 있다. 기독교 신앙에 의해 가능하게 된 자연학이나 기술은 종교로서의 기독교가 창설된 이후에야 데카르트에게 도래했다. 또 인간을 자연의 주인이자 소유자로 보는 인간주의 철학과 기독교 사이에 이율배반이 존재하는 것은 아닌가 하는 것이다. 왜냐하면 인간주의자에 의해 구원의 종교이자 피안으로 도피하는 종교로 간주되는 기독교는 그래서 생명적이고 기술적인 모든 가치에 대한 경멸, 또 현생의 삶에 대한 모든 기술적 정비에 대한 경멸에 책임이 있는 것으로 여겨지기 때문이다. 라베르토니에르 신부는 말한다. "시간은 사태를 전혀 변화시키지 않는다." 정말 시간이 사태를 전혀 변화시키지 않는지는 확실하지 않다. 어쨌든 동물의 운동력 이용법을 변화시킨 말발굽의 편자나 등자鐙子와 같은 기술적 발명품들이 (고전적 텍스트에 기술된 바와 같이) 어떤 설교도 성취하지 못한 노예의 해방을 위해 더 많은 역할을 했다는 사실을 부인할 수는 없다.

인과관계인가, 아니면 전체적 구조인가 하는 두 방향으로 탐구되는 해법에 의해 해결될 수 있는 문제, 다시 말해 기계론적 철학과 그것이 출현한 경제적이고 사회적인 총체적 조건의 관계 문제는 프란츠 보르케나우에 의해 『봉건적 세계상으로부터 시민적 세계상으로의 이행』[12]에서 인과관계의 방향에서 해결되었다. 저자는 17세기 초에 기계

12) Franz Borkenau, *Der Übergang vom feudalem zum bürgerlichen Weltbild*, 1933.

론자의 개념이 고대와 중세의 질적 철학을 압도했다고 주장한다. 이러한 개념의 성공은 매뉴팩처의 조직화와 보급이라는 경제적 사실을 이데올로기적 영역에서 표현하고 있다. 파편화되고 획일적이며 비숙련된 생산행위에서 이루어지는 장인노동의 분화는 추상적인 사회적 노동에 대한 이해를 강요하게 될 것이다. 단순하고 동일하며 반복된 운동으로 분해된 노동은 원가와 임금의 계산을 위해 노동시간의 비교를 요청하게 될 것이고, 그 결과 과거 질적이라고 여겨졌던 과정을 수량화하는 결과에 이르게 될 것이다.[13] 수학적인 처리가 가능한 순수한 양으로서 노동을 계산하는 것은 생명세계에 대한 기계론적 개념의 토대이자 출발점이 될 것이다. 따라서 그것은 모든 가치를 경제적인 가치로, 다시 말해 맑스가 『공산당선언』에서 말한 바와 같이 "차가운 현금"으로 환원시킴으로써, 세계에 대한 기계론적 이해는 근본적으로 부르주아 계급의 세계관이 될 것이다. 결국, 동물-기계론의 배후에서 탄생하고 있는 자본주의 경제의 규범을 알아차려야 할 것이다. 따라서 데카르트, 갈릴레이, 홉스는 이러한 경제적 혁명의 무의식적인 선구자가 된다.

보르케나우의 이러한 이해는 헨리크 그로스만의 논문[14]에서 개진되고 격렬하게 비판받았다. 그에 따르면 보르케나우는 기계론적 이해

---

13) 라 퐁텐의 우화에서 구두수선인과 금융가는 노동과 그 보수에 대한 개념상의 갈등을 아주 잘 보여 준다.

14) Henryk Grossman, "Die Gesellschaftlichen Grundlagen der mechanistichen Philosophie und die Manufaktur", *Zeitschrift für Sozialforschung*, 1935, no. 2.

를 17세기 초반의 매뉴팩처의 출현과 동시대의 것으로 봄으로써 150년에 걸친 경제사와 이데올로기의 역사를 무효로 만든다. 보르케나우는 마치 레오나르도 다 빈치가 존재하지 않은 것처럼 썼다. 그로스만은 정역학의 기원에 대한 뒤엠의 연구[15]나 출판된 레오나르도 다 빈치의 수고手稿[16]에 의거하여 세아유Gabriel Séailles와 더불어 레오나르도 수고의 출판은 근대과학의 기원을 한 세기 이상 위로 올려놓았다고 주장했다. 노동 개념의 수량화는 무엇보다도 우선 수학적인 것이며, 경제적 수량화에 선행한다. 나아가 자본주의적 생산평가의 기준은 13세기부터 이탈리아의 은행가들에 의해 분명하게 규정되었다. 맑스에 의거하여 그로스만은 원칙적으로 말하면 매뉴팩처 안에서는 노동의 분업이 없지만, 매뉴팩처는 그 기원에서 이전에 흩어져 있던 숙련장인들을 같은 장소에 모았다는 사실에 주의를 촉구했다. 따라서 그에 따르면 기계론적 세계관의 진정한 원인이 되는 것은 노동시간에 따른 원가계산이 아니라 기계사용의 진전이다. 기계사용이 진전된 기원은 르네상스 시기에 있다. 따라서 데카르트는 자본주의 경제의 실천을 무의식적으로 표현했다기보다는, 기계사용 기술을 의식적으로 합리화시켰다. 데카르트에게 역학mécanique이란 기계에 대한 이론이다. 그것은 처음에는 자연발생적 발명을 상정하지만, 다음에는 과학이 의식적으로, 그리고 명시적으로 발명을 진흥시켜야 한다.

---

15) Pierre Duhem, 『정역학의 기원』(*Les Origines de la Statique*), 1905.
16) Herzfeld, 1904; Gabriel Séailles, 1906; Péladan, 1907.

데카르트 이전에 그 발명이 자연에 대한 인간의 관계를 변모시키고, 고대인들에게 알려지지 않은 희망을 태어나게 만들면서 그 희망을 정당화, 보다 정확하게 말하면 합리화를 촉진시킨 기계는 어떤 것들인가? 그것은 우선 화기火器인데, 데카르트는 발사물의 문제와 관련해서만 화기에 관심을 가지는 반면,[17] 회중시계나 기둥시계, 거중기, 수력기계 등에 특별한 관심을 가졌다.

결과적으로 우리는 데카르트가 자본주의적 생산이라는 사회적 현상을 이데올로기로 이식시켰다기보다는 기계의 제작이라는 인간적 현상을 자신의 철학에 통합시켰다고 말하고 싶다.

그런데 데카르트의 이론에서 기계와 유기체를 동일시할 때 메커니즘과 합목적성의 관계는 어떻게 되는가?

동물-기계론은 "나는 생각한다. 고로 존재한다"와 분리되지 않는다. 영혼과 육체, 사유와 연장의 철저한 구별은 그것이 취하는 형태와 무관하게 물질의 실체적 단일성을, 그리고 그것이 수행하는 기능과 무관하게 사유가 취하는 단일성을 주장하게 이끈다.[18] 영혼은 판단이라

---

17) 『철학의 원리』(*Principia philosophiae*, 4장 109~113절)의 일부 구절은 데카르트가 탄약에 관심을 가졌음을 보여 준다. 그러나 그는 탄약의 폭발에서 동물유기체에 대한 유사한 설명의 원리인 에너지의 근원을 찾지 않았다. 화승총에서 화약이 폭발할 때 일어나는 일에 대한 유비에 근거하여 근육운동이론을 명시적으로 구축한 사람은 영국의 의사 윌리스(Thomas Willis)였다. 17세기에 윌리스는 신경을 화약의 심에 비교했는데, 이 비유는 어떤 이들에게는, 특히 베일리스(W. M. Bayliss)에게는 여전히 유효한 것으로 남아 있다. 신경은 도화선과 같은 종류의 것이다. 신경은 불을 전진시켜 근육에서 폭발을 일으킨다. 이러한 폭발이야말로 윌리스가 보기에 의사가 관찰하는 수축과 강직성 경련현상을 유일하게 설명할 수 있다.

는 유일한 기능만을 가지므로 동물의 영혼을 인정하는 것은 불가능하다. 왜냐하면 언어의 사용과 발명을 할 수 없는 동물이 판단을 내린다는 어떤 증거도 우리에게는 없기 때문이다.[19]

데카르트에 따르면 동물에게서 영혼, 다시 말해 이성을 부인한다고 해서 심장의 열로 이루어져 있을 뿐인 생명에 대한 부정으로도, 기관들의 배치에 달려 있는 감성에 대한 부인으로도 귀결되지 않는다.[20]

같은 편지에서 동물-기계론의 도덕적 기초가 나타난다. 데카르트는 아리스토텔레스가 노예에 대해 한 일을 동물에 대해 했다. 그는 인간이 동물을 도구로 사용하는 것을 정당화하기 위해 동물의 가치를 절하시켰다. "나의 의견은 피타고라스 학파의 미신으로부터 벗어난 사람들에게 경의를 표하지 않을 정도로 동물에 대해서 냉혹하지 않다. 왜냐하면 나의 의견은 그 사람들이 동물을 먹거나 죽일 때마다 그들을 범죄의 의혹으로부터 벗어나게 해 주기 때문이다." 그리고 라이프니츠의 텍스트[21]에서 역전된 동일한 주장을 발견하는 것은 매우 주목할 만한 일로 보인다. 만약 동물을 기계 이상의 존재로 보아야 한다면, 피타고라스주의자가 되어야 하고, 동물을 지배하는 일을 그만두어야 한

---

18) "우리 안에는 오직 하나의 영혼만이 존재한다. 이 영혼은 그 안에 어떠한 부분의 상이성도 가지지 않는다. 감각적인 것이 마찬가지로 이성적이며, 정신의 욕구는 모두 의지이다." 『정념론』(*Les Passions de l'âme*), 47항.

19) 『방법서설』(*Discours de la méthode*), 5부. 뉴캐슬 남작에게 보내는 편지, 1646년 11월 23일.

20) 모루스(Morus = Henry More)에게 보내는 편지, 1649년 2월 21일. 기관의 배치에 대한 감성의 관계를 잘 이해하기 위해서는, 감각의 단계에 대한 데카르트의 이론을 알아야 한다. 이 주제에 대해서는 『여섯 번째 반론에 대한 답변』의 9절을 보라.

21) 콘링(Hermann Conring)에게 보내는 편지, 1678년 3월 19일.

다.[22] 여기서 우리는 서양인들의 전형적인 태도에 마주하게 된다. 이론적인 관점에서 생명의 기계화와 동물의 기술적 이용은 분리되지 않는다. 인간은 자연의 모든 합목적성을 부정하고, 명백하게 살아 있는 자연을 포함하여 자기 자신 외에는 모든 자연을 수단으로 간주할 수 있을 때만이 자연의 주인이자 소유자가 될 수 있다.

그것을 통해서 인체를 포함한 생명체에 대한 기계적 모델 구축은 정당화된다. 왜냐하면 이미 데카르트에서 인간이 아니라 인체가 기계이기 때문이다. 이미 말한 바와 같이 이 기계적 모델을 데카르트는 자동기계, 즉 움직이는 기계에서 찾았다.[23]

우리는 데카르트 이론의 의미를 온전히 밝히기 위해서 이제 『인간론』의 서두, 즉 1662년에 레이던에서 라틴어로 처음 출판되고 1664년

---

22) 이 찬탄할 만한 텍스트는 프르낭 부인이 펴낸 라이프니츠 『선집』(*Oeuvres choisies*, Garnier éd., p. 52)에서 쉽게 찾아볼 수 있다. 특히 라이프니츠의 생각에 따르면 동물을 자동기계와 구별할 수 있도록 해 주는 기준에 대한 지적은 『방법서설』(앞의 주 19에서 인용된 텍스트)에서 데카르트가 내세우는 비슷한 논거와 비교할 수 있으며, 또한 같은 문제에 대해서 에드거 앨런 포(Edgar Allan Poe)가 『멜첼의 체스 기사』(*Maelzel's Chess Player*)에서 행했던 심오한 고찰과 비교된다. 기계와 유기체에 대한 라이프니츠의 구별은 『자연에 대한 새로운 체계』(*Le Système nouveau de la Nature*) 10절과 『단자론』 63, 64, 65, 66절을 보라.

23) 라이프니츠도 데카르트 못지 않게 기계의 발명이나 제작, 그리고 자동기계의 문제에 대해 관심을 가졌던 사실에 주목하는 것이 중요할 것으로 생각된다. 특히 하노버의 요한 공작과의 서신교환을 보라. *Sämtliche Schriften und Briefe*, Darmstadt, 1927, Reihe I, Band II. 1671년에 쓴 다음의 텍스트 *Bedenken von Aufrichtung einer Academie oder Societät in Deutschland zu Aufnehmen der Künste und Wissenschaften*에서 라이프니츠는 이탈리아 기술 대비 독일 기술의 우월성을 찬양한다. 독일의 기술은 항상 스스로 움직이는 작품(회중시계, 기둥시계, 수력기계 등)을 만드는 데 사용되는 반면, 이탈리아의 기술은 거의 항상 외부에서 바라보기 위해 만들어진, 생명이 없고 움직이지 않는 대상을 만드는 데 전념한다(*Ibid.*, Darmstadt, 1931, Reihe IV, Band I, p. 544). 이 구절은 자크 마리탱(Jacques Maritain)의 저서 『예술과 스콜라 철학』(*Art et Scolastique*), p. 123에 인용되어 있다.

에는 프랑스어로 처음 출판된 저작의 서두를 읽기를 제안한다.

> 다음에 서술할 인간은 우리와 마찬가지로 영혼과 육체로 구성되어 있다. 나는 먼저 육체에 대해 따로 서술하고, 다음에 마찬가지로 영혼에 대해 따로 서술하고, 마지막으로 이 두 본성이 어떻게 결합하고 통합되어 우리를 닮은 인간을 구성하여야 하는지를 여러분들에게 보여 줄 것이다. 육체는 가능한 우리와 유사한 것으로 신이 완전히 의도적으로 형태를 만든 흙으로 된 조상彫像이나 기계에 다름 아니라고 나는 상정한다. 따라서 신은 그 조상이나 기계에 대해 밖으로는 우리의 모든 지체의 색깔과 형태를 부여했을 뿐만 아니라, 안으로는 그것이 걷고 먹고 숨을 쉬는 데 필요한 모든 부분을 갖추어 주었다. 또 신은 그 부분들이 우리가 가진 모든 기능을 모방하도록 만들었다. 그 기능들은 물질에서 생겨나며 기관들의 배치에만 의존하는 것으로 상상될 수 있다. 우리는 기둥시계나 인공분수, 물레방아나 다른 유사한 기계가 인간에 의해 만들어진 것임에 지나지 않음에도 불구하고, 여러 다양한 방식으로 스스로 움직이는 힘을 갖고 있는 것을 본다. 이 기계는 내가 생각했던 것보다 훨씬 많은 종류의 운동과, 내가 부여했던 것보다 훨씬 많은 독창성을 가진다고 생각된다. 왜냐하면 이들은 신의 손에 의해 만들어졌기 때문이다.

이 텍스트를 가능한 소박한 정신으로 읽으면 동물-기계론은 사람들이 너무도 흔히 무시해 버리는 두 가지 요청의 언표에 의해서만 의미를 가지는 것으로 보인다. 첫 번째 요청은 제작자인 신이 존재하는 것이고, 두 번째 가정은 기계가 제작되기 이전에 그 자체로 주어져야 한다는 것이다. 달리 말해 기계-동물을 이해하기 위해서는 논리적으로나 시간적으로 작용인으로서 신이 그것에 선행하는 동시에 형상인이자 목적인으로서, 모방해야 할 선재하는 생명체가 그것에 선행하는 것으로 파악해야 한다. 요컨대 일반적으로 아리스토텔레스의 인과성 개념과 단절된 것으로 보는 동물-기계론에서, 아리스토텔레스가 내세운 모든 유형의 인과성이 동일한 장소와 시간은 아니지만 재발견된다는 사실을 읽어 내도록 제안하고 싶다.

만약 이 텍스트를 제대로 읽을 수 있다면, 살아 있는 기계의 제작은 앞서 존재하는 유기적 소여를 모방할 의무를 함의한다. 기계적 모델의 제작은 살아 있는 원본을 상정한다. 결국 우리는 여기서 데카르트가 플라톤보다는 아리스토텔레스에 가깝지 않았나 자문하게 된다. 플라톤의 데미우르고스는 이데아를 복제한다. 이데아는 복제물인 자연물의 모델이다. 데카르트의 신인 지고의 제작자Artifex Maximus는 생명체 그 자체에 필적하기 위해 일한다. 신성한 예술이 모방하는 생명체의 이데아는 바로 생명체이다. 정다각형이 원 안에 포함되어 있고, 그것을 원 안에 넣기 위해 극한으로의 이행이 필요한 것과 마찬가지로, 기계적 인공물은 생명 속에 포함되어 있고 전자에서 후자를 끌어내기 위해서는 무한, 즉 신으로의 이행이 필요하다. 이것이 이 텍스트의 끝부분에 분명하게 나타나는 것으로 생각된다.

이 기계는 내가 생각했던 것보다 훨씬 많은 종류의 운동과, 내가 부여했던 것보다 훨씬 많은 독창성을 가진다고 생각된다. 왜냐하면 이들은 신의 손에 의해 만들어졌기 때문이다.

따라서 생명에 대한 동물-기계론의 관계는 기하학에 대한 공리의 관계와 같다. 다시 말해 동물-기계론은 이성의 재구성물에 지나지 않는다. 그러나 동물-기계론은 그것이 표상해야 하는 존재와 합리적 정당화에 앞서는 기계 제조의 선행성을 모르는 척한다.

적어도 데카르트 이론의 이러한 측면은 1665년 당시 유명한 해부학자 니콜라스 스테노Nicolaus Steno가 『인간론』의 출간 1년 후에 파리에서 행한 「대뇌해부학에 관한 강연」에 분명히 인식되고 있다. 해부학자들이 데카르트가 주장하는 해부학에 항상 호의적이지는 않았던 점을 생각하면 놀랍게도 스테노는 데카르트에게 경의를 표하면서 데카르트의 인간은 신의 비호 아래 데카르트에 의해 재구성된 인간이며, 해부학자의 인간이 아님을 확인한다.[24] 따라서 우리는 유기체를 기계 장치로 대체함으로써 데카르트가 생명의 목적론을 소멸시켰다고 말할 수 있을 것이다. 그러나 그는 외견상으로만 목적론을 사라지게 만들었는데 왜냐하면 그는 목적론을 모두 출발점에 끌어모았기 때문이다. 해부학적 형태가 역동적 형태화를 대체하지만, 이러한 형태는 기술의 산물이므로 모든 가능한 목적론이 생산기술 안에 갇혀 있다. 사

24) 이 책의 부록 3, 297쪽 참조.

실 우리는 기계론과 합목적성을 대립시킬 수도 없고, 기계론과 의인주의anthropomorphisme를 대립시킬 수도 없는 것으로 보인다. 왜냐하면 어떤 기계의 작동이 순수한 인과관계에 의해 설명된다 하더라도, 기계의 제작은 인간이나 합목적성이 없으면 이해되지 않기 때문이다. 기계는 어떤 목표를 획득하기 위해 산출효과라는 형태로 인간에 의해, 그리고 인간을 위해 만들어진다.[25)]

따라서 생명을 기계론적으로 설명하려는 기획에서 데카르트가 보여 준 적극적인 것은 의인주의적 모습 아래에 있는 합목적성의 제거이다. 다만 이 기획의 실현에서 하나의 의인주의는 다른 의인주의로 대체된다. 기술주의적 의인주의가 정치적 의인주의를 대체한다.

1648년에 집필된 『인체에 대한 기술』*Description du corps humain*이란 소논문에서 데카르트는 사람의 수의운동隨意運動, mouvement volontaire의 설명에 착수하고, 처음에 기계적으로 배치되어 있다는 조건에서만 육체가 정신에 복종한다는 사실을 정식화했다. 이러한 명료함은 자동운동과 반사운동의 이론 전체를 19세기까지 지배했다. 영혼의 결정은 육체의 운동을 위한 충분조건이 아니다. 데카르트는 다음과 같이 말한다.

> 어떤 운동에 필요한 모든 육체적 기관이 제대로 배치되어 있지 않으면 영혼은 육체에서 어떤 운동도 일으키지 못한다. 그렇지만 반대로 어떤

---

25) 적어도 데카르트는 신에 의한 동물-기계 제작의 의미를 합목적성의 용어로만 표현할 수 있었다. "인체라는 기계를 신에 의해 만들어진 것으로 간주하면서 거기에 있는 것이 익숙해진 모든 운동을 그 자체 안에 가지기 위해."(『성찰』 VIe)

운동을 위해 모든 기관이 배치되어 있다면, 운동을 산출하기 위해서 영혼은 불필요하다.

데카르트는 영혼이 육체를 움직일 때, 통속적인 표상에 따라 신민이나 병사에게 명령하는 왕이나 장군처럼 하는 것은 아니라는 사실을 말하고자 했다. 그러나 육체를 기둥시계의 기계장치와 동일시함으로써 기관의 운동은 연동되어 있는 톱니바퀴처럼 서로 명령을 주고받는다는 사실을 말하고자 했다. 따라서 데카르트는 말이나 신호에 의한 일종의 마술적 인과관계인 명령이라는 정치적 이미지를 장치나 기계적 연결에 의한 일종의 실증적 인과성이라 할 수 있는 기술론적 명령의 이미지로 대체했다.

여기서 데카르트는 『동물과 식물에 공통된 생명현상에 대한 강의』(1878~1879)의 클로드 베르나르와는 반대방향을 취한다. 이 책에서 베르나르는 생기론을 비판하면서 "아무것도 할 수 없다"는 이유로 별도의 생명력이 존재하는 것을 인정하지 않고 거부하지만 놀랍게도 그 생명력이 "자신이 생산하지 않은 현상을 지도direction"할 수 있음은 받아들인다. 달리 말해 클로드 베르나르는 일꾼으로 간주되는 생명력의 개념을 입법자나 인도자의 개념으로 대치한다. 이는 작용하지 않고 지도하는 것이 가능함을 인정하는 한 방식으로 사람들이 지도의 마술적 개념이라 부를 수 있는 것이다. 이는 지도가 실행에 대해 초월적임을 의미한다. 반대로 데카르트에 따르면 기계적 실행장치는 지도와 명령 권력을 대체한다. 그러나 신은 지도를 영원히 고정시켰다. 운동의

지도는 그 제작자에 의해 기계적 실행장치 안에 포함되어 있다.

요컨대 데카르트적 설명과 함께, 그리고 그 외양에도 불구하고 우리는 합목적성의 바깥으로 한 발자국도 벗어나지 못한 것 같다. 그 이유는 기계가 주어지면 메커니즘은 모든 것을 설명할 수 있지만, 메커니즘이 기계의 제작을 설명할 수는 없기 때문이다. 기계를 제작하는 기계는 존재하지 않으며, 어떤 의미에서는 기관이나 유기체를 기계적 모델로 설명하는 것은 기관을 기관에 의해 설명하는 것이라고까지 말할 수 있을 것이다. 결국 그것은 하나의 동어반복이다. 왜냐하면 기계는 인간이란 종의 기관으로 간주될 수 있기 때문이다.[26] 사람들은 이러한 해석을 정당화하고자 애쓴다. 도구나 기계는 기관이며, 기관은 도구나 기계이다. 따라서 메커니즘과 합목적성의 대립이 어디에 있는지 알기 어렵게 된다. 합목적성의 성공을 보장하기 위해 메커니즘이 필요하다는 사실을 의심하는 사람은 없다. 거꾸로 모든 메커니즘은 어떤 의미를 가져야만 한다. 왜냐하면 메커니즘은 우연적인 어떤 운동에 의존하지 않기 때문이다. 따라서 실제로 대립은 그 의미가 명백한 메커니즘과 그 의미가 잠재된 메커니즘 사이의 대립이다. 자물쇠와 괘종시계의 의미는 명백하다. 놀라운 적응의 사례로 흔히 인용되는 게의 집게발의 의미는 잠재적이다. 따라서 어떤 생물학적 메커니즘의 합목적성을 부인하는 것은 가능해 보이지 않는다. 흔히 인용되는 일부 기계론적 생물학자의 주장을 예로 들어 보면, 출산 이전에 여성의 골반이

26) Raymond Ruyer, *Éléments de Psycho-Biologie*, Paris : PUF, 1946, pp. 46~47.

확장되는 것의 합목적성을 부인하는 경우에는 다음과 같은 질문을 검토하는 것으로 충분하다. 태아의 가장 큰 치수가 골반의 가장 큰 치수를 1 내지 1.5센티미터 초과하므로 만약 섬유연골결합symphyses의 이완과 천골-미골의 뒤쪽 상하운동을 통해 가장 큰 직경이 조금 증가하지 않으면 분만은 불가능해질 것이다. 그 생물학적 의미가 이처럼 확실한 활동이 가능한 것은 오직 어떤 생물학적 의미도 갖지 않는 메커니즘이 골반에 그러한 활동을 허용하기 때문이라고 생각하지 않아도 좋다. 그리고 "허용하다"라고 해야만 하는 이유는 이러한 메커니즘이 없으면 이완은 일어나지 않기 때문이다. 우리는 어떤 낯선 메커니즘 앞에서 그것이 참으로 하나의 메커니즘(즉 작동들의 필연적 연쇄계열)이란 사실을 입증하기 위해서는 그로부터 어떤 효과가 기대되는지, 즉 노리는 목적이 무엇인지를 알고자 노력해야만 한다. 우리가 그 기계나 혹은 그와 유사한 기계의 용도를 미리 알고 있어야만 그 기구의 형태와 구조에 의거하여 그 용도를 유추해 낼 수 있다. 따라서 구조로부터 기능을 연역하는 것처럼 보일 수 있기 위해서는 먼저 그 기계가 기능하는 것을 보아야 한다.

여기서 우리는 기계와 유기체 사이의 데카르트적 관계가 역전되는 지점에 도달했다.

유기체에서 우리는(이 점을 역설하기에는 너무 잘 알려져 있는 사실이다) 자기구축, 자기보존, 자기조정, 자기수리의 현상을 관찰한다.

기계의 경우 그 제작은 외적인 것이며 기계기사의 창의성을 전제로 하고 있다. 보존은 기계공의 끊임없는 감시와 경계를 필요로 하며, 또 어떤 종류의 복잡한 기계는 주의나 감시가 결여되면 회복이 불가능할 정도로 손실을 입는다는 사실을 우리는 안다. 조정과 수리에서도 마찬가지로 사람의 활동이 주기적으로 개입하는 것을 전제로 한다. 물론 자기조정 장치도 있지만 그것은 어떤 기계에 또 다른 기계를 사람이 포개 놓는 것이다. 서보servo 기구나 전자자동기계의 제작은 기계에 대한 인간의 관계를 그 의미를 변화시키지 않으면서 위치 이동시키는 것이다.

기계에서는 이성적 계산가능성의 규칙이 엄격하게 입증된다. 전체는 엄밀하게 부분의 합이다. 결과는 원인의 순서에 좌우된다. 나아가 기계는 명료한 기능적 엄격성을, 다시 말해 규격화의 실시에 의해 점차 강조되는 엄밀성을 보여 준다. 규격화는 물품의 모델과 교환부품의 단순화이며, 부품의 호환성을 가능하게 만드는 계량적이고 질적인 특성들의 통일이다. 모든 부품은 당연히 제작의 한계를 규정하는 허용범위 내에서 동일한 용도의 다른 부품과 아무런 차이가 없다.

기계의 특성이 유기체의 특성과 비교하여 이와 같이 규정될 때, 유기체보다 기계가 보다 합목적적인가?

사람들은 기꺼이 유기체보다는 기계가 합목적적이라고 말할 것이다. 왜냐하면 기계의 합목적성은 엄밀하고 일의적이며 단일한 가치를 가지기 때문이다. 하나의 기계는 다른 종류의 기계로 대체할 수 없다. 합목적성의 한계가 제한되면 될수록 허용범위도 축소되고 합목적성도 더욱 강화되고 강조되는 것으로 보인다. 반대로 유기체에서는 (이

것 역시 역설하기에는 너무도 잘 알려져 있다) 한 기능이 다른 기능을 대신하는 기능의 보상補償작용과 기관의 다목적성이 관찰된다. 물론 이러한 기능의 보상작용과 기관의 다목적성은 절대적이지는 않다. 그러나 이는 기계의 경우와 비교해 보면 사실상 비교가 되지 않을 정도로 현저하다.[27] 보상 기능의 사례로서 아주 간단하고 널리 알려진 실어증 아이의 경우를 예로 들어 보자. 어린아이에서 우측마비는 실어증을 동반하는 경우가 거의 없다. 왜냐하면 두뇌의 다른 영역이 언어의 기능을 실행하기 때문이다. 9세 미만의 어린아이의 경우 실어증이 생기더라도 아주 빨리 없어진다.[28] 기관의 다목적성의 문제에 관해 말하는 경우, 아주 간단하게 다음과 같은 사실을 인용할 수 있을 것이다. 즉 우리는 대부분의 기관이 어떤 정해진 기능을 수행한다고 전통적으로 믿지만 실제로 그 기관들이 어떤 다른 기능을 수행할 수 있는지 모른다. 위는 원칙적으로 말하면 소화기관이다. 그런데 위궤양 치료를 위해 위절제를 한 이후에 관찰되는 문제는 소화의 장애보다는 조혈의 장애라는 사실이 존재한다. 위가 내분비선으로 활동한다는 사실을 발견하기에 이른 것이다. 단지 놀라운 사례의 자격은 전혀 아니지만 콜레주 드 프

---

27) "인공물은 분명히 규정된 하나의 목적을 겨냥함을 의미한다. 그리고 그 점에서 생명체와 대립된다. 인공적, 인간적 혹은 의인적(anthropomophe)인 것은 다만 살아 있는가 혹은 생명적인가에 의해 구별된다. 분명하고 완결된 목적의 형태로 나타나기에 이르는 모든 것들은 인공적이며, 그것은 또한 증대해 가는 의식의 경향이다. 그것은 또한 인간의 작업으로 인간은 자연발생적인 사물이나 현상을 가능한 가장 정확하게 모방한다. 자기 자신을 의식하고 있는 사고는 그 자체로 인공적인 체계를 스스로 구성한다. [⋯] 만약 생명이 어떤 목적을 가진다면 그것은 더 이상 생명이 아니다." P. Valéry, *Cahier B.*, 1910.

28) Ed. Pichon, *Le Développement psychique de l'enfant et de l'adolescent*, Masson, 1936, p. 126 ; P. Cossa, *Physiopathologie du Système nerveux*, Masson, 1942, p. 845.

랑스의 생물학 교수 로베르 쿠리에Robert Courrier가 수행한 최근의 실험을 마찬가지의 사례로 들 수 있을 것이다. 쿠리에 교수는 임신한 암컷 토끼의 자궁을 절개하여 자궁으로부터 태반을 떼어 내고, 그것을 복강 안에 위치시켰다. 이 태반은 저절로 장에 이식되어 정상적으로 영양공급을 받았다. 태반의 이식이 이루어지자 토끼의 난소를 절제했다. 즉 이로 인해 황체의 임신 기능이 제거된 것이다. 그 순간 자궁에 있던 다른 모든 태반은 자궁에서 떨어져 나갔지만 복강 내에 위치한 태반만 끝까지 그 기능을 완수했다. 이것은 장이 자궁처럼, 어쩌면 자궁보다 더 잘 기능했다고까지 말할 수 있는 사례이다.

따라서 우리는 이 점에서 아리스토텔레스의 명제를 역전시키고 싶은 생각을 하게 된다. 그는 『정치학』에서 다음과 같이 말했다.

> 자연은 여러 용도에 사용되는 단도를 만드는 델피의 장인처럼 인색하게 행동하지 않는다. 자연은 하나의 용도를 위해 하나의 사물을 만든다. 가장 완벽한 도구는 여러 작업에 통용되는 것이 아니라 오직 하나의 작업에만 소용된다. (1252b2~5)

합목적성에 대한 위의 정의는 유기체가 아니라 반대로 보다 기계에 부합하는 듯하다. 궁극적으로는 유기체에서 기능의 복수성은 기관의 단일성에 맞추어질 수 있음을 인정해야만 한다. 따라서 유기체는 기계보다 큰 활동의 자유를 가진다. 유기체는 합목적성은 적게 가지는 대신 보다 많은 잠재력을 가진다.[29] 계산의 산물인 기계는 계산의 제반 규범을, 다시 말해 동일성·불변성·예견이란 이성적 규범들을 확증하는 데 반해 살아 있는 유기체는 경험주의에 의해 움직인다. 생명은 경험이며, 그것은 다시 말해 임기응변이며 우발적 상황을 이용한다. 생명은 모든 의미에서 시도이다. 이로부터 생명이 기형을 허용한다는, 중요하지만 너무도 흔히 간과되는 사실이 유래한다. 기형체인 기계는 존재하지 않는다. 기계의 병리학은 존재하지 않는다는 사실을 비샤는 자신의 『생물학과 의학에 적용된 일반해부학』*Anatomie générale appliquée à la physiologie et à la médecine*(1801)에서 지적했다. 기형체는 여전히 생명체임에 반해 물리학과 역학에서는 정상적인 것과 병리적인 것의 구별이 없다. 생명체들 안에서만 정상적인 것과 병리적인 것의 구별이 존재한다.

생명현상에 대한 해석에서 기계적 유형의 표상을 버리도록 만든 것은 특히 실험발생학의 연구이다. 그 연구는 배아가 자신 안에 일종의 '특별한 기계장치'(퀴에노Lucien Cuénot)를, 다시 말해 일단 개시되면 이런저런 기관을 자동적으로 생산하도록 결정되어 있는 장치를 내장하고 있는 것이 아니라는 사실을 보여 주었다. 데카르트의 생각이 그러한 것이었다는 것은 의심의 여지가 없다. 『인체에 대한 기술』에서 데카르트는 다음과 같이 썼다.

---

29) 막스 셸러는 기계론자의 믿음과는 반대로 가장 분화되지 않은 생명체를 기계적으로 설명하는 것이 가장 어렵다는 점에 주목했다. 왜냐하면 유기체에서는 모든 기능을 총체로서의 유기체가 전체적으로 담당하기 때문이다. 오직 점증하는 기능의 분화와 신경계통의 복잡화에서만 기계와 어느 정도 유사성을 가지는 구조가 출현한다. M. Scheler, *La Situation de l'Homme dans le Monde*, trad. fr. de Dupuy, Paris: Aubier, 1951, pp. 29, 35.

어떤 동물종, 특히 예를 들자면 인간 종자의 모든 부분이 어떠한가를 우리가 안다면, 오로지 그로부터 확실하고 수학적인 추론을 통해 그 각 지체의 모든 형태와 구성을 연역할 수 있을 것이며, 또한 역으로 이 구조의 허다한 개별성을 안다면 그 종자가 어떤 것인가를 연역할 수 있을 것이다.

그런데 기욤이 지적한 바와 같이[30] 우리가 생명체를 자동기계에 비교할수록 그 기능은 보다 잘 이해하는 것 같으나 그 발생은 더욱 이해할 수 없게 된다. 만약 데카르트의 생각이 참되다면, 다시 말해 만약 종자는 미리 형성되어 있고, 발생에는 정해진 메커니즘이 있다면 출발 시점의 변질은 배아의 발생에 장애를 초래하거나 그것을 방해할 것이다.

그런데 사실은 그와는 아주 다르다. 드리슈, 회르스타디우스Sven Hörstadius, 슈페만과 만골트Mangold 등의 뒤를 이어 이루어진 배아의 잠재성에 대한 연구는 배아의 발생과정이 하나의 기계적 모델로 환원시키기 어렵다는 사실을 보여 주었다. 성게알에 대한 회르스타디우스의 실험을 예로 들어 보자. 그는 발생 16기의 성게 난자A를 상하 대칭면으로 자르고, 다른 난자B를 수직 대칭으로 잘랐다. 그는 A의 절반을 B의 절반에 붙였고 난자는 정상적으로 발달했다. 드리슈는 16기의 성게 난자를 두 장의 얇은 조각판 사이에 넣고 눌러 양극에 위치한 세포들

30) Paul Guillaume, *La Psychologie de la Forme*, Paris: Flammarion, p. 131.

의 위치를 서로 변화시켰지만 난자는 정상적으로 발달했다. 따라서 이 두 실험을 통해 우리는 원인의 순서에 따른 결과에 차이가 없다는 결론을 얻게 되었다. 이보다 훨씬 더 놀라운 또 다른 실험이 있다. 그것은 드리슈의 실험으로 2세포기에 있는 성게 난자의 난할구를 취한 것이다. 칼슘염이 제거된 해수 속에서 기계적 혹은 화학적 방법을 통해 얻은 난할구분리는 각각의 난할구가 크기를 제외하고는 모두 정상적인 유충으로 태어나는 결과를 낳았다. 따라서 여기서는 원인의 양에 따른 결과에 차이가 없음을 알게 되었다. 원인의 양적 감소가 결과의 질적 변질을 초래하지 않았다. 반대로 두 개의 성게 난자를 결합시키자 정상 유충보다 훨씬 큰 하나의 유충을 얻게 되었다. 이것은 원인의 양에 대한 결과의 무차별성을 말해 주는 새로운 확증 사례이다. 원인의 증대에 의한 실험이 원인의 분할에 의한 실험을 확증하고 있는 것이다.

모든 종류의 수정란 발생이 이러한 도식으로 환원되지 않는다. 오래전부터 우리가 두 종류의 수정란을 다루고 있는가를 아는 문제가 제기되었다. 두 종류란 성게의 수정란과 같은 양식의 조절을 받는 것과 개구리 수정란과 같은 모자이크 양식이다. 개구리 수정란의 경우 최초의 난할구 세포의 미래는 난할구가 분리되어 있건 합체되어 있건 동일하다. 현재 대부분의 생물학자는 이 두 현상 사이에 소위 모자이크 양상의 수정란에서는 규정성이 일찍 발현된다는 차이만이 존재함을 인정한다. 한편 조절란은 어떤 일정한 세포기부터 모자이크 수정란처럼 행동하고, 다른 한편 제2세포기에 있는 개구리 난할구는 조절란처럼 완전한 배아를 이룬다.[31)]

따라서 아무리 복잡한 자동장치라 하더라도 유기체를 자동장치와 동일시함으로써 유기체로부터 합목적성을 추방시킬 수 있다는 생각은 환상으로 여겨진다. 기계의 제작이 기계 그 자체의 기능이 될 수 없고, 또 주어진 유기체에 대한 분석에서 유기체 각 부분의 총합은 유기체의 총체성과 등가가 아니다. 따라서 생물학적 유기체가 필연적으로 기계적 구성물의 존재와 그 의미에 앞서 구성되어야 함이 정당할 것이다. 철학적 관점에서 본다면 기계가 무엇인가를 설명하는 것보다도 그것을 이해하는 것이 더욱 중요하다. 그리고 기계를 이해한다는 것은 단순한 자연으로 환원시킬 수 없는 문화가 인간과 함께 출현했다는 것을 인정함과 동시에 인간의 역사를 생명 안에 기입시키면서 기계를 인간의 역사 안에 기입시키는 것이다.

이제 우리는 기계에서 하나의 문화적 사실을 본다. 그 문화적 사실은 설명해야 할 자연의 사실에 다름 아닌 메커니즘 안에서 자신을 표현한다. 『철학의 원리』라는 유명한 텍스트에서 데카르트는 다음과 같이 썼다.

> 기계학의 모든 규칙이 자연학에 속한다는 것은 확실하다. 따라서 인공적인 모든 사물은 그 때문에 자연적이다. 왜냐하면 예를 들어 시계가 그것을 구성하고 있는 톱니바퀴에 의해 시간을 표시할 때, 그것은 나무가 열매를 맺는 것과 마찬가지로 자연적이다.[32)]

---

31) Aron et Grassé, *Précis de Biologie animale*, 2e éd., 1947, pp. 647 sq.

그러나 우리의 견해에 따르면 우리는 시계와 나무의 관계를 역전시킬 수 있고 또 역전시켜야만 한다. 그리고 다음과 같이 말해야 한다. 시간을 알려 주기 위해 만들어진 시계의 톱니바퀴, 그리고 보다 일반적으로 처음에는 단순히 꿈꾸거나 바라는 어떤 효과를 산출하기 위해 조립된 메커니즘의 모든 부품들은 나무가 열매를 맺는 활동과 마찬가지로 참으로 유기적인 기술적 활동의 직접적이거나 파생적인 산물이다. 또한 원초적으로는 식물적 생명이 그러하듯이 그 효율성을 보증하는 규칙과 법칙을 거의 의식하지 않는다. 어떤 주어진 순간에 자연학에 대한 지식이 기계제작에 논리적으로 선행한다는 사실로 인해 기계제작이 자연학의 지식에 대해 절대적으로 시간상chronologiquement으로나 생물학적으로 선행한다는 사실을 잊어서는 안 된다.

그런데 어떤 저자는 데카르트와는 반대로 기예를 과학에 환원시킬 수 없는 것과 같이 유기체를 기계로 환원시킬 수 없다고 주장했다. 그렇게 말한 사람은 『판단력 비판』의 칸트이다. 프랑스에서는 기술에 대한 철학에서 칸트를 찾는 것이 익숙하지 않음은 사실이다. 그러나 이 문제에 관심이 많은 독일의 학자들은 특히 1870년 이후로 칸트를 참조했다.

「목적론적 판단력 비판」의 65절에서 칸트는 데카르트에게 그토록 소중한 시계의 예를 사용하며 기계와 유기체를 구별한다. 칸트에 따르

---

32) Descartes, 『철학의 원리』(*Principia philosophiae*, 1644), IV, 203. 다음을 참조하라. Georges Canguilhem, "Descartes et la Technique", *Travaux du IXe Congrès international de philosophie*, II, Paris: Hermann, 1937, pp. 77 sq.

면 기계에서는 각 부분이 다른 부분을 위해 존재하지만, 다른 부분에 의해 존재하는 것은 아니다. 어떤 부품도 다른 부품에 의해 만들어지지 않았으며, 전체에 의해 만들어지지도 않았다. 또 전체도 같은 종류의 다른 전체에 의해 만들어지지 않았다. 시계를 만드는 시계는 존재하지 않는다. 어떤 부분도 자신에 의해 대체되지 않는다. 어떤 전체도 결여된 부분을 대체하지 않는다. 따라서 기계는 동력을 갖고 있지만 외부의 물질에 자신을 전달하여 증식할 수 있는 형성적 에너지를 갖고 있지는 않다. 75절에서 칸트는 인간의 의도적 기술과 생명의 무의도적 기술을 구별한다. 그러나 「미적 판단력 비판」의 43절에서 이하의 중요한 텍스트를 통해 과학적 지식에 비해 인간의 의도적 기술이 가진 독특성을 명확히 규정했다.

> 인간의 재간으로서의 기술이 과학과 구별되는 것은 할 수 있는 것과 아는 것, 실천적 능력과 이론적 능력, 기예와 이론이 구별되는 것과 마찬가지이다. 단지 어떤 일이 이루어져야 하는지를 알 때, 그리고 추구하는 결과를 충분히 인지하기만 하면 곧 수행할 수 있는 일도 역시 기술이라고 부르지는 않는다. 인간이 그에 대한 완전한 학식을 갖고 있음에도 불구하고 즉시 그것을 실행할 수 있는 재간을 갖지 못하는 것, 바로 그것이 기술의 영역이다. 캄페르는 가장 좋은 구두가 어떻게 만들어져야 하는지 아주 정확하게 기술한다. 그러나 그가 한 짝의 구두도 만들 능력이 없었음은 분명하다.

이 텍스트는 크란할스의 『기술에의 욕망』에 인용되어 있는데, 크란할스는 정당하게도 모든 기술은 합리화로 환원될 수 없는 생명적 독특성을 본질적이자 적극적으로 포함하고 있다는 사실을 인정하고 있는 것으로 여겨진다.[33] 사실 다음과 같은 것들을 생각해 보자. 조정을 행할 때의 손재주나 생산할 때의 합성력, 이런 것들을 습관적으로 재간이라 부르고 때로는 이를 본능의 책임으로 돌린다. 이상의 모든 것들이 이루어지는 운동을 설명하기 불가능한 것은 원형질의 물리화학적 성분이나 성호르몬의 성분을 전부 안다고 가정하더라도 난소 바깥에서 포유류의 난자가 생성되는 것을 설명할 수 없는 것과 마찬가지이다.

기술자의 작업보다는 민속지학자의 작업이 기계의 제작에 대해 더 많은 것을 알려 준다.[34] 프랑스에서는 현 시점에서 기술철학의 구성에 보다 가깝게 다가간 사람들은 민속지학자들이다. 철학자들은 무엇보다도 과학철학에 관심을 가져 왔기 때문에 기술철학에는 무관심하다. 반면 민속지학자들은 자연에 작용을 가하는 최초의 도구, 최초의 장비와 유기적 활동 자체의 관계에 대해 무엇보다도 큰 관심을 가졌다. 우리가 아는 한 프랑스에서 이런 차원의 질문을 제기한 유일한 철학자는 알프레드 에스피나이다. 그의 고전적 저작 『기술의 기원』[35] 으

---

33) Paul Krannhals, *Der Weltsinn der Technik*, Munich-Berlin: Oldenbourg éd., 1932, p. 68.

34) 이러한 연구의 출발점은 다윈에서 찾아야 한다. Darwin, *La Descendance de l'Homme: Instruments et armes employés par les animaux*, trad. fr. Schleicher éd. 맑스는 다윈 사상이 지극히 중요함을 잘 알고 있었다. Marx, *Le Capital*, trad. Molitor, tome III, p. 9, note.

35) Alfred Espinas, *Les Origines de la Technologie*, 1897.

로 돌아가 보자. 이 책의 부록에는 1890년경 보르도 대학의 문학부에서 행한 '의지'Volonté에 대한 강의 개요가 실려 있다. 여기서 에스피나는 '의지'라는 명칭 아래 인간의 실천적 활동, 특히 도구의 발명에 대해 다루고 있다. 에스피나가 최초 도구의 제작을 설명하는 데 사용한 유기적 투사이론을 독일 학자 에른스트 카프에서 빌려 왔다는 사실을 우리는 안다. 카프는 1877년 자신의 저작 『기술철학개요』[36]에서 이 이론을 처음으로 제시했다. 에스피나 자신은 이 이론을 카프에게서 빌려 왔음을 여러 차례에 걸쳐 아주 명백하게 밝혔음에도 불구하고, 쾰러Köhler와 기욤의 연구에 의거하여 동물에 의한 도구사용과 동물의 지능에 대한 문제를 다루고 있는 일부 심리학자들은 이 투사이론을 에스피나에게 돌릴 정도로 독일에서는 고전적인 이 저작이 프랑스에서는 알려져 있지 않다.[37] 그 철학적 토대가 폰 하르트만Eduard von Hartmann과 그의 『무의식의 철학』*Philosophie des Unbewussten*을 거쳐 쇼펜하우어까지 거슬러 올라가는 투사이론에 따르면 최초의 도구는 운동하는 사람의 기관을 연장한 것에 불과하다. 부싯돌, 곤봉, 지렛대는 팔의 타격이라는 유기적 운동을 연장하고 확장한 것이다. 모든 이론과 마찬가지로 이 이론도 한계가 있는데 특히 인간 기술의 아주 특징적인 불이나 바퀴의 발명을 설명할 때 난관에 봉착한다. 여기서 불이나 바퀴가 사람의 동작이나 기관의 연장이나 확장이라고 헛된 탐구를 하기도 한다.

---

36) Ernst Kapp, *Grundlinien einer Philosophie der Technik*, 1877.

37) 비오의 뛰어난 소책자를 말한다. Viaud, *L'Intelligence*, 'Que sais-je?', Paris: PUF, 1945.

그러나 망치나 지렛대에서 유래한 도구, 또 이런 부류의 모든 도구들에서는 그러한 설명을 받아들일 만하다. 따라서 프랑스에서는 민속지학자들이 사실만이 아니라 기술에 대한 생물학적 철학을 구성할 수 있을 가설들을 모았다. 독일인들이 철학적 경로를 통해 구축한 것[38]이 르루아-구랑의 저서 『환경과 기술』[39]에서 되풀이되는 것을 우리는 본다. 예를 들어 알라드 두 보이스-레이몬트(1860~1922)는 자신의 저서 『발명과 발명자』[40]에서 변이와 자연선택이란 다윈의 개념에 근거한 발명의 발전이론을 제시했고, 또 슈펭글러는 자신의 저서 『인간과 기술』[41]에서 기계의 제작을 '생명의 전략'으로 보는 이론을 제시했다. 르루아-구랑은 도구의 제작이라는 현상을 아메바의 운동과 동일시함으로써 그 현상을 이해하고자 시도했다. 아메바는 자신이 탐하는 외부의 대상을 소화시키기 위해 그 대상을 움켜잡을 연장체를 자신의 덩어리 바깥으로 밀어낸다. 그는 다음과 같이 말한다.

> 타격percussion이 기본적인 기술적 활동으로 제안된 것은 거의 모든 기술적 행위가 촉각에 의한 접촉을 추구하기 때문이다. 반면 아메바의 신

---

38) E. Zschimmer, *Deutsche Philosophen der Technik*, Stuttgart, 1937 참조.
39) Leroi-Gourhan, *Milieu et Techniques*.
40) Alard Du Bois-Reymond, *Erfindung und Erfinder*, 1906. 알라드는 뛰어난 『프로포』(*propos*)에서 기술적 제작에 대한 다윈의 해석을 묘사했다(*Propos d'Alain*, N.R.F., 1920, tome I, p. 60). 이 프로포의 앞뒤로 우리의 문제와 관련해 흥미 가득한 다른 프로포들이 실려 있다. 동일한 생각이 여러 차례 『미술의 체계』(*Système des Beaux-Arts*)에서 바이올린(IV, 5), 가구(VI, 5), 전원가옥(VI, 3 ; VI, 8)과 관련해 지적되었다.
41) O. Spengler, *Der Mensch und die Technik*, 1931.

장伸張 운동은 자신의 먹이를 동일한 소화과정으로 인도하는 데 있어서, 처리해야 할 소재와 그것을 감싸는 기술적 사유 사이에서 매번 특별한 타격기관을 창조한다. (p. 499)

그리고 이 저작의 마지막 몇 개의 장은 현 시점에서 생물학과 테크놀로지 사이의 체계적이고 적절한 접근을 시도한 놀라운 사례이다. 이 견해에 따르면 기계의 제작 문제는 전통적인 해결책과는 전혀 다른 해결책을 가진다. 그 전통적 해결은 우리가 어쩔 수 없이 데카르트적 관점이라고 부르는 것으로 거기서 기술적 발명은 과학적 지식의 적용이다.

전통적으로 기관차의 제작을 '과학의 기적'으로 제시했다. 그러나 증기기관의 제작은 사전에 존재하던 이론적 지식의 적용이 아니라 광산 갱도의 물을 길어 내는 역사가 오래된 문제에 대한 순수한 기술적 해결책이었다. 이러한 사실을 모른다면 증기기관의 제작은 이해가 불가능하다. 증기기관에서 본질적인 기관이 실린더와 피스톤이란 사실을 이해하기 위해서는 펌프 형태의 박물지와 화식火式 펌프의 존재를 알아야만 한다. 처음에 화식 펌프에서는 증기가 원동력의 역할을 수행하지 않고, 펌프의 피스톤 아래에서 응축에 의해 진공을 만들어 내는 역할을 했다. 진공은 음압이 원동력으로 작용하여 피스톤을 아래로 내리는 것이 가능하게 만들었다.[42]

이러한 생각의 연장선에서 르루아-구랑은 보다 멀리 나아간다. 그는 단어의 생물학적 의미에서 기관차의 조상을 물레에서 찾는다.

"현재의 증기기관이나 원동기는 물레에서 나왔다. 원운동의 주위로 우리 시대 발명 정신이 발견한 기술상 가장 고도의 일체, 즉 크랭크, 페달, 전도傳導 벨트 등이 모여 있다."(p. 100) 또한 "발명들의 상호영향은 충분히 밝혀져 있지 않으며, 물레가 없었다면 기관차를 가지지 못했을 것이라는 사실을 사람들은 모른다"(p. 104).[43] 훨씬 뒷부분에서는 "19세기 초에는 물질적으로 사용 가능한 기관차, 자동차, 비행기의 맹아 형태들을 알지 못했다. 여러 세기 전부터 알려져 있던 다수의 적용 가운데 흩어져 있던 그 역학적 원리가 발견된다. 이것이야말로 발명을 설명하는 현상이지만, 발명의 본질은 말하자면 순식간에 물질화되는 것이다"(p. 406). 이러한 지적에 비추어서 우리는 과학과 기술이 하나가 다른 하나에 이식되는 것이 아니라, 각자가 서로에게 때로는 해결책을, 또 때로는 문제를 서로 빌리는 두 종류의 활동임을 알 수 있다.

---

42) 피스톤에 대한 증기의 이중적 교대 효과를 가진 동력기계는 1784년 와트에 의해 완성되었다. 사디 카르노(Sadi Carnot)의 『불의 원동능력에 대한 고찰』(*Les Réflexions sur la puissance motrice du feu*)은 1824년에 나왔으나 우리가 아는 바와 같이 19세기 말까지도 이 저작은 알려지지 않았다. 이 주제와 관련해 P. Ducassé, *Histoire des Techniques*, 'Que Sais-je?', Paris: PUF, 1945는 기술이 이론에 선행한다는 사실을 강조한다.
증기기관의 다양한 장치나 사용법이 경험적으로 연속 출현한 것에 대해서는 다음의 저작을 참조하라. A. Vierendeel, *L'Esquisse d'une Histoire de la Technique*, Bruxelles-Paris, 1921. 이 저작은 특별히 방대한 Thurston, *Histoire de la Machine à vapeur*, trad. fr. de Hirsch를 요약했다. 와트의 작업에 대한 이야기는 Pierre Devaux, *Les Aventures de la Science*, Paris: Gallimard, 1943 안의 "James Watt ou Ariel ingénieur" 장을 읽어 보라.

43) 마찬가지로 우리는 다음과 같은 글을 읽을 수 있다. A. Haudricourt, "Les Moteurs animés en Ariculture", *Revue de Botanique appliquée et d'Agriculture tropicale*, t. XX, 1940, p. 762. "우리가 무생물 동력을 관개(灌漑)에 빚지고 있음을 잊어서는 안 된다. 증기기관의 기원이 펌프에 있는 것처럼 수차의 기원이 양동이 달린 물방아(noria)에 있다." 이 뛰어난 연구는 도구의 설명 원리를 유기체의 편리함과 사용상의 전통의 관계에 둔다.

기술의 합리화가 기계의 비합리적 기원을 망각하게 만들며, 이 영역에서도 다른 영역에서와 마찬가지로 합리주의를 옹호하고자 할 때조차도, 아니 특히 옹호하고자 할 때 비합리적인 것에 길을 양보해야만 할 것으로 여겨진다.[44)]

이상에 아래와 같은 내용을 덧붙여야 할 것이다. 기계와 유기체 관계의 역전은 기술상의 발명을 생명체의 행동으로서 체계적으로 이해함으로써 일어난다. 그리고 이러한 관계의 역전은 일반화된 기계의 사용이 점차 현대 산업사회의 인간에게 부과하는 모종의 태도에서 그 증거를 찾을 수 있다. 프리드만의 중요한 저작 『산업기계문명의 인간적 문제들』[45)]은 기계-인간유기체의 관계에서 유기체에게 일차적 지위를 부여하는 반작용의 단계가 어떠했는가를 잘 보여 준다. 테일러나 노동자의 움직임을 합리화한 최초의 기술자들과 더불어 우리는 인간유기체가 기계의 작동에 연동되어 있는 것을 본다. 합리화는 유기체의 기

---

44) 베르그손은 『도덕의 원천에 대한 두 기원』에서 기계적 발명의 정신은 비록 과학에 의해 자양분을 얻지만 엄밀하게 과학과는 구별되며 분리되어야 한다고 지극히 명시적으로 생각하고 있다. Henri Bergson, *Les deux sources de la morale et de la religion*, pp. 329~330 참조. 베르그손은 기계적 발명을 생물학적 기능으로, 또 생명에 의한 물질의 조직화란 측면으로 간주한 유일하지는 않더라도 드문 프랑스 철학자이다. 『창조적 진화』는 일종의 일반기관학(organologie générale)의 개론이다.
또한 설명하는 것과 행하는 것의 관계에 대해서는 폴 발레리(Paul Valéry)의 *Variété V*의 첫 두 개의 글 "L'Homme et la Coquille"와 "Discours aux Chirurgiens", 그리고 *Eupalinos*에 실린 배의 제작과 관련된 구절들을 참고하라.
그리고 마지막으로 Henri Focillon, "Eloge de la Main", *Vie des Formes*, Paris: PUF, 1939에 실린 경탄할 만한 글을 읽어 보라.

45) Georges Friedmann, *Problèmes humains du Machinisme industriel*, Paris: Gallimard, 1946.

계화이다. 거기서는 일정한 요소들의 수학적 함수로서 작업능률이라는 유일한 관점에서 불필요한 동작의 제거를 목표로 삼는다. 그러나 기술적으로는 불필요한 동작이 필수적인 생물학적 동작이라는 확인은 인간유기체와 기계를 동일시한 기술주의자들이 봉착한 최초의 암초이다. 이로부터 출발하여 생리학적·정신공학적 조건을, 또한 (제반 가치들을 고려함으로써 인격의 가장 핵심에 도달하게 되므로) 단어의 가장 일반적 의미에서 심리학적 조건조차도 체계적으로 검토하면 어떤 역전이 일어난다. 그 역전은 기계를 인간유기체에 적응시키는 기술의 성립인데 프리드만은 이를 불가피한 혁명이라 불렀다. 이 기술은 적어도 프리드만에게는 지극히 경험적인 방법을 학문적으로 재발견한 것으로 보인다. 원시인들은 항상 경험적 방식을 통해 자신들의 도구를 효과적인 동시에 생물학적으로 경제적인 행위에 대한 유기체적 규범에 적응시켰다. 즉 그 행위에서는 기술적 규범에 대한 긍정적 평가 가치가 노동하는 유기체 안에 놓이며, 생물학적인 것을 기계적인 것에 종속시키는 모든 배타적 시도로부터 자발적으로 스스로를 지킨다(p. 96, 주). 그 결과 프리드만은 비꼼이나 역설 없이 서구의 산업발전을 민속지적 관점으로부터 정당성을 갖고 고찰할 수 있게 되었다(p. 369).

요약하자면 우리는 기술을 더 이상 단순히 인간의 지성적 조작이 아니라 보편적인 생물학적 현상으로[46] 간주한다. 그렇게 함으로써 우리는 한편으로 기술과 공예의 창조적 자율성을 주장하기에 이른다. 그것은 기술과 공예에 적용시키기 위해 자신을 기술과 공예에 결합시킬 수 있는 모든 지식, 또는 그 효과를 배가시키기 위해 기술과 공예에 알려 주는 것이 가능한 지식에 대한 자율성이다. 그 결과 다른 한편으로 우리는 기계적인 것을 유기적인 것 안에 기입시키게 된다. 그 기능의 관점에서만이 아니라 구조의 관점에서도 유기체가 어느 정도까지 기계로 간주될 수 있거나 간주되어야 하는가를 자문하는 것은 당연히 더 이상 문제가 되지 않는다. 그러나 어떤 이유에서 그 반대의 견해, 즉 데카르트의 견해가 태어날 수 있었는지 탐구할 필요가 있다. 우리는 유기체에 대한 기계론적 관념이 겉보기와는 달리 물리적 세계에 대한 목적론적 관념보다 더욱 의인주의적anthropomorphique이라고 주장했다. 우리가 정당화를 시도한 해결책은 기술이 과학을 통해 인간과 생명을 단절시킨 책임을 강조하기 이전에 기술을 통해 인간과 생명의 연속성을 보여 주는 장점이 있다. 물론 그 해결책이 향수에 찬 비난을 강화시키

---

46) 이것이야말로 생물학자들에게 익숙해지기 시작한 태도이다. 특히 다음을 보라. L. Cuénot, *Invention et Finalité en biologie*, Paris: Flammarion, 1941; André Térry, *Les Outils chez les Etres vivants*, Paris: Gallimard, 1948 그리고 A. Vandel, *L'Homme et l'Evolution*, Paris: Gallimard, 1949. 특히 이 마지막 책에서 '적응과 발명'(Adaptation et Invention)에 대한 고찰을 보라(pp. 120 sq). 이 주제와 관련해 테야르 드 샤르댕(Teilhard de Chardin) 신부의 사상이 수행한 효모와 같은 역할을 무시할 수 없다.

* 'Bionics'(생물공학)라는 이름으로 약 10여 년 전 미국에서 생겨난 새로운 분야는 테크놀로지, 특히 비행기나 미사일의 장비를 목표로 하는 탐지와 방향설정, 평형유지의 장치 제작자가 모델이나 유사물로 이용할 수 있는 생물학적 구조와 체계의 연구에 전념하고 있다. Bionics는 살아 있는 자연의 학교에 자리 잡는 매우 학문적인 정보의 기술이다. 순간적으로 이용 가능한 정보를 선택하는 눈을 가진 개구리, 밤에 자신의 먹이가 가진 피의 온도에 민감한 온도수용기를 가진 방울뱀, 두 개의 섬모에 의해 비행의 평형을 잡는 보통의 파리는 새로운 종류의 기술자들에게 모델을 제공했다. 미국의 여러 대학에는 생명공학(Bio-engineering)이라는 특수분야가 존재하는데 MIT가 그 최초의 중심지로 보인다. 다음을 참조하라. J. Dufrenoy, "Systèmes biologiques servant de modèles à la technologie", *Cahiers des Ingénieurs Agronomes*, juin-juillet, 1962, p. 21.

는 듯 보이는 불편한 점이 있다. 그것은 독창적일 필요가 없는 너무 많은 작가들이 기술과 그 진보에 반대해 왔기 때문이다. 우리의 의도는 그들을 도우려는 것은 아니다. 만약 인간이란 생명체에게 기계적 유형의 기술이 주어졌다면, 이 대규모의 현상은 근거가 있으며 따라서 임의로 철회 가능하지 않은 의미를 가진다는 사실은 명백하다. 그러나 이것은 우리가 이제까지 검토해 온 것과는 전혀 다른 문제이다.

3. 생명체와 그 환경

환경milieu이란 관념이 생명체의 실존과 경험을 이해하기 위한 필수적이고 보편적인 방식이 되어 가고 있으며, 우리는 이 관념의 성립이 현대적 사유에서 한 범주를 차지하고 있다고까지 말할 수 있다. 그러나 현재까지 이 개념 형성의 역사적 단계와 이 개념이 사용되는 다양한 형태, 그리고 이 개념이 지리학, 생물학, 심리학, 기술과 사회경제사에서 가졌던 관계의 잇따른 전복 등으로 인해 환경 개념에서 총체적인 통일성을 엿보기는 아직까지 어렵다. 때문에 철학이 이 개념의 가치와 의미에 대한 개괄적 연구를 주도해야 한다. 그런데 여기서 주도란 그 외양과 결과를 대조해 보기 위해 실제로 과학적 탐구를 실행한다는 외견상의 주도를 의미하지는 않는다. 문제는 이 개념의 여러 발자취를 비판적으로 대조해 봄으로써 가능하다면 공통적 출발점을 찾아내고, 개체성의 문제에 중점을 둔 자연철학의 풍부함을 그로부터 가늠해 보는 것이다. 이를 위해 환경이라는 관념의 동시적이고 연속적인 구성요소와 1800년대부터 우리 시대에 이르는 동안의 환경 관념의 용법usage의 다양성, 유기체-환경 관계의 역전 과정, 그리고 마지막으로 이 역전의 일반 철학적 함의를 차례로 살펴보는 것이 적절하리라 본다.

역사적으로 보았을 때, 환경이라는 관념과 용어는 18세기 후반 역학에서 생물학으로 도입되었다. 용어로까지 자리 잡지는 못한 역학적 관념은 뉴턴과 함께 등장하고, 역학적 의미를 가진 환경이라는 용어는 달랑베르와 디드로의 『백과전서』에 수록된 '환경'이라는 항목에 나타난다. 이 용어는 뷔퐁에게 영감을 받은 라마르크에 의해 생물학에 도입되었다. 그러나 라마르크는 이 용어를 복수형으로만 사용했다. 블랭빌은 이러한 라마르크의 용법을 받아들였다. 에티엔 조프루아 생-틸레르Etienne Geoffroy Saint-Hilaire는 1831년에, 그리고 콩트는 1838년에 이 용어를 추상적 용어로서 단수형으로 사용했다. 발자크는 1842년에 『인간희극』*Comédie humaine*의 서문에서 이 용어가 문학에서도 사용할 수 있게 만들었으며, 이폴리트 텐Hippolyte Taine은 이 용어가 역사에 대한 분석적 설명의 세 원리 중 하나로 자리 잡게 만들었다. 모두가 알다시피 다른 두 가지 원리는 인종race과 시대moment이다. 1870년 이후 지아르Alfred Giard, 르 당텍Félix Le Dantec, 우사이Frédéric Houssay, 코스탕탱Julien Noël Costantin, 가스통 보니에르Gaston Bonnier, 룰Louis Roule과 같은 프랑스의 신라마르크주의 생물학자들이 차용한 것은 라마르크가 아니라 텐의 용어였다. 이 생물학자들이 받아들인 것은 라마르크의 이념idée이었지만, 보편적이고 추상적인 것으로서의 이 용어는 텐을 거쳐 그들에게 전달되었다.

18세기 프랑스의 물리학자들은 뉴턴이 유체로 이해했던 것을 환경이라 불렀다. 뉴턴 물리학에서 유체의 전형은 유일한 원형이라고까지 할 수는 없지만 에테르éther이다. 뉴턴의 시대에 역학에서 해결해야 할 문제는 구별되는 물리적 개체들 사이의 원격 작용action의 문제였다. 이것은 중심력forces centrales의 물리학에서 근본적인 문제였다. 반면 데카르트에게는 충돌이라는 유일한 물리적 작용방식만이 존재한다. 충돌은 접촉이라는 유일하게 가능한 물리적 상황에서만 이루어진다. 따라서 우리는 환경의 관념이 데카르트의 물리학에는 자리 잡지 못했다고 말할 수 있다. 미세 물질matière subtile은 결코 환경이 아니다. 그러나 접촉에 의한 충돌 작용으로 운동을 설명하는 데카르트의 이론은 점적인ponctuels 물리적 개체individus physiques를 이해하는 데에 어려움을 겪었다. 왜냐하면 개체들은 자신들의 작용을 섞지 않고는 움직일 수 없기 때문이다. 따라서 우리는 작용의 매체véhicule 문제를 제기하기에 이른 것은 뉴턴이었다고 생각한다. 그에게는 광에테르l'éther lumineux가 원격 작용의 유체적 매체fluide véhicule였다. 이 지점에서 뉴턴이 유체적 매체 관념에서 환경으로 명명된 관념으로 이행함이 설명된다. 유체는 두 물체 사이의 매개물이며 이 물체들의 환경이다. 그리고 유체가 이 두 물체의 사이를 파고든다는 점에서, 이 두 물체들은 유체의 가운데에 놓인다. 뉴턴과 중심력의 물리학에 따르면, 힘의 중심이 있기 때문에 우리가 주위environment에 대해 이야기할 수 있고, 환경에 대해서 이야기할 수 있는 것이다. 환경이란 관념은 본질적으로 상대적인 관념이다. 환경의 매개를 통해 전달되는 작용이 미치는 물체들을 개별적으로 고찰하는 한, 우리는 환경에 대해 그것이 두 개의 중심 사이entre-deux centres라는 사실을 망각하고, 그 구심적 전달의 기능만을 받아들여 환경을 주위를 둘러싸는 것으로만 이해하게 된다. 이렇게 환경은 그 상대적인 의미를 잃고, 그 자체로 절대적인 실재réalité로서의 의미를 취해 가는 경향이 있다. 아마도 뉴턴이 물리학의 용어를 생물학에 유입한 장본인일 것이다. 그에게 에테르는 조명 현상을 설명하는 데뿐만 아니라 생리학적 현상으로서의 시각, 마지막으로 빛에 대한 감각의 생리학적 결과들, 즉 근육 반응réaction의 설명에도 사용된다. 자신의 저서 『광학』*Opticks*에서 뉴턴은 에테르가 공기, 눈, 신경 안에, 그리고 근육 안에까지 연속체로 존재하고 있다고 간주했다. 따라서 환경의 작용에 의해 지각된 광원의 빛과 이 감각에 반응하는 인간의 근육 운동 사이의 연관관계가 보장된다. 이것이 아마 환경, 즉 물리적 속성들로만 엄격하게 규정된 유체의 작용에 의해 유기체의 반응을 설명하는 최초의 사례일 것이다.[1] 한편 앞서 인용한 『백과전서』의 해당 항목은 이러한 관점을 확인해 준다. 이 항목에서 환경을 설명하기 위해 제시되었던 모든 예시들은 뉴턴의 물리학에서 차용된 것이다. 그리고 이 항목에서 물은 순수하게 역학적인 의미에서 물고기가 이동하는 환경이라고 일컬어진다. 라마르크도 환경을 이러한 역학적 의미로 이해한다.

라마르크는 항상 복수형의 '환경들'milieux에 대해 이야기했으며

---

1) 이상의 모든 점에 대해서는 다음을 참조하라. Léon Bloch, *Les Origines de la Théorie de l'Ether et la Physique de Newton*, Paris: Félix Alcan, 1908.

이를 통해 액체, 공기 그리고 빛과 같은 유체들을 이해했다. 라마르크가 생명체의 외부에서 영향을 미치는 작용들의 집합ensemble, 즉 우리가 오늘날 환경이라고 부르는 것을 표현하고자 했을 때, 그는 절대로 환경을 언급하지 않고, 항상 "영향을 미치는 주변요소들"circonstances influentes을 언급한다. 결과적으로 라마르크에게 주변요소들은 기후, 장소 그리고 환경이라는 종種을 포함하는 속屬이었다. 그리고 이 때문에 브렁슈빅이 『수리 철학의 단계들』[2]에서 라마르크가 생명체를 주변환경과의 연결체계를 통해 설명하려는 수리-물리학적 모델을 뉴턴으로부터 차용해 왔다고 쓸 수 있었던 것이다. 라마르크와 뉴턴의 관계는 지성적 차원에서는 직접적이지만 역사적 차원에서는 간접적이다. 라마르크가 뉴턴에 연결되는 것은 뷔퐁을 통해서이다. 라마르크가 뷔퐁의 제자였으며, 그의 아들의 가정교사였다는 사실을 상기하도록 하자.

사실 뷔퐁은 유기체와 환경의 관계에 대한 자신의 이해 안에서 두 영향력을 조합했다. 첫 번째는 뷔퐁이 끊임없이 찬양했던 뉴턴 우주론의 영향력이다.[3] 두 번째는 뷔퐁 이전에, 그리고 장 보댕Jean Bodin, 마키아벨리, 아버스넛John Arbuthnot에 뒤이어 몽테스키외가 그 활력을 유지해 왔던 프랑스의 인문지리학적 전통의 영향이다.[4] 히포크라테스의 『공기, 물, 장소에 관하여』가 이러한 사유에 철학적 형식을 부여한 첫 번째 저작일 것이다. 이상이 뷔퐁이 자신의 동물행동생물학의 원리에

---

2) L. Brunschvicg, *Les Etapes de la philosophie mathématique*, p. 508.
3) *Ibid*., p. 68.
4) Montesqieu, *Esprit des Lois*, XIV~XIX : 법과 기후의 관계.

서 결합시키고자 했던 두 구성요소이다. 다만 그는 동물의 습성은 각자 서로 다른 특이한 속성이며 또한 동물의 습성이 지리학자들이 인간과 인종, 특정 지역의 주민들의 다양성을 설명하기 위해 사용했던 것과 같은 방식으로 설명될 수 있다고 보아야 한다고 생각했다.[5)]

이렇게 해서 뷔퐁이 그의 환경이론에서 라마르크의 스승이자 선구자의 자격으로 라마르크 이론의 두 가지 요소, 즉 역학적 요소와 인문지리학적 요소의 수렴 지점으로 우리에게 등장한다. 여기에서 인식론 및 인식에 대한 역사적 심리학의 문제가 하나 제기되는데 그 문제의 범위는 그것이 제기되는 여기서의 사례들을 훨씬 넘어선다. 둘 혹은 복수의 지도적 이념이 일정한 시기에 하나의 동일한 이론을 형성하게 된다는 사실은 분석에 착수한 순간에는 아무리 다르게 보이더라도 최종 분석을 마친 다음에는 이 이념들이 공통의 기원을 가진다는 징표로 해석되어서는 안 되는가? 우리가 그 분리된 부분들을 따로따로 고려할 때에는 그 공통 기원이 가진 의미와 존재마저도 흔히 망각하게 되지만 말이다. 이는 우리가 이 글의 말미에 재론할 문제이다.

따라서 환경 관념의 뉴턴적 기원은 이 관념이 초기에 가졌던 역학적 의미와 그로부터 이루어졌던 사용례들을 충분히 설명할 수 있다. 기원은 의미를, 의미는 용례를 규정한다. 오귀스트 콩트는 1838년 『실증철학강의』*Cours de Philosophie positive* 제40강에서 환경에 대한 일반생

5) 『동물론』(*Histoire des Animaux*)에서 '동물의 퇴화'(La Dégénération des Animaux) 장은 동물유기체에 대한 서식지와 음식물의 작용을 탐구한다.

물학 이론을 제창했다. 여기서 그는 '환경'milieu을 신조어로서 사용한다는 느낌을 가졌으며 그것을 생물학적 설명을 위한 보편적이자 추상적인 관념으로 확립시키는 책임을 기꺼이 떠맡고자 했다. 그 이후로 오귀스트 콩트는 환경관념을 통해 "어떤 물체가 잠겨 있는 유체"(이 관념의 역학적 기원을 분명히 확증하는 것)뿐만 아니라 "각각의 유기체의 실존에 필수적인 주변요소들의 전체 집합"도 지칭하겠다고 말한다. 콩트는 이 관념의 기원뿐만 아니라 그가 생물학에서 이 관념에 부여하고자 했던 중요성에 대해서도 분명히 알고 있었다. 그러나 우리는 이 관념의 사용례가 여전히 이 관념의 역학적 기원에 의해 지배당하고 있다는 사실을 발견한다. 아주 흥미롭게도 오귀스트 콩트는 환경과 유기체 사이의 관계에 대한 변증법적 이해를 도입하려 했다. 오귀스트 콩트는 '적응한 유기체'organisme approprié와 '이로운 환경'milieu favorable의 관계를 기능에 의해 수행된 행위가 초래한 '힘들의 충돌'로 정의했다. 그는 "유기체가 그에 상응하는 영향력을 행사하지 않는다면 주변의 체계는 유기체를 변화시키지 못할 것이다"라고 주장한다. 그러나 오귀스트 콩트는 인류를 제외한다면 환경에 대한 이러한 유기체의 행위를 무시할 만한 것으로 간주했다. 역사에 관한 자신의 사유에 충실했던 콩트는 인류가 집단적 행위를 통해 환경을 바꾼다는 사실을 인정한다. 그러나 그는 일반적인 생명체들의 환경에 대한 반응을 간단히 무시할 만한 것으로 평가함으로써 그들이 인간처럼 반응한다는 사실을 인정하길 거부한다. 이는 그가 분명하게 환경과 유기체 사이의 변증법적 연관성과 그 상호적 관계를 작용과 반작용에 대한 뉴턴의 원리를 통해 보장하고자 했다는 사실을 보여 준다. 사실 역학적 관점에서 환경에 대한 유기체의 행위가 실질적으로는 무시할 만하다는 것은 명백한 사실이다. 그리고 오귀스트 콩트는 환경과 유기체의 관계라는 생물학적 문제를 수학적 형식으로 제기하면서 이 문단을 마친다. "주어진 환경에서, 기관을 부여받는다는 것은 함수fonction를 발견한다는 것이며, 그 역도 참이다." 따라서 환경과 유기체 사이의 관계는 전체 변수들에 대한 함수관계이며, "다른 조건들이 동일한 경우에" 변수들을 통해 함수를, 함수에 의해 변수들을 개별적으로 결정하는 것을 가능하게 만드는 등식관계이다.[6]

오귀스트 콩트는 『실증철학강의』 제43강에서 환경이 그 함수가 되는 변수들에 대한 분석을 수행한다. 이 변수들은 무게, 기압과 수압, 운동, 열, 전기, 화학종과 같이 실험적으로 연구 가능하고, 측정에 의해 양화될 수 있는 모든 요소이다. 여기서 유기체의 질은 양의 총체로 환원된다. 비록 콩트가 생물학적 문제에 대한 수학적 접근에 대해 비샤로부터 물려받은 불신을 표명하지만 말이다.

요컨대 간략하기는 하지만 19세기 초반, 환경이라는 용어가 생물학에 도입된 과정에 대한 이 역사적 기술이 가진 이점은 이 용어가 원래 엄밀히 역학적인 의미에서 수용되었음을 설명한다는 것이다. 콩트에게서 이 용어에 대한 진정으로 생물학적인 의미에 대한 수용이나 유

6) 톨먼(Edward Tolman) 역시 그의 행동심리학에서 유기체와 환경의 관계를 변수에 대한 함수관계의 형식으로 이해했다. André Tilquin, *Le Behaviorisme*, Paris: Vrin, 1944, p. 439.

연한 사용법의 조짐이 나타나더라도 그 조짐은 이내 역학, 즉 계산에 의한 예측에 근거하는 정밀 과학의 권위 앞에서 뒤로 물러난다. 환경에 대한 이론은 명백히 콩트가 『실증철학강의』를 통해 완수하고자 했던 기본적인 기획의 한 변형으로서 생각되었다. 그 기본적인 기획이란 세계가 먼저고 인간은 다음이며, 세계로부터 인간으로 나아가는 것이다. 그가 나중에 『실증정치체계』*Le système de Politique positive*와 『주관적 종합』*La Synthèse subjective*에서 신화의 형식으로 정식화하게 되는 역학적인 것이 생명적인 것에 종속된다는 이념은 여기에서 추정은 되더라도 의도적으로 억압되어 있다.

그러나 환경이란 용어를 그 자체 독립적으로 형용사 없이 사용한다는, 콩트가 결정적으로 확립한 용법으로부터 이끌어 낼 수 있는 교훈이 하나 있다. 그 용어가 이후에 지시하게 되는 용어에 해당하는 말은 라마르크의 '상황'circonstances이었다. 에티엔 조프루아 생-틸레르는 1831년 과학아카데미에 제출한 연구보고에서 '주변의 환경'milieu ambiant이라고 말했다. 이 '상황'과 '주변'이라는 용어는 중심과 주변으로 구성되는 어떤 직관에 의거하고 있다. 환경이라는 용어가 성공할 수 있었던 것은 직선 혹은 평면의 표상이 구나 원의 표상보다 우위를 점할 수 있었기 때문이다. 직선이나 평면은 한계 없이 연장될 수 있으며, 모든 지점이 상호 연결되어 있고 동질적이며, 특정한 형태도 특권적 위치도 없다. 반면 구와 원은 여전히 질적으로 규정되는 형태이며, 고정된 준거의 중심에 매여 있다. '상황'과 '주변'은 여전히 상징적 가치를 보존하고 있지만, '환경'은 제한 없는 외재성에 의해 부정되는 위치라는 관계 이외에 어떤 다른 관계에도 호소하지 않는다. 현재는 앞선 것으로, 이곳은 그 너머로 끊임없이 되돌려 보내진다. 환경은 진실로 아무런 받침대가 없는, 관계들만의 순수한 체계이다.

이로부터 우리는 분석적인 과학적 사고에 대해 환경 관념이 차지하는 특권을 이해할 수 있다. 환경은 개체화된 유기적 종합을 보편적 요소와 운동의 익명성 속에서 용해시키는 보편적 도구가 된다. 프랑스의 신라마르크주의자들이 환경의 관념을(절대적인 의미에서 단수형의 용어가 아니라 하더라도) 라마르크로부터 차용했을 때, 그들은 생명체의 형태학적 특징과 기능 가운데 외적인 조건 지음에 의한, 또한 말하자면 변형에 의한 형성만을 고려했다. 이에 대해선 쇠귀나물 잎의 형태에 관한 코스탕탱의 실험과 어류의 체절과 부낭에 관한 우사이의 실험을 상기하는 것으로 충분할 것이다. 루이 룰은 자신의 짧은 책, 『하천의 생명』에서 다음과 같이 썼다. "어류는 그들의 삶을 스스로 주도하지 않는다. 이들의 삶을 주도하는 것은 강이다. 어류는 개성 없는 자아이다."[7] 우리는 엄밀히 역학적 의미에서 환경 관념을 사용할 때 필연적으로 어떤 결과에 도달하게 되는가의 예시를 여기서 찾아볼 수 있다.[8] 우리는 동물-기계론의 테제로 다시 돌아왔다. 실상 데카르트가

---

7) Louis Roule, *La vie des rivières*, Paris: Stock, 1930, p. 61.

8) 우리는 우사이(F. Houssay)의 『힘과 원인』(*Force et Cause*, Paris: Flammarion, 1920)에서 동일한 테제의 요약판을 발견한다. "우리가 생명체라고 부르는 어떤 종류의 단위체들은 마치 그것들이 진정으로 고유한 실재를 가진 것인 양 우리는 그들에게 각각 명칭을 부여한다. 그러나 그들은 분리된 어떠한 실체도 갖지 않으며 주변환경들과의 절대적이고 영속적인 관계에서만 존재할 수 있다. 생명체는 환경의 국소적이고 일시적인 농축물에 지나지 않는다."(p. 47)

동물에 대해 "자연은 동물들 안에서 그들의 기관을 통해서 작용하고 있다"라고 했을 때 그는 결국 같은 이야기를 한 것이었다.

1859년부터, 즉 다윈의 『종의 기원』이 출간된 후부터 유기체와 환경의 관계에 관한 문제는 라마르크주의와 다윈주의가 대립하는 논쟁에 의해 지배되었다. 이 논쟁의 중요성과 의미를 이해하기 위해서 각 기원의 독창성을 상기해 볼 필요가 있다.

라마르크는 『동물철학』에서 만약 우리가 상황과 환경의 작용을 통해서만 생명체에 대한 외부 환경의 직접적 작용을 이해하려 하면 우리는 생명체가 말하고 싶어 하지 않는 것을 말하게 만들게 될 것이라고 썼다.[9] 환경이 생명체의 진화를 지배하고 지휘하는 것은 욕구를 통해서인데, 욕구는 생명적 가치의 긍정적 극pôle이라는 기준을 함축하는 주관적 관념이다. 상황에서의 변화는 욕구의 변화를 야기하고, 욕구의 변화는 행위의 변화를 야기한다. 환경의 작용들이 지속적인 한에서, 특정 기관의 사용과 비사용은 그 기관을 발달시키거나 위축시킨다. 그리고 개체적 습성을 통해 얻어진 형태학적 습득물과 상실물은 이 새로운 형태학적 특성이 그 부모에게 공통된 경우에 유전의 기제를 통해 보존된다.

라마르크에 따르면 환경 속에 있는 생명체의 처지situation는 우리

9) J.-B. Lamarck, *Philosophie zoologique*, 1809. 이것은 특별히 동물에 관계된다. 식물에 대해서는 라마르크는 보다 유보적이었다.

가 곤란하고 유감스럽다고 말할 수 있는 처지이다. 생명과 그 생명을 무시하는 환경은 비동기화된asynchrones 사건들의 두 계열série이다. 상황의 변화가 일차적이지만, 결국 자신의 환경에 의해 내버려지지 않기 위한 노력의 주도권을 지닌 것은 생명체 그 자신이다. 적응adaptation은 무관심한 환경에 계속해서 '붙어 있기'coller 위해 되풀이되는 노력이다. 따라서 노력의 결과인 적응은 조화가 아니며, 섭리도 아니다. 적응은 얻어지는 것이며, 결코 보장되지 않는 것이다. 라마르크주의는 기계론이 아니다. 이것이 목적론이라 하는 것도 부정확할 것이다. 사실 라마르크주의는 벌거벗은nu 생기론이다. 환경이 고려하지 않고, 알지 못하는 생명의 고유성이 있다. 환경은 바로 이곳에, 즉 그 고유한 의미에서 진정으로 [생명체의] 외부에 있으며 생소한 것이다. 비샤는 생명이 죽음에 저항하는 기능의 총체라 말했다. 라마르크의 견해에서 생명은 오직 살아남기 위해 스스로를 변형시킴으로써 저항한다. 우리가 아는 선에서 라마르크에 대한 어떠한 묘사도, 그의 이론에 대한 어떠한 요약도 생트-뵈브Sainte-Beuve가 자신의 소설 『쾌락』*Volupté*[10]에 쓴 것보다 낫

10) "나는 열흘 동안 여러 차례 라마르크 씨의 자연사 강의를 듣기 위해 식물원(Jardin des Plantes)에 갔다. […] 라마르크 씨는 탈레스와 데모크리토스 이래 뷔퐁에 이르기까지 군림하고 있던 일반적인 자연학자와 관찰자들의 저 위대한 학파의 최후의 대표자와 같았다. […] 사물에 대한 그의 생각은 무척 단순하고 꾸밈이 없었으며 큰 비애를 품고 있었다. 그는 최소한의 기본요소, 최소한의 위기, 그리고 최대한의 지속을 갖고 세계를 구축했다. 장기간에 걸친 맹목적 인내가 그의 세계령(世界靈)이었다. […] 마찬가지로 유기적 질서 안에서 일단 생명의 이 신비로운 능력이 받아들여지면, 비록 그것이 아무리 작고 기본적인 것이라 해도, 그는 생명이 시간과 더불어 점차 스스로 발전하고 스스로 완성된다고 생각했다. 다양한 환경에서 유일한 습관인 숨겨진 욕구가 기관을 파괴하는 자연의 항상적 힘에 반하여 결국 기관을 탄생시켰다. 왜냐하면 라마르크 씨는 자연과 생명을 분리했기 때문이다. 그가 보기에 자연은 돌

지 않다. 여기서 우리는 라마르크주의적 생기론과 프랑스의 신라마르크주의 기계론이 얼마나 멀리 떨어져 있는지를 확인한다. 미국의 신라마르크주의자인 코프Edward Cope가 라마르크의 정신에 더 충실했었다.

다윈은 생명체의 환경과 새로운 형태의 출현에 관해 완전히 다른 생각을 가졌다. 『종의 기원』의 서문에서 그는 다음과 같이 썼다. "박물학자들은 변이의 유일한 가능한 원인으로 기후, 음식물과 같은 외적 조건들을 언급하지만, 이는 아주 제한된 의미에서만 옳다." 다윈은 나중에 생명체에 대한 물리적 힘들의 직접적인 작용에 이차적 역할만을 부여했다는 것을 후회하는 것으로 보인다. 이는 그의 편지에서 나타난다. 이 점에 대해서는 프르낭Marcel Prenant 씨가 다윈선집의 서문에서 흥미로운 몇 개의 구절들을 공표한 바 있다.[11] 다윈은 다음의 두 가지 기제의 결합에서 새로운 형태의 출현을 찾고자 했다. 하나는 차이의 생산 기제, 즉 변이이고, 다른 하나는 생성된 차이를 감소시키고 테스트하는 기제, 즉 생존경쟁과 자연선택의 기제이다. 다윈이 보기에 근본적인 생물학적 관계는 한 생명체와 다른 생명체들 사이의 관계였다. 그것이 생명체와, 물리적 힘들의 총체로 여겨지는 환경 사이의 관계보다 우선한다. 어떤 유기체가 살아가는 기본적 환경은 그에게 적이나 동료, 혹은 먹이이거나 천적일 주변 유기체들이다. 생명체들 사이에는

이며 재며, 무덤의 화강암이며 죽음이다. 생명이 자연에 개입하는 것은 이질적인, 그리고 극히 교묘한 우발적 사건으로만 그러하다. 다소간의 성공이나 이곳과 저곳의 평형과의 연장된 싸움으로 결국은 항상 패배한다. 차가운 부동상태가 이전이나 이후에도 지배하고 있다."

11) M. Prenant, *Darwin*, Paris: E. S. I., 1938, pp. 145~149.

이용, 가해, 방어의 관계가 확립된다. 이 힘의 경쟁에서 형태학적 차원의 우연적 변이가 유리하거나 불리한 점이 된다. 그런데 변이, 즉 선조를 후대와 구분 짓는 형태학적 미소변이의 출현은 복잡한 기제를 통해 나타난다. 이 기제는 기관의 사용 혹은 비사용(성체에만 관련되는 라마르크주의적 요인), 성장에 따르는 상관관계와 보상(아체에 관련된) 혹은 (배아에 대한) 환경의 직접적인 작용 같은 것들이다.

이러한 의미에서 우리는 다윈에 따라, 라마르크와는 반대로, 변이의 주도권이 가끔, 오직 가끔씩 환경에 속해 있다고 말할 수 있다. 이 작용을 과대평가하는지 과소평가하는지에 따라, 혹은 그의 고전적인 각 저서들에 의거하는지 아니면 반대로 그의 서간이 분명하게 해 주는 그의 사상의 총체에 의거하는지에 따라 다윈에 대해 다소 다른 생각을 가지게 된다. 그러나 그에 대해 어떤 생각을 가지건 다윈에게 산다는 것은 개체적 차이를 생명체 전체의 판단에 복속시킴을 의미한다. 이 판단은 오직 두 가지 결과만을 가진다. 죽거나, 아니면 잠시 동안 배심원단의 일원이 되는 것이다. 그러나 우리는 항상 살아 있는 한 판단하고 판단을 받는다. 결과적으로 우리는 다윈이 우리에게 남긴 저작에서 생명체의 형성과 물리-화학적 환경의 연결선이 아주 가늘게 나타나는 것을 알 수 있다. 그리고 돌연변이설이 종의 진화에 대한 새로운 설명으로서 유전학을 통해 유전적으로 특수한 변이들의 출현(다윈도 알고 있었지만, 과소평가했던) 현상을 설명할 때, 환경의 역할은 새로운 생성에 공헌하지 않고 최악의 것을 제거하는 것으로 축소될 것이다. 새로운 존재는 새로운 존재조건에 우연히 적응함으로써 표준화되고, 기형은 규칙이 되며, 독창성은 잠정적인 통속성이 된다.

라마르크주의와 다윈주의가 대립하는 이 논쟁에서 각 논증과 반박이 양 방향과 양 입장에서 모두 이루어지고 있다는 사실에 주목할 필요가 있다. 즉 때로는 이편에서, 때로는 저편에서 목적론이 거부되고 기계론이 찬양받는 일이 모두 일어나는 것이다. 이것은 의심의 여지 없이 질문이 잘못 제기되었다는 사실을 보여 준다. 우리는 다윈의 저서들에서 목적론이 단어들(사람들은 그의 '선택'이라는 용어를 충분히 비난해 왔다) 속에만 있고, 사물들 속에는 없다고 말할 수 있다. 라마르크는 목적론보다 생기론이 더욱 강하다. 이 두 사람은 모두 진정한 생물학자였다. 그들에게 생명은 분석적 설명이 필요한 대상이 아니라 특징을 추구해야 하는 소여였다. 이 두 명의 진정한 생물학자는 상호보완적이었다. 라마르크는 생명을 지속에 따라 사유했고, 다윈은 상호의존에 따라 사유했다. 하나의 생명형태는 자신이 관계를 맺는 복수의 다른 형태들을 전제로 한다. 다윈의 천재성의 본질인 종합적 관점이 라마르크에게는 없다. 이 점에서 다윈은 지리학자들과 더 유사하며, 우리는 그의 여행과 탐험 덕분에 이것이 가능했다는 사실을 안다. 다윈이 생명체의 생명을 그려 냈던 환경은 생물지리학적 환경이다.

19세기 초반, 자신의 방법론과 위엄을 자각한 과학으로서 지리학의 도래는 두 학자의 이름으로 요약된다. 리터와 훔볼트가 그들이다.

카를 리터는 1817년 자신의 저서 『비교 일반 지리학, 혹은 자연과 인간 역사의 관계에 있어 지구과학』[12]을 출판했다. 알렉산더 폰 훔볼트는 1845년부터 시작해 십수 년에 걸쳐 『코스모스』[13]라는 제목이 그 정신을 정확히 요약하는 책을 출판했다. 이 저작들에서 그리스의 지리학적 전통과 수학적 지리학의 전통이 결합된다. 여기서 그리스의 지리학 전통은 아리스토텔레스와 스트라본Strabon 이래로 계속되어 온 범지구적 인간에 관한 과학이며, 수학적 지리학은 에라토스테네스, 히파르코스, 프톨레마이오스가 정초한 것으로 천체의 배열과 운동의 관계에서 인간의 공간을 조정하는 과학이다.

리터에 따르면 인간의 역사는 인간과 토지, 또한 지표 전체와 연관관계를 고려하지 않고는 이해할 수 없다. 전체로서 고려된 대지는 역사의 불안정성에 대한 안정적 지지대이다. 따라서 지상의 공간과 그 배치는 단지 기하학적·지질학적 지식의 대상일 뿐만 아니라 사회적·생물학적 지식의 대상이기도 하다.

훔볼트는 여행하는 박물학자로서 당시의 사람들이 다닐 수 있었던 세계를 여러 차례 편력했으며, 자신의 연구에 기압과 기온 등의 측정 체계를 도입했다. 훔볼트는 특히 기후에 따른 식물의 분포에 관심을 가졌다. 그는 식물지리학과 동물지리학의 창시자였다. 『코스모스』는 지상의 생명, 그리고 생명과 물리적 환경의 관계를 대상으로 하는 지식의 총합체다. 이 총합체는 백과전서가 되기를 바라지는 않았지만, 우주에 관한 어떤 직관에 이르기를 바랐으며, 이를 위해 철학적 저작

---

12) Carl Ritter, *Géographie générale comparée, ou Science de la Terre dans ses rapports avec la nature et l'histoire de l'homme*, 1817.

13) Alexander von Humboldt, *Kosmos*, 1845.

들에서는 그 등가물을 찾아보기가 힘든 세계관Weltanschauung의 역사, 우주Cosmos의 역사를 거론하는 것으로부터 시작된다. 그것은 놀랄 만한 검토목록이다.

리터와 훔볼트가 자신들의 대상에, 역사적 인간과 환경 사이의 관계에 총체적 범주를 적용했다는 것에 주목할 필요가 있다. 그들의 탐구 대상은 땅 위의 모든 인류였다. 그들로부터 시작하여 지리학적 근거를 통해 역사적 관계를 결정한다는 관념이 지리학에 공고해졌다. 이 관념은 독일에서 먼저는 라첼Friedrich Ratzel과 인문지리학에, 다음으로 지정학에 도달했으며, 미슐레Jules Michelet로부터 시작된 감염에 의해 역사에 침입한다. 『프랑스의 풍경』*Tableau de la France*을 상기해 보자.[14] 그리고 마지막으로 앞서 말했듯이 텐이 이 관념을 모든 분야에, 특히 문학계에 전파하는 데 공헌하게 된다. 역사연구는 곧 지도 읽기이다. 우리는 지리적 환경과 인간의 관계에 대한 이 이론의 정신을 그렇게 요약할 수 있다. 여기서 지도란 거리적, 측지학적, 지질학적, 기후학적 정보 전체와 생물지리학의 서술적 정보 전체를 형상화한 것으로 이해된다.

인류학과 인간행동학의 문제를 다루는 방식(이 방식은 그 정초자의 정신에서 멀어짐에 따라 더욱 결정론적으로, 더 정확히 말해 기계론적으로 변한다)은 동물행동학의 방식과 정확히 동조적이지는 않지만 겹쳐 있다. 유기적 형태 형성에 관한 기계론적 해석은 환경 속에서 유

14) 뤼시앵 페브르(Lucien Febvre)의 *La Terre et l'évolution humaine*에 이 개념의 전개에 대한 역사적 요약과 그 과장에 대한 비판이 실려 있다.

기체의 운동에 관한 기계론적 설명에 뒤따라 나온다. 자크 러브Jacques Loeb와 존 왓슨John Watson의 저서들을 상기해 보자. 동물에 있어 굴광성phototropisme에 관한 자신의 연구 결과를 일반화함으로써, 러브는 모든 유기체의 운동을 유기체가 환경에 의해 강요받은 운동으로 간주한다. 반사는 요소적인 물리적 자극에 대한 신체 분절의 요소적 반응으로 간주되며, 그 조합에 의해 생명체의 모든 행동을 설명하는 것이 가능한 단순 기제이다. 이 과도한 데카르트주의가 다윈주의와 더불어 행동주의 심리학의 전제의 명백한 기원이다.[15]

왓슨은 자극과 반응의 관계를 실험적으로 구성하여 환경에 대한 생명체의 적응 조건을 분석적으로 탐구하는 것을 심리학의 연구 프로그램으로 지정했다. 자극과 반응의 관계(자극-반응 쌍)에 대한 결정론은 물리학적이다. 행동에 대한 생물학은 신경학으로 환원되고, 신경학은 에너지에 관한 이론으로 요약된다. 이러한 사유의 과정에서 왓슨은 의식conscience을 무의미한 것으로 여기는 입장을 거쳐 이것을 완전히 환상이라고 여기고 부정하는 입장에까지 이른다. 환경은 개체에 관한 전적인 권한을 부여받는다. 환경의 힘은 유전과 유전적 체질을 지배하고, 심지어는 폐지하기까지 한다. 환경이 주어지면 유기체는 환경으로부터 그가 받은 것 외에 어떤 것도 스스로에게 주지 않는다. 생명체의 상황, 세계 내에서의 생명체의 존재는 조건이며, 더 정확히 말해 조건

---

15) Tilquin, *Le Behaviorisme*, pp. 34~35. 우리가 위에서 사용한 핵심 정보들은 당연히 자료에 의해 확고하게 뒷받침되는 박사논문에서 차용했다.

지어짐conditionnement이다.

알버트 바이스Albert Weiss는 행동에 관한 전자공학적 이론을 제시함으로써 생물학을 연역적 물리학으로 만들고자 했다. 정신공학자의 과업은 인간의 반응에 대한 분석적 연구를 통해 동작의 시간을 측정하는 테일러주의적 기법을 확장하여 행동주의 심리학의 작업을 완성하고, 인간을 기계에 반응하는 기계로, 또 '새로운 환경'nouveau milieu(프리드만)에 의해 결정되는 기관organisme으로 만드는 것이다.

요약해 말하자면, 환경의 관념은 그 기원들 때문에 먼저 완전히 결정론적인 방향으로 발전하고 확장되었다. 그리고 우리는 환경의 관념이 요약하고 있는 방법론적 규범을 그 관념 자체에 적용함으로써 다음과 같이 말할 수 있다. 환경 관념의 지적인 힘은 그 관념이 형성된 지적 환경과 함수관계에 있다고. 환경에 대한 이론은 무엇보다도 조각상에 대한 콩디야크의 우화를 실증적이고 명백히 검증 가능한 형태로 번역한 것이다. 장미의 향기 속에서, 조각상은 장미의 향기이다.[16] 마찬가

---

16) [옮긴이 주] 콩디야크는 주의나 기억, 상상 등 일체의 심적 작용이 '변형된 감각'에 불과하다는 것을 증명하기 위해 모든 감각이 후각에만 제한되어 있는 조각상을 상정한다. 콩디야크에 따르면, 향기만을 인식할 수 있는 이 조각상은 그 자체로 되기가 되어버린다. 왜냐하면 이 조각상에게는 자신의 고유한 실존과 후각적 인상들을 구분할 능력이 결여되어 있기 때문이다. "이 조각상에게 스스로는 자신이 맡은 향기일 뿐이다. 만약 우리가 이 조각상에게 장미 향기를 맡게 한다면 우리에게 이 조각상이 장미 냄새를 맡는 조각상이 될 것이다. 그러나 조각상의 입장에서 본다면, 조각상은 이 장미의 냄새 자체가 된다. 따라서 조각상은 자신이 가진 기관에 작용하는 대상이 달라짐에 따라 장미, 카네이션, 자스민, 제비꽃이 될 것이다. 요컨대 조각상의 입장에서 향기만이 자신의 변화이자 존재 방식이다. 조각상은 이렇게밖에 믿을 수 없는데, 왜냐하면 조각상이 감각할 수 있는 것이 후각적 인상뿐이기 때문이다." Étienne Bonnot de Condillac, *Traité des sensations*, 1754.

지로, 물리학적 환경 안에 있는 생명체는 빛이고 열이며, 또 탄소와 산소, 칼슘과 중량이다. 생명체는 근육의 수축을 통해 감각적 자극에 반응하고, 가려움에는 긁기로, 폭발에는 도주로 반응한다. 그러나 우리는 생명체가 어디에 있는지를 물을 수 있고, 물어야 한다. 우리는 수많은 개체들을 보지만, 이 개체들은 대상물일 뿐이다. 우리는 동작을 보면서 이동을, 중심을 보면서 주변을, 기계론자를 보면서 기계를 떠올린다. 행동의 환경은 지리적 환경과 일치하며, 지리적 환경은 물리적 환경과 일치한다.

이 방법론적 규범norme이 먼저 지리학에서 그 한계와 역전의 기회를 발견하는 것은 단어의 원래적 의미에서 정상적normal이었다. 지리학은 복합체, 즉 요소들의 복합체에 관한 학문이다. 각 요소들의 작용은 서로를 제한하고, 원인의 결과가 이번에는 원인이 되어 자신을 낳은 원인을 변용시킨다. 무역풍은 우리에게 이러한 복합성의 전형적인 예시를 제공한다. 무역풍은 공기와 접촉을 통해 데워진 표면의 해수를 이동시키고, 이로 인해 심해의 찬물이 표면으로 올라와 공기를 식히며, 이러한 기온의 하강은 기압의 하강을 낳고, 기압의 하강은 바람을 일으킨다. 이 순환은 닫혀 있으며 되풀이된다. 이러한 복합성을 우리는 식물지리학에서도 관찰할 수 있다. 식생은 전체 자연 안에 배치되어 있다. 거기서 다양한 종들은 서로를 제한하며, 그 결과 각 종은 다른 종의 평형상태를 만드는 데 기여한다. 이들 식물 종들의 집합은 결국 자신의 고유한 환경을 구성하게 된다. 이와 같이 식물과 대기의 교환은 식물군락대의 주위에 일종의 수증기 막을 만들어 내고, 이 막은 방사능의 효과를 제한하게 된다. 또 이렇게 원인은 자신을 제어하게 될 결과를 다시 만들어 낸다.[17)]

이와 동일한 관점이 동물과 인간에게도 적용되어야 한다. 그렇지만 환경의 도발에 대한 인간의 반응은 다양화된다. 인간은 환경이 제기한 하나의 동일한 문제에 대해 다양한 해결책을 제시할 수 있다. 환경은 결코 해결책을 강요하지 않고 제안한다. 문명과 문화의 일정한 상태에서 가능한 해결책이 무한하지 않음은 명백하다. 그러나 아마도 나중에 하나의 행동수단으로 밝혀질 것을 어떤 순간에는 장애물로 간주한다는 사실은 결국 인간(물론 집단으로서의 인간이다)이 자신의 가능성과 욕구에 대해 만드는 모종의 관념과 표상에 관련되어 있다. 그것은 자신을 바람직한 존재로 표상하는 것과 관련되며, 또한 그것은 모든 가치의 총체와 분리되지 않는다.[18)]

따라서 우리는 결국 환경과 생명체의 관계로 되돌아가게 된다. 여기서 인간은 역사적 존재로서 지리적 배치의 창조자이자, 지리적 요인의 하나가 된다. 간단히 비달-라블라슈Vidal-Lablache, 브뤼Bernard Brunhes, 드망종Albert Demangeon, 뤼시앵 페브르와 그 학파가 자신들의 작업을 통해 증명한, 인간은 순수한 물리적 환경은 모른다는 사실을 상기하자.

---

17) Henri Baulig, "La Géographie est-elle une science?", *Annales de Géographie*, LVII, janvier-mars 1948; "Causalité et Finalité en Géomorphologie", *Geogrfiska Annaler*, 1949, H. 1~2.
18) 인문지리학에서 아주 흥미로운 관점의 역전은 다음의 글에서 발견된다. Louis Poirier, "L'Evolution de la Géographie humaine", *Critique*, no. 8 et 9, janvier-février 1947.

인간적 환경에서 인간은 분명 결정론에 종속되어 있다. 그러나 이는 인위적인 창조물들의 결정론으로 이들 창조물이 존재하도록 요청한 발명정신이 이들 창조물로부터 소외되는 결과에 빠지게 되었다. 동일한 차원의 사상에서 프리드만의 저작은 기계가 인간에게 만드는 새로운 환경에서 어떻게 동일한 전도顚倒가 이미 일어났는가를 보여 준다. 테일러의 사상에서 유래한 기술자의 정신공학은 그 야망의 극한까지 몰고 갔을 때, 제반 가치라는 형식으로 인간 안에 있는 고유한 특성의 현전을 환원 불가능한 저항의 중심으로 파악하기에 이른다. 인간은 비록 기계에 종속되어 있다 할지라도 결코 자신을 기계로 파악하지 않는다. 인간의 생산성은 인간을 위해 복무하는 기계장치들에 대해 인간의 중심적 입지가 더 잘 감지될수록 높아진다.

실은 이와 동일한 유기체-환경 관계의 역전이 이보다 훨씬 앞서 동물심리학과 행동에 관한 연구의 영역에서 일어났다. 러브는 제닝스Herbert Spencer Jennings의 관심을 불러일으켰고, 왓슨은 캔터Jacob R. Kantor와 톨먼Edward C. Tolman의 관심을 불러일으켰다.

여기서 실용주의의 영향은 명백하고 확고하다. 만약 어떤 의미에서 실용주의가 적응 개념을 인식이론으로 일반화하고 확장함으로써 다윈주의와 행동주의의 매개 역할을 했다면, 또 다른 의미에서 듀이John Dewey는 행동의 이해관계에서 가치의 역할을 강조함으로써 행동주의자들로 하여금 유기체 자신에 대한 유기적 운동의 준거가 본질적임을 받아들이게 만들어야 했을 것이다. 유기체는 어떤 것도 강제될 수 없는 존재로 간주된다. 왜냐하면 유기체로서의 실존은 자신에게 고유한 일정한 방향설정에 따라 스스로 사태에 대처하는 데에 있기 때문이다. 캔터에 의해 예비되었던 톨먼의 목적론적 행동주의는 동물의 운동의 의도와 의미를 찾아 확인하고자 했다. 반응 운동에서 본질적으로 여겨지는 것은 이 운동이 다양한 단계를 경유하며 존속한다는 점이다. 이 다양한 단계는 반응이 흥분을 종식시키고 휴식을 취할 때까지, 혹은 자신 안에 갇힌 행위와는 완전히 다른 새로운 일련의 행위로 인도할 때까지 오류나 실책행위가 될 수도 있다.

톨먼에 앞서 제닝스는 자신의 '시행착오'에 대한 이론에서 러브에 반대하여 동물이 흥분 단위들로 분해할 수 있는 흥분자극에 대해 분자적 반응의 총합으로 반응하는 것이 아님을 입증했다. 그에 따르면 동물은 대상 전체에 대해 하나의 전체로서 반응하며, 그 반응은 반응을 명령하는 욕구에 대한 조절작용이다. 여기서 마땅히 게슈탈트 이론, 특히 코프카Kurt Koffka에 의한 행동 환경과 지리적 환경의 구분 이론의 현저한 영향을 인정해야 한다.[19)]

마지막으로 유기체-환경 관계는 윅스킬Jakob von Uexküll의 동물심리학에 대한 연구와 골드슈타인의 인간병리학에 대한 연구에서 역전된다. 이 두 학자 모두 이 관계의 전복을 이 문제에 관한 전적으로 철학적인 관점에서 기인하는 통찰을 통해 이루어 냈다. 윅스퀼과 골드슈타인은 다음과 같은 근본적인 지점에서 의견이 일치한다.

---

19) 이 점에 대해 다음을 참고하라. P. Guillaume, *Psychologie de la forme*, Paris: Flammarion, 1937; Merleau-Ponty, *Structure du Comportement*, Paris: PUF, 1942.

실험적으로 구성된 조건하에서 생명체를 연구하는 것은 생명체에게 환경을 만들어 주고 강제하는 것이다. 그런데 생명체의 고유성은 자신의 환경을 만들고 자신의 환경을 구성한다는 데에 있다. 심지어 유물론적 관점에서도 분명히 우리는 생명체와 환경 사이의, 더 큰 전체에서 잘려 나온 물리화학적 체계와 그 주변환경 사이의 상호작용에 대해 이야기할 수 있다. 그러나 물리적 유형의 관계와 생물학적 유형의 관계 사이에 존재하는 차이를 폐기하기 위해 이 상호작용에 대해 이야기하는 것은 적절하지 않다.

생물학적인 관점에서, 유기체와 주변환경 사이의 관계는 유기체 자체의 내부에서 각 부분과 전체 사이의 관계와 동일하다는 사실을 이해할 필요가 있다. 생명체의 개체성은 그 자신의 외배엽의 경계에서 멈추지 않으며, 세포에서 시작되는 것도 아니다. 존재자와 그 환경 사이의 생물학적 관계는 기능적인, 따라서 유동적인 관계이다. 각 항은 차례로 그 역할을 교환한다. 세포는 세포의 하위 요소들에게 환경이며, 때로는 기관이고, 때로는 유기체 전체인 내부 환경에서 스스로 살아간다. 그리고 유기체는 그 자신이 자신의 구성요소들에 대해서 환경인 것과 마찬가지로 환경 속에서 스스로 살아간다. 따라서 [환경에는] 생물학적 문제에 대한 판단을 내리기 위해 획득해야 할 생물학적 의미가 있으며, 윅스퀼과 골드슈타인에 대한 독해는 이러한 의미를 형성하는 데에 크게 공헌할 수 있다.[20]

윅스퀼은 환경Umwelt과 주위Umgebung, 세계Welt라는 용어를 취해 아주 주의 깊게 이 용어들을 구별했다. 환경은 어떤 유기체에게 고유한 행동의 환경을 의미한다. 주위는 일반적인 지리적 환경이며, 세계는 과학에서 말하는 세계를 의미한다. 고유한 행동의 환경은 생명체에게 신호signaux로서의 가치와 의미를 지닌 자극들의 총체이다. 어떤 생명체에 작용하기 위해서는 물리적 자극을 만드는 것만으로는 부족하다. 유기체가 이 자극에 주의를 기울여야 한다. 결과적으로 생명체에게 작용하는 한에서 물리적 자극은 생명체의 관심 방향을 전제하며, 그러므로 대상에서 유래하지 않는다. 달리 말해, 물리적 자극이 효과적이기 위해서는 주체의 태도에 의해 물리적 자극이 예상되어야 한다. 만약 생명체가 아무것도 찾지 않는다면, 생명체는 아무것도 받지 않는다. 생명체는 운동을 통해 자극에 반응을 하는 기계가 아니며, 조작을 통해 신호에 반응하는 기계 조작자이다. 지금 논하고자 하는 것은 물리 화학적인 기전을 가지는 반사reflex가 아니다. 생물학자의 질문은 거기에 있지 않다. 문제는 이론적으로는 무한한 수의 자극을 생산하는 물리적 환경으로부터 어떻게 동물이 특정한 신호만을 잡아채느냐는 것이다. 동물의 생명 리듬은 그 공간을 질서 짓는 것과 마찬가지로 이 환경의 시간을 질서 짓는다. 뷔퐁과 함께 라마르크는 다음과 같이 말

---

20) J. von Uexküll, *Umwelt und Innenwelt der Tiere*, Berlin, 1909, 2e éd., 1921; *Theoretische Biologie*, Berlin, 2e éd., 1928. Uexküll et G. Kriszat, *Streifzüge durch die Umwelten von Tieren und Menschen*, Berlin, 1934. 골드슈타인은 상당히 유보적으로만 윅스퀼의 입장을 수용한다. 생명체와 그 환경을 구별하지 않으려 한다면 관계에 대한 모든 탐구는 어떤 의미에서 불가능해진다. 규정성은 상호침투를 위해 소멸하며 전체성에 대한 고려는 인식을 파괴한다. 인식이 가능하기 위해서는 이 유기체-환경의 총체성 안에서 하나의 비규약적 중심이 출현해야 하며, 이 중심으로부터 관계들이 개방되어야 한다. K. Goldstein, "Critique de toute théorie exclusive de l'environment", *La Structure de l'Organisme*, pp. 75~76.

했다. 시간과 이로운 주변환경들이 조금씩 생명체를 구성한다. 윅스킬은 이 관계를 뒤집어서 다음과 같이 말한다. 시간과 이로운 주변환경은 이런저런 생명체에게 상관적이다.

따라서 환경Umwelt은 주위Umgebung, 즉 지리적 주변환경environment에서 선별적으로 뽑아낸 것이다. 그러나 주변환경은 인간의 환경, 즉 인간의 원근법적이고 실용적인 경험으로 이루어진 일상적 세계와 정확히 일치한다. 이와 마찬가지로 주위, 즉 동물에게 외재적인 지리적 환경은 어떤 의미에서 인간 주체—기술의 창조자이자 가치의 창조자—에 의해 집중화되고centré, 질서와 방향이 부여된다. 마찬가지로 동물의 환경도 본질적으로 생명체를 구성하는 생명적 가치를 가진 주체와 연관되어 집중화된 환경과 완전히 동일한 것이다. 이 동물의 환경이 조직화되는 근저에는, 우리가 인간 환경의 뿌리에 있는 것으로 간주했던 것과 유사한 주체성이 있음을 이해해야 한다. 윅스킬이 인용한 가장 인상적인 예시 중 하나가 바로 진드기의 환경Umwelt이다.

진드기는 포유류의 온혈을 섭취하여 성장한다. 암컷 성체는 교미 후에 나무의 잔가지 끝까지 올라가서 기다린다. 진드기는 여기서 18년까지 기다릴 수 있다. 진드기들은 로스토크의 동물학 연구소에 갇히고 절식 상태에서 18년 동안이나 생존했다. 어떤 포유동물이 나무 아래로, 즉 진드기가 망을 보고 사냥하는 장소 아래로 지나갈 때 진드기는 저절로 떨어진다. 진드기를 인도하는 것은 동물의 피부샘에서 발산하는 산패한 지방의 냄새이다. 이것이 낙하 운동을 촉발할 수 있는 유일한 자극이다. 이것이 최초의 순간이다. 동물 위에 떨어지고 나면 진드기는 그곳에 자리 잡는다. 만약 예를 들어 우리가 인공적으로 테이블 위에 산패한 지방의 냄새를 만들어 내더라도 진드기는 그곳에 머무르지 않고 다시 자신의 초소로 올라가 버린다. 진드기를 동물 위에 고정시키는 것은 오직 피의 온도뿐이다. 진드기는 자신의 열감각을 통해 피의 온도를 감지하고 동물 위에 안착한다. 그리고 자신의 촉각에 인도를 받아서 진드기는 자신이 선호하는 털이 없는 피부의 부분을 찾는다. 진드기는 그 자리에 머리를 박고 피를 빨아먹는다. 오직 포유동물의 피가 진드기의 위장을 채울 때만 진드기의 알들(교미의 순간부터 알껍질에 싸여 18년간 껍질에 싸인 상태로 남아 있었던)이 부화하고 성숙하며 성장해 간다. 진드기는 몇 시간 동안 자신의 생식 기능을 달성하기 위해 18년을 살아갈 수 있다. 여기서 주목해야 할 것은 진드기가 상당한 기간 동안 숲과 같은 환경에서 유래하는 모든 자극에 전적으로 무관심하고 무감각한 채로 남아 있을 수 있으며, 진드기의 운동을 촉발할 수 있는 유일한 자극이 다른 어떤 것도 아닌 산패한 지방의 냄새라는 사실이다.[21)]

골드슈타인과의 대비가 필수 불가결하다. 왜냐하면 골드슈타인이 자신의 이론을 정초한 견고한 토대가 반사에 관한 기계론적 이론에 대한 비판이기 때문이다. 반사는 고립된, 혹은 근거 없는 반응이 아니다. 반응은 항상 자극에 대한 감각의 개방과 정향orientation에 의존한다. 이

21) 진드기의 사례는 윅스퀼에 이어서 부누르(Louis Bounoure)가 자신의 책 *L'Autonomie de l'être vivant*, Paris: PUF, 1949, p. 143에서 다시 거론한다.

정향은 전체 속에 담겨 있는 특정 상황의 의미에 좌우된다. 분리된 자극들은 인간의 과학에서는 의미를 갖지만, 생명체의 감수성에는 어떠한 의미도 갖지 않는다. 실험실 상황에 처한 동물은 자신에게 비정상적 상황, 즉 자신의 고유한 규범에 따르면 필요하지 않을 상황, 자신이 선택하지 않은 강요된 상황하에 놓여 있다. 따라서 유기체는 결코 자신의 가능성의 이론적 총합과 같지 않다. 우리는 특권적privilégié 행동이란 관념의 도움 없이는 유기체의 행동을 이해할 수 없다. 특권화되었다는 것, 이는 객관적으로 보다 간단하다는 의미가 아니다. 오히려 그 반대이다. 동물은 자신이 특권화한 행동을 하는 것이 보다 간단하다고 간주한다. 동물은 자신의 고유한 생명적 규범을 갖고 있다.

생명체와 환경 사이에는 관계가 일종의 논쟁Auseinandersetzung으로서 성립된다. 이 논쟁에서 생명체는 상황을 평가하기 위한 자신의 고유한 규범을 가져와 환경을 지배하며, 또 자신을 환경에 적응시킨다. 이 관계는 우리가 예상하는 것처럼 본질적으로 투쟁과 대립으로 이루어져 있지 않다. 이것은 병리적 상태와 관련되어 있다. 무엇인가에 대항하여 자신을 확인하는 생명은 이미 위협받고 있는 생명이다. 예를 들어 근육의 신전반응 같은 강제적 운동은 유기체에 대한 외부의 지배를 나타낸다.[22] 건강한 생명, 즉 자신의 존재와 가치를 신뢰하는 생명은 휘어질 수 있는 생명이자 유연한 생명, 거의 부드러운 생명이다. 환

22)* 골드슈타인의 이 주장에 대한 논의는 다음을 참고하라. F. Dagognet, *Philosophie biologiques*, Paris: PUF, 1955, conclusion.

경에 의해 외부로부터 명령받는 생명체의 상황을 골드슈타인은 파국적인 상황의 전형 자체라고 간주한다. 그것은 실험실에 있는 생명체의 상황이다. 실험적으로, 객관적으로 연구되는 생명체와 환경의 관계는 가능한 모든 관계들 가운데 생물학적으로 가장 무의미한 관계이며 병리적 관계이다. 골드슈타인은 "유기체의 의미는, 그 존재다"라고 말했다. 우리는 유기체의 존재가 그 의미라고 말할 수 있다. 분명 생명체에 대한 물리화학적 분석이 가능하고, 이뤄져야 한다. 이러한 분석은 이론적이고 실천적인 관심을 갖고 있다. 그러나 그러한 분석은 물리학의 한 장을 이룬다. 생물학에서는 모든 일이 해야 할 것으로 남아 있다. 생물학은 우선 생명체를 의미를 지닌 존재로 간주해야 하며, 개체성을 대상이 아니라 가치의 차원에 있는 어떤 특성으로 간주해야 한다. 산다는 것은 방사하는 것rayonner, 준거의 중심으로부터 환경을 유기적으로 구성하는 것이다. 이 준거의 중심은 그 고유한 의미를 잃어야만 자신이 지시대상이 될 수 있다.

유기체-환경 관계의 전도가 동물행동학에서, 그리고 행동에 관한 연구에서 이뤄지는 동안, 형태학적 특성들에 관한 설명에서 혁명이 일어났다. 그 설명은 환경에 대한 생명체의 자립성을 인정하려는 것이다. 여기서 우리는 다만 이전부터 잘 알려진 베이트슨Gregory Bateson, 퀴에노, 모건Thomas Morgan, 뮐러H. Müller와 그 동료들의 작업만을 암시하고 있다. 이들은 멘델의 잡종형성과 유전에 관한 연구를 재개하고 확장했다. 이들은 유전학이라는 학문을 만듦으로써 생명체가 주어진 환경에서 그 형태를, 따라서 그 기능을 획득하는 과정이 고유한 유전적 잠재성에 좌우되며, 표현형에 대한 환경의 작용이 유전형에는 영향을 미치지 않는다고 주장하는 데까지 이르렀다. 유전hérédité과 진화(돌연변이설)에 관한 유전학적 설명은 바이스만의 이론에서 수렴되었다. 개체발생 과정에서 생식질이 조기에 격리되는 것은 종의 생성과 관련해 환경에 의해 야기된 신체적 변용의 영향을 무효화시킬 것이다. 브라셰는 자신의 저서 『형태들을 창조하는 생명』에서, 동일한 환경 내에서 해양생물들이 다양한 형태를 취한다는 사실을 근거로 내세워, "엄밀히 말해 환경은 형태formation의 요인이 아니라 형태 실현réalisation의 요인이다"[23]라고 쓸 수 있었다. 그리고 콜르리는 『진화의 문제』[24]에 대한 자신의 진술을 마무리하며 진화가 주변환경보다는 유기체의 내재적 속성들에 더욱 많이 영향을 받는다는 사실을 인정했다.[25]

그러나 우리가 아는 바와 같이 유전 물질이 완전한 자율성을 가진다는 관념은 비판을 불러일으켰다. 먼저 핵-세포질의 부조화가 유전자의 유전적 전능성을 제한하는 경향이 있다는 사실이 강조되었다. 유성 생식에서 두 부모가 각자 유전자의 절반을 제공하는 경우 어미는 난세포의 세포질을 제공한다. 그런데 서로 다른 두 종의 잡종은 그들 종의 어느 쪽이 아비인지, 혹은 어미인지에 따라 서로 동일하지 않으므로 유전자의 잠재능력은 세포질이라는 환경에 따라 달라

23) A. Brachet, *La vie créatrice des formes*, Paris: Alcan, 1927, p. 171.

24) M. Caullery, *Problème de l'Évolution*, Paris: Payot, 1931.

25) 우리는 니체에서 이러한 관념을 예기할 수 있다. F. Nietzsche, *La Volonté de Puissance*, trad. Bianquis, tome I, Paris: Gallimard, p. 220. 사실 다윈에게 가해진 니체의 비판은 신라마르크주의자들에게 더 적절히 관련된다.

진다고 생각하게 되었다. 다른 한편, 뮐러(1927)는 침투성 방사선(엑스선)이 있는 환경의 작용을 통해 초파리의 변이를 유발시켰다. 이 실험은 외부가 어떤 유기체적 현상을 조건 지은 것을 설명해 주는 것으로 보인다. 이 유기체적 현상은 유기체와 환경의 분리를 강조하는 데 너무도 자발적으로 사용된다. 마지막으로 과학적이기도 했지만 그만큼 이데올로기적이기도 했던 논쟁을 통해 라마르크주의가 현재성을 회복할 수 있었다. 이 논쟁은 리센코에 의해 미추린Ivan Vladimirovich Michurin(1855~1935)의 '건전한 방법'으로 인도된 러시아 생물학자들이 분개하며 거부했던 유전학상의 '유사과학'을 둘러싼 것이었다. 밀이나 호밀과 같은 경작 식물들의 춘화처리에 관한 실험을 통해 리센코는 다음과 같은 주장을 펼쳤다. 즉 유전상의 변용은 영양, 양육, 기후적 조건의 변화를 통해 얻어질 수 있으며, 이 변용은 유기체 안에서 유전학자에 의해 안정적인 것으로 잘못 가정된 유전적 구성의 분해나 단절을 가져온다고. 리센코의 말을 빌려 이 복잡한 실험적 사실들을 요약하면, 유전은 대사에 의존하며, 대사는 존재조건에 의존한다고 말할 수 있을 것이다. 유전은 생명체가 세대를 이어 가는 가운데 외적 조건들을 동화시키는 것이다. 이데올로기적 성격을 가진 논평이 이러한 사실과 이론의 의미를 해명하는 데 적합하다. 여기서 그런 이데올로기적 논평이 과학적 논의에서 규칙이 되는 실험적 반증사례와 비판을 저지하는 데서 더 나아가 수용할 수 있는 가능성이 있는가는 논외이다. 물론 이 모든 것을 판단하는 것은 우리의 능력 밖이다.[26] 기술적 측면, 즉 농학적 측면의 문제가 본질적인 것으로 보인다. 유전에 관한 멘델의 이론은 변이의 자발적 특성들을 정당화함으로써 인간적 야망을, 특히 소비에트 연방이 지녔던 의도적인 생명 종의 변화 가능성과 자연에 관한 통합적 지배의 야망을 억제시키는 경향이 있었다. 결국 그리고 무엇보다도 환경의 결정론적 작용에 대한 인정은 정치적이고 사회적인 효과를 가진다. 그것은 환경의 매개를 통해 인간이 인간 스스로에게 가하는 무제한적 행위들을 승인한다. 이러한 승인은 인간 본성을 실험적으로 혁신하려는 희망을 정당화시킨다. 따라서 이 승인은 무엇보다도 먼저 진보주의로 표출되었다. 맑스-레닌주의 변증법이 그러하듯이 이론과 실천은 분리 불가능하다. 사람들은 유전학이 인종차별과 노예제도 옹호의 모든 죄를 뒤집어쓸 가능성이 있으며, 멘델이 이러한 반동적이고 자본주의적인, 즉 관념론적 생물학의 우두머리로 나타날 수 있다고 생각한다.

획득 형질의 유전을 신뢰하는 것으로 회귀한다고 해서 소련 생물학자의 최근 이론을 유보 없이 라마르크주의로 규정하는 것이 정당화되지 않음은 명백하다. 왜냐하면 이미 본 바와 같이 라마르크 사상의 핵심은 환경에 대한 유기체의 적응에서 유기체의 지속적인 욕구와 노

---

26) 이 문제에 대해서는 다음을 참조하라. "Une Discussion scientifique en U.S.S.R.", *Europe*, 1948, no. 33~34; Cl. Ch. Mathon, "Quelques Aspects du Michourinisme, etc.", *Revue générale des Sciences pures et appliquées*, 1951, no. 3~4. 이 논쟁의 이데올로기적 측면에 대해서는 다음을 참조하라. Julian Huxley, *La Génétique soviétique et la Science mondiale*, Paris: Stock, 1950. 장 로스탕은 이 문제에 대해 뛰어난 역사적·비판적 발표를 했다. Jean Rostand, "L'Offensive des Michouriniens contre la Génétique mendelienne", *Les Grands Courants de la Biologie*, Paris: Gallimard, 1951, 그리고 뒤이은 참고문헌. 끝으로 다음을 보라. Hovasse, *Adaptation et Evolution*, Paris: Hermann, 1951.

력, 그리고 반응에 주도권을 부여하는 것이기 때문이다. 환경은 유기체가 스스로 자신의 생성devenir 방향을 정하도록 자극한다. 생물학적 반응은 물리적 자극을 훨씬 넘어서 일어난다. 라마르크는 적응현상을 고통인 동시에 초조함impatience인 욕구에 뿌리박게 하였다. 그는 이렇게 함으로써 유기체와 환경의 불가분한 총체성을 생명이 자신의 고유한 의미와 일치되는 지점 한가운데에 위치시켰다. 생명체는 감각능력을 통해 긍정적으로든, 부정적으로든 실존 안에 자신을 절대적으로 위치시킨다.

환경에 관한 초기 이론가들의 경우와 마찬가지로 라마르크에서 '상황'circonstances과 '주위'ambiance의 관념은 일상적인 언어와는 전적으로 다른 의미를 갖고 있었다. 이 관념들은 정말로 중심을 가진 구형의 배치를 환기시킨다. 라마르크가 또한 사용했던 '영향'이나 '영향력 있는 상황'과 같은 용어는 점성술의 개념에서 그 의미를 취했다. 뷔퐁이 『동물의 퇴화』*La dégénération des animaux*에서 인간이 받아들이기에는 오랜 시간이 필요한 하늘의 '염색'teinture에 대해 이야기할 때, 그는 분명 무의식적으로 파라셀수스로부터 차용한 용어를 사용하고 있다. '기후'climat라는 개념조차도 18세기[27]와 19세기 초반에는 지리학적, 천문학적, 점성술적으로 미분화된 관념이었다. 기후는 적도로부터 극점에 이르기까지 조금씩 단계를 달리하는 하늘의 양상 변화이자, 천체가 지상에 미치는 영향력이었다.

---

27) Diderot, 『백과전서』(*Encyclopédie*)의 '기후'(Climat) 항목 참조.

이미 지적한 바와 같이 환경이란 생물학적 관념은 당초 인류지리학적 구성요소를 기계론적 구성요소에 결합한 것이었다. 인류지리학적 구성요소는 어떤 의미에서는 이 관념 전체이기까지 했다. 왜냐하면 인류지리학적 구성요소가 그 내부에 다른 천문학적 성분, 즉 뉴턴이 천체 역학의 관념으로 전환시켰던 성분을 또한 포함하고 있었기 때문이다. 그리스인들에게는 본래 지리가 하늘을 대지에 투사한 것이었기 때문에, 하늘과 땅을 조응시킨다는 것은 두 가지 의미의 조응을 의미했다. 즉 위상학적 조응(기하학과 우주형상학consmographie) 그리고 위계적 조응(물리학과 천문학)이다. 대지 각 부분의 지표면의 배열과 배열된 지표면의 하늘에 대한 종속은 우주Cosmos에 대한 천체생물론적astrobiologique 직관에 근거했다. 그리스 지리학은 자신의 철학을 갖고 있었는데 이는 스토아학파의 철학이기도 했다.[28] 한편으로는 포시도니오스와 다른 한편으로는 히파르코스, 스트라본, 프톨레마이오스 사이의 지적 연관에 대해서 이론의 여지가 없다. 환경에 관한 지리학적 이론에 의미를 부여한 것은 우주적 감응설, 즉 우주적 결정론에 대한 생기론적 직관이었다. 이 이론은 사물의 전체성을 하나의 유기체와 동일시하고, 또한 인간이라는 특권적 생명체가 중심에 위치한 구의 형태로 표상된 총체성을 가정한다. 이 우주에 관한 생명 중심적 이해는 중세를 거쳐 르네상스에 와서 만개한다.

---

28) 그리스 인들의 지리학의 역사에 대한 뛰어난 요약은 다음을 참조하라. Theodor Breiter, "Introduction", *l'Astronomicon de Manilius*, tome II (Commentaire), Leipzig, 1908.

우리는 코페르니쿠스와 케플러, 그리고 갈릴레이와 더불어 우주에 대한 관념에 어떤 일이 일어났는지, 세계에 대한 유기체적 이해와 탈중심화된 우주univers에 대한 이해 사이의 충돌이 얼마나 극적이었는지 알고 있다. 탈중심화는 인간과 생명체가 거주하는 대지, 즉 고대 세계의 특권적 준거의 중심으로부터 이탈한 것이었다. 갈릴레이 이후, 또한 데카르트 이후부터 환경에 대한, 즉 결국은 공간에 대한 두 가지 이론 중 하나를 선택해야만 한다. 한 이론에서는 mi-*lieu*가 중심을 의미하는 중심화된 공간이고, 다른 이론에서는 *mi*-lieu가 매개적 장을 의미하는 동질적이고 탈중심화된 공간이다. 파스칼의 유명한 텍스트 「인간의 불균형」[29]은 실존적 안정성에 대한 욕구와 과학적 지식에 대한 요청 사이에서 어떤 것도 선택할 수 없었고, 어느 하나만을 선택하길 바라지도 않았던 정신에게 나타나는 용어의 양의성을 잘 보여 준다. 파스칼은 코스모스가 산산이 부서졌다는 것은 잘 알고 있었지만, 무한한 공간의 영원한 침묵을 두려워했다. 인간은 더 이상 세계의 중앙milieu에 있지 않고, 인간이 하나의 중간이다(두 개의 무한 사이의 중간, 무와 전체 사이의 중간, 두 극단 사이의 중간). 중간은 자연이 우리를 위치시켜 놓은 상태이며, 우리는 광대한 중간 지대에서 유영遊泳한다. 인간은 세계의 부분들과 조화를 이루고, 그가 인식하는 모든 것과 관계를 맺고 있다.

---

29) Blaise Pascal, "Disproportion de l'homme", *Pensées*, éd. Brunschvicg, II, 72.

> 인간은 그를 받아들일 장소가, 지속시킬 시간이, 살기 위한 운동이, 그를 구성하기 위한 원소가, 자신을 양육할 열과 양식이, 호흡을 위한 공기가 필요하다. […] 결국엔 모든 것이 인간과 결합한다.

우리는 여기에서 환경milieu이라는 용어의 세 가지 의미가 서로 간섭하는 것을 발견한다. 그것은 중심적 위치, 지지하는 유체, 생명의 주변환경environment이다. 이 마지막 의미를 발전시킴으로써 파스칼은 자신의 유기적 세계이해를, 데카르트를 넘어서 데카르트에 반하는 스토아철학으로의 회귀를 설명한다.

> 모든 사물은 원인의 결과이자 원인이며, 도움받는 것과 동시에 도움을 주며, 간접적인 동시에 직접적이다. 또한 모든 사물은 지극히 멀리 떨어져 있고, 지극히 상이한 것들을 연결하는 자연의 보이지 않는 줄에 의해 서로 지탱된다. 따라서 나는 전체를 알지 않고 부분을 아는 것과 각 부분을 개별적으로 알지 않고 전체를 아는 것은 불가능하다고 생각한다.

그리고 파스칼이 우주를 "그 중심이 도처에 있고, 어디에도 그 원주가 없는 무한한 구체"로 정의할 때, 그는 신지학적théosophique 전통에서 차용된 이미지를 사용했다. 그렇게 함으로써 그는 역설적으로 우주를 무한하고 미분화된 환경으로 만든 새로운 과학적 이해와 중심을 가진 유한한 전체로 세계를 보는 고대의 우주론적 시각을 화해시키고자 시도한다. 이미 확인된 바와 같이 파스칼이 여기서 사용한 이미지는 신비주의 사상의 항구적인 신화로서 신플라톤주의에서 기원한다. 신플라톤주의는 생명체에 의해 생명체에 중심이 맞춰진 구형의 세계에 대한 직관과 애초부터 태양 중심적인 피타고라스학파의 우주론으로 이루어져 있다.[30)]

뉴턴은 야코프 뵈메Jakob Böhme(1575~1624)와 '캠브리지 플라톤주의자'였던 헨리 모어Henry More(1614~1687)를 읽고 그들의 신플라톤주의적 우주론으로부터 중심에서 뻗어 나가는 작용의 편재성ubiquité에 대한 상징적 표상을 끌어내었다. 신의 무소부재omniprésence의 수단으로서 뉴턴적 공간과, 힘의 받침대이자 매질로서 뉴턴의 에테르는 절대자의 어떤 속성을 갖고 있었으나, 18세기와 19세기 과학자들은 이를 알아차릴 수 없었다. 그처럼 많은 경험주의자와 상대주의자의 신앙 고백을 지탱했던 뉴턴의 과학은 형이상학에 근거하고 있었다. 경험주의가 신학적 토대를 가리고 있다. 실증주의적이고 기계론적인 환경 이해가 그 원천으로 삼고 있는 자연철학은 실제로는 그 중심적 작용이 모든 지점에서 동일하게 현전하고 효력을 발휘하는 에너지 구체라는 신비적 직관에 의해 그 자체가 지지되고 있다.[31)]

---

30) Dietrich Mahnke, *Unendliche Sphäre und Allmittelpunkt*, Halle: Niemeyer, 1937. 저자는 라이프니츠와 파스칼이 사용한 표현의 의미와 용례에 여러 페이지를 할애하고 있는데, 이는 지극히 흥미롭다. 아베(Ernest Havet)에 따르면 파스칼은 구르네 양(Mlle de Gournay, 1595년판 몽테뉴 『에세이』의 서문)이나 라블레(*Tiers livre*, chap. XIII)에게서 차용했을 것이다.

31) 다음을 참조하라. A. Koyré, *La Philosophie de Jacob Boehme*, Paris: Vrin, pp. 378~379 et p. 504; "The significance of the Newtonian synthesis", *Archives internationales d'Histoire des Sciences*, 1950, no. 11.

만약 인식의 객관성이란 이상이 관점의 탈중심화를 요구한다는 사실이 수학과 물리학 영역의 교육을 받은 오늘날의 모든 사람들에게 당연해 보인다면, 이제는 홀데인이 자신의 저서 『한 생물학자의 철학』[32]에서 한 말, 즉 "물리학은 정밀과학이 아니다"라는 말을 생물학에서 이해할 때가 되었다. 한편 클라파레드Édouard Claparède가 쓴 바와 같이 "동물을 다른 것과 구별시키는 것은 동물이 하나의 중심이란 사실이다. 즉 자신에 대해 단지 자극원이나 신호에 지나지 않을 주변의 힘들에 대해 중심이란 사실이다. 그 중심은 내적 조절 체계이며, 그 반응은 일시적 욕구인 내적 원인에 의해 촉구된다".[33] 이러한 의미에서 유기체가 의존하는 환경은 유기체 자체에 의해 구조화되고 조직화되어 있다. 환경이 생명체에게 제공하는 것은 요구에 따라 좌우된다. 그런 이유로 인간에게는 유일한 환경으로 나타나는 것으로부터 여러 생명체들이 비교 불가능한 방식으로 자신들의 특이적이고 독자적인 환경을 뽑아내는 것이다. 다른 한편, 인간 역시 생명체의 하나이므로 생명체의 보편적 법칙에서 벗어나지 않는다. 인간의 고유한 환경은 그 자신이 지각하는 세계, 즉 그의 실용적 경험의 장이다. 이 경험의 장에서는 여러 경향에 내재하는 가치에 의해 방향이 주어지고 통제되는 행동이 질적으로 규정된 대상들을 잘라 내고 이 대상들을 서로에 대해 위치시키며, 이 모든 것을 인간에 대해 위치시킨다. 결국 인간이 반응하

---

32) J. S. Haldane, *The Philosophy of a Biologist*, 1936.
33) Buytendijk, *La Psychologie des Animaux*, Paris: Payot, 1928의 서문(Préface).

고 있다고 추정되는 주위environment는 본래 인간에 의해, 인간을 중심에 두고 있다.

그러나 인간은 과학자로서 법칙과 현상들로 이루어진 우주를 구축하고 이를 절대적인 우주로 간주한다. 과학의 본질적 기능은 실재적 환경, 즉 비-인간적 환경에 대한 일반이론이 되기를 자처함으로써 고유의 환경을 구성하는 대상들의 질적 가치를 박탈하는 것이다. 감각적 소여들은 질적 가치를 잃고, 양화되고, 동일하게 취급된다. 지각되지 않는 것은 추정만 되다가, 탐지되면 그 존재가 입증된다. 측정이 평가를, 법칙이 습관을, 인과가 위계를, 객관적인 것이 주관적인 것을 대신한다.

그런데 아인슈타인의 물리학이 그 이상적인 표상을 제공하는 우주에서는 준거 체계가 어떠하건 지적으로 이해 가능한 근본적 방정식들이 동일하다. 그같이 학식 있는 인간의 우주는 생명체로서 인간의 고유한 환경과 비록 부정과 환원의 관계라 하더라도 직접적인 관계를 유지한다. 때문에 이 우주는 인간의 고유한 환경에 다른 생명체들의 고유한 환경과는 대비되는 일종의 특권을 부여한다. 과학적 탐구에서는 통상적 지각 경험이 부정되고 수정된다. 이를 통해 생명체로서의 인간은 과학자로서의 인간에 대한 관계로부터 일종의 무의식적인 자만심을 이끌어 낸다. 이 자만심은 자신의 고유한 환경이 다른 생명체들의 환경과는 다른 가치를 가졌을 뿐만 아니라 더 큰 실재성을 가졌다는 이유로 인간이 자신의 환경을 더욱 선호하게 만든다. 사실 생명과 행동의 고유한 환경으로서, 인간의 감각과 기술로 이루어진 환경은 쥐며느리나 회색 쥐의 고유한 환경보다 그 자체로 더 큰 실재성을 갖지는 않는다. 실재적이란 자격 부여는 엄밀하게 말해 오직 절대적 우주에만, 즉 과학에 의해 진실로 확인된 요소와 운동으로 이루어진 보편적 환경에 대해서만 적합하다. 보편적 환경을 실재적이라 인정하는 것은 인간의 환경을 포함해 어떤 주체에 중심이 맞춰진 모든 종류의 고유한 환경을 환상이나 생명의 오류로 간주하게 만드는 자격 박탈을 필연적으로 수반한다.

기계적, 물리적, 화학적 환경의 익명성 안에서 조직화, 적응, 그리고 발명의 중심, 즉 살아 있는 존재들을 와해시키려는 과학의 야망은 전면적인 것이 되어야 한다. 즉 인간이란 생명체 자체도 이 야망을 적용할 대상으로 포괄해야 한다. 그리고 우리는 이 같은 기획이 많은 과학자들에게 그리 대담한 것으로 보이지 않는다는 사실을 알고 있다. 그러나 이 경우 과학의 기원이 일부 학자들의 주장보다 과학의 의미를 더 잘 드러내고 있는 것은 아닌지 철학적인 관점에서 자문해 보아야 한다. 왜냐하면 인류에게서 과학의 탄생과 생성, 그리고 발전은 지극히 대담한 생명의 기획으로 이해되어야 하기 때문이다. 과학주의적 관점에서, 그리고 유물론적 관점에서조차도 과학이 선천적 지식이란 생각을 거부하는 것이 정당하다. 만약 그렇지 않으면, 실재가 자신의 일부분으로서 실재에 대한 지식을 포함하고 있다는 부조리를 인정해야만 할 것이다. 그리고 이 경우 우리는 이 동일한 실재를 과학적으로 규정하려는 야망이 도대체 실재의 어떤 욕구에 대응하는지 자문해야만 할 것이다.

만약 그렇지 않고 과학이 인식에 의해 밝혀지기 이전부터 생명에 뿌리내린 인류의 작품이라면, 또 과학이 세계에 대한 하나의 관점인 동시에 세계 안의 하나의 사실이라면, 과학은 지각perception과 영속적이고 불가피한 관계를 유지한다. 따라서 인간의 고유한 환경은 그릇 속의 내용물처럼 보편적 환경 속에 위치하는 것이 아니다. 중심은 그 주위로 해소되지 않는다. 생명체는 여러 영향의 교차점으로 환원되지 않는다. 이로부터 물리적, 화학적 과학의 정신에 완전히 복종함으로써 의미에 대한 어떤 고찰도 자신의 영역으로부터 배제하고자 하는 모든 생물학의 불충분함이 생겨난다. 생물학적, 심리학적 관점에서 볼 때, 의미는 어떤 욕구와 연관되어 있는 제반 가치들에 대한 평가이다. 그리고 욕구는 이것을 체험하고 살아가는 존재에게 환원 불가능한, 따라서 절대적인 준거의 체계이다.

4. 정상적인 것과 병리적인 것

정상과 병리라는 개념 없이는 의사의 사유와 활동을 이해할 수 없다. 이 개념들이 의학적 판단에 필수불가결하지만, 그에 상응하는 만큼 이 개념들의 의미가 명확하지는 않다. 병리적pathologique이란 개념은 비정상적anormal이라는 개념과 동일한가? 이 개념은 정상적인 것du normal에 반대되는 개념인가 혹은 모순되는 개념인가? 정상normal은 건강과 동일한가? 그리고 이상anomalie은 비정상anormalité과 동일한가? 마지막으로, 기형monstres에 대해 생각할 때는 어떠한가? 병리적인 것du pathologique의 개념을 연관 개념들과 구별시키는 만족할 만한 경계선을 얻는다 하더라도, 우리가 색맹이 협심증과 같은 의미에서, 혹은 청색증이 말라리아와 같은 의미에서 병리적인 사례라고 여기게 될까? 혹은 동물의 의도적 활동에 생긴 장해와 식물의 무의식적 영양 활동에 대한 지속적인 위협을 '병리적'이란 형용사로 규정할 때 양자 사이에 인간의 언어적 차원의 동일성 이외에 다른 동일성이 있을까? 인간의 생명은 생물학적인 의미, 사회적인 의미, 실존적인 의미를 가질 수 있다. (그런데) 질병이 인간의 신체에 가한 변용에 대한 평가에서 위의 모든 의미들은 구별되지 않은 채로 고려된다. 인간은 나무나 토끼처럼 단순하게 살아가지 않는다.

정상적이란 용어의 모호성은 자주 지적되어 왔다. 그것은 때로는 통계적 조사에 의해 기술될 수 있는 사실을 지시하기도 하고(어떤 집단이 나타내는 특성에 대한 측정치의 평균, 혹은 이 평균치에 따라서, 또는 무시할 수 있다고 판단되는 약간의 편차를 동반하며 이러한 특성을 나타내는 복수의 개체들), 때로는 전형 혹은 완전한 형태라는 의미에서의 이상理想idéal, 즉 평가의 적극적인 원리를 지시하기도 한다. 이 두 의미가 항상 연관되어 있다는 사실, 그리고 정상적이라는 용어의 의미가 항상 혼동되고 있다는 사실, 이는 모호함을 피해야 한다고 우리에게 주어지는 지침 자체에서 비롯되는 것이다.[1] 그러나 이 모호함으로부터 끊임없이 반복될 수 있는 생명력이 무엇인가를 이해하고 또한 그로부터 지침이 아니라 교훈을 끌어내기 위해서는 이 같은 모호함이 생겨난 이유를 아는 것이 더욱 시급할 것이다.

의술의 대상만큼이나 생물학의 대상도 문제가 된다. 『생명과 죽음에 관한 연구』*Recherche sur la vie et la mort*에서 비샤는 물리적 현상의 일률성과 대비시켜 생명력의 불안정성과 생명현상의 불규칙성을 유기체의 고유한 특성으로 규정했다. 그리고 자신의 저서 『일반 해부학』

1) Lalande, 『철학용어사전』(*Vocabulaire philosophiques*) 참조.

*Anatomie générale*에서 그는 결코 자연형으로부터 벗어나는 일이 없는 물리적 성질은 다시 원상태로 돌려져야 할 필요도 없으므로 병리천문학, 병리역학, 병리수력학은 존재하지 않는다는 사실을 지적했다. 이 두 개의 지적이 비샤 생기론의 핵심을 담고 있다. 그러나 백여 년 전부터 어떤 의학 이론이나 생물학 이론을 평가절하하기 위해서는 그것을 생기론적이라 말하는 것으로 충분했기 때문에, 우리는 비샤의 언명에 대해 그것이 받아 마땅한 주의를 전혀 기울이지 않았다. 이제는 18세기 생기론적 생물학자들을 따라다녔던 형이상학이란 고발, 즉 환상이라는 고발을 끝내야 할 때이다. 사실 언젠가, 혹은 다른 어느 곳에서 이것을 명백히 하는 것은 우리에게 용이할 것이겠지만, 생기론은 물활론과 기계론이라는 유기적 현상의 원인에 대한 두 형이상학적 설명에 대한 거부이다. 18세기의 모든 생기론자들은 뉴턴주의자였다. 그들은 현상의 본질에 대한 가설을 거부하고, 그들이 지각하는 바 그대로의 효과를 직접적이고 선입견 없이 묘사하고 종합해야 한다고 생각했다. 생기론은 단지 생명적 사실의 고유성에 대한 인정이다. 이러한 의미에서 불규칙성과 병리적 변성이라는 두 특성을 특이적 사실로서 생명의 조직구성에 연결시킨 비샤의 언명을 더 자세히 고찰해 볼 필요가 있다.

문제가 되는 것은 실상 우리가 생명체를 법칙들의 체계로 다뤄야 하는지 아니면 속성들의 조직화로 다뤄야 하는지를, 다시 말해 우리가 생명의 법칙에 대해 이야기해야 할지 혹은 생명의 질서에 대해 이야기해야 할지를 정확히 아는 것뿐이다. 과학자들은 자연의 법칙들이 본질적으로 불변한다고 여겼다. 그리고 개별현상은 이 본질적 불변요소에 근사한 사례를 이루지만, 그 상정된 합법칙적 실체를 완전하게 재생산할 수 없다고 생각했다. 이러한 관점에서 특이한 것, 즉 편차와 변이는 실패나 결함, 불순으로 나타난다. 따라서 특이한 것은 불규칙적인 것인 동시에 전적으로 부조리한 것이기도 했다. 왜냐하면 누구도 불변성이나 자기동일성이 그 실재성을 보증해 주는 법칙이 어떻게 다양한 사례들에 의해 증명되는 동시에 그들 사례의 다양성을, 다시 말해 그 부정확함을 축소시키는 데 무력한지 이해할 수 없었기 때문이다. 이는 근대 과학에서 법칙의 관념이 유類의 관념으로 대체되었음에도 불구하고, 법칙의 관념은 유의 관념으로부터, 즉 유의 관념이 우월적인 위치를 점하고 있는 철학으로부터 불변하는 실재적인 유형이라는 일정한 의의를 간직하고 있기 때문이며, 따라서 법칙과 현상의 관계가(중력의 법칙과 피로스를 살해한 파편의 낙하) 끊임없이 유와 개체(인간과 피로스)의 관계라는 모델에 근거해 이해되었기 때문이다. 우리는 역설이나 반어의 의도가 없이 중세에 유명했던 보편자의 본성에 관한 문제가 다시 등장하는 것을 보게 된다.

클로드 베르나르는 이 문제를 간과하지 않았다. 그는 『실험의학의 원리들』[2]에서 병리적 사실에서 개체적 상대성의 문제를 고려하면서 유형의 실체성 문제와 유형에 대한 개체의 관계 문제를 다루는 데 여러 페이지를 할애했다. 거기에는 엄밀한 의미의 해답이라기보다 성

---

2) C. Bernard, *Principes de Médecine expérimentale*, Paris: PUF. 델룸(Léon Delhoume) 박사에 의해 1947년에 출판되었다.

찰에 대한 권유가 더욱 풍부하게 담겨 있다. 우리는 여기서 의도적으로 다른 이들보다 클로드 베르나르를 우선적으로 인용하고자 한다. 왜냐하면 『실험의학서설』과 『실험의학의 원리들』에서 클로드 베르나르가 생명적 현상의 적법성을 주장하기 위해,[3] 그리고 규정된 조건하에서라면 생명적 현상들 또한 물리적 현상들만큼이나 엄밀한 항상성을 갖는다는 것을 주장하기 위해 얼마나 많은 노력을 기울였는지를 잘 알고 있기 때문이다. 간단히 말해, 이러한 노력은 비결정론으로 이해된 비샤의 생기론을 거부하기 위한 것이었다. 그런데 정확히 『실험의학의 원리들』에서 클로드 베르나르는 다음과 같은 사실을 인정하기에 이른다.[4]

> 만약 진리가 유형 속에 있다면, 실재는 항상 이 유형의 외부에 있으며, 이 외부에서 끊임없이 변화한다. 그런데 의사에게는 이 사실이 아주 중요하다. 의사에게 문제가 되는 것은 항상 개체이다. 의사는 결코 인류의 혹은 인간이란 종種의 의사가 아니다.

따라서 이론적·실천적 문제는 유형에 대한 개체의 관계를 연구하는 것이 된다. 이 관계는 다음과 같이 나타난다. "자연은 어떤 사물에도 이상형을 가진다. 이는 확실하지만 이 이상형은 결코 실현되지 않

3) *Ibid.*, ch. 15.
4) *Ibid.*, pp. 142 sq.

는다. 만약 이것이 실현된다면, 개체는 없을 것이며, 모두가 서로 비슷해질 것이다." 각각의 존재, 그리고 각각의 생리적 혹은 병리적 상태의 개별성을 구성하는 관계는 "의학이 근거하고 있는 특이체질을 이해할 열쇠이다". 그러나 관계는 열쇠인 동시에 장애물이다. 생물학과 실험의학의 장애물은 개체성에 있다. 생명이 없는 물질에 대한 실험에서는 이러한 어려움에 봉착하지 않는다. 따라서 클로드 베르나르는 개체성이란 사실에 결부된 모든 원인들과, 또 시공간 속에서 외견상 동일한 존재조건에 있는 외견상 유사한 생명체의 반응을 변형시키는 모든 원인들을 검토해 보자 한다.

의사와 생리학자들에게 클로드 베르나르가 권위를 갖는다 하더라도[5] 우리는 앞서 제시한 고찰에 대해 몇 가지 제한 사항을 두길 주저하지 않을 것이다. 개체적·비정형적·불규칙적 존재를 병리적 사례들의 토대로 인정하는 것은 결국, 의도하지 않았다 하더라도 비샤의 통찰력에 찬사를 보내는 것과 다르지 않다. 그러나 이러한 찬사가 전면적이 될 수 없도록 막는 것은 물질의 법칙성과 유사한 생명의 근본적인 법칙성에 대한 믿음이다. 이 믿음은 사람들이 보통 클로드 베르나르에게 인정하는 명민함을 반드시 증언하는 것은 아니다. 왜냐하면 결국 진리는 유형 속에 있지만 실재는 유형 밖에 있다고 주장하는 것, 또 자연은 유형을 갖지만 이 유형들이 실현되지 않는다고 주장하는 것, 이것은

5)* M. D. Grmek, "La Conception de la maladie et de la santé chez Cl. Bernard", *Mélanges Alexandre Koyré* I, Paris: Hermann, 1964, pp. 208 sq 참조.

인식이 실재에 도달할 수 없도록 만드는 것이기 때문이다. 또한 이는 과거에 아리스토텔레스가 플라톤에게 제기했던 반론을 정당화한다. 그 반론은 만약 이데아와 사물이 분리된다면, 어떻게 사물의 존재와 이데아에 대한 학문을 설명할 수 있는가 하는 것이다. 나아가 개체성을 "생물학과 실험의학의 보다 두드러진 장애물의 하나"로만 보는 것은 과학의 대상과 과학의 장애물이 동일하다는 사실을 무시하는 너무 순진한 태도가 아닐까? 만약 과학의 대상이 극복해야 할 장애물이 아니라면 데카르트적 의미에서의 어려움, 즉 해결해야 할 문제는 무엇인가? 정수의 불연속성이 대수학의 장애물인 것과 마찬가지이다. 진실은 클로드 베르나르의 생리학에는 법칙에 대한 전적으로 플라톤적인 이해가 내포되어 있으며, 거기에 개체성에 대한 예민한 감각이 결합되어 있다는 사실이다. 이러한 감각과 이해가 서로 일치하는 것은 아니기 때문에 우리에게는 저 유명한 '실험적 방법'이 전통적 형이상학의 단순한 변형이 아닌지 의문을 던질 권리가 있다. 그리고 만약 우리가 이 명제를 지지할 논거를 찾고자 한다면, 통계학적 계산에 대한 클로드 베르나르의 익히 알려진 반감에서 이를 찾을 수 있을 것이다. 우리는 통계적 계산이 오래전부터 생물학에서 일정한 역할을 해 왔다는 사실을 안다. 베르나르의 반감은 유형과 개체의 관계를 이상적 완성에서 벗어난 변질 이외의 다른 것으로는 생각할 수 없는 무능력의 징후이며, 이 경우 이상적 완성은 생식에 의한 발생의 어떤 시도보다도 이전에 달성된 본질로서 제시된다.

우리는 이제 생명을 속성들의 질서로 이해한다면, 다른 관점에선 해결 불가능한 어떤 종류의 어려움을 이해하는 데에 이를 수 있지 않을까 자문해 보고자 한다. 속성들의 질서라고 말할 때 우리는 잠재능력의 조직화와 기능의 위계를 지칭하고자 한다. 이 조직화와 위계는 서로 다른, 따라서 경쟁하는 힘들 사이의 균형, 보상, 타협의 문제를 해결하는 것이므로 필연적으로 불안정하다. 이러한 관점에서 불규칙성과 이상anomalie은 개체에 영향을 미치는 우연한 사건이 아니라 개체의 실존 자체로 간주된다. 라이프니츠는 수적으로만 다르고 나머지는 모두 동일한 두 개체는 없다고 주장하면서, 이 사실을 더 설명하지는 않고 동일자 식별 불가능성의 원리라고 명명했다. 이 원리로부터 우리는 동일한 종의 개체들이 실상 서로 구별되고, 상호 대체 불가능한 이유는 무엇보다 개체들에게 그럴 권리가 있기 때문임을 알 수 있다. 자연의 법칙이 모든 개체에 해당되는 영원한 본질로 여겨지는 가설 속에서 하나의 개체는 임시적이고, 유감스러운 불합리한 것에 불과하다. 편차는 인간의 계산이 단순한 정식의 엄밀한 동일성으로 어떻게 해도 환원시킬 수 없는 일탈로 제시된다. 이 같은 인간의 계산에 의한 설명은 그 편차를 자연의 오류나 실패, 혹은 낭비로 서술한다. 여기서의 자연은 단순한 길을 밟아 나가기에 충분히 지적이지만 자신의 고유한 구성 조직에 따르기로 결심하기에는 지나치게 풍부한 자연이다. 그렇지만 살아 있는 종은 번식 가능할 때에만, 일견 지각되지 않더라도 새로움을 생산할 때에만 살아남을 수 있다. 생물종이 비가역적인 방식으로 유연성 없는 방향으로 접어들고 경직된 형태 아래 자신을 드러낼 때 종말에 다가가고 있음을 우리는 잘 안다. 요컨대 우리는 개체적 독자성을 실패가 아니면 시도로, 혹은 오류가 아니면 모험으로 해석할 수 있다. 두 번째 가설[시도와 모험]에서는 인간의 정신에 의해 어떠한 부정적인 가치판단도 내려지지 않는다. 왜냐하면 정확히 말해 생명체의 형태가 되는 시도와 모험이 미리 설정된 실재적 유형에 준거 가능한 존재가 아니라 오히려 그 유효성, 즉 그 가치가 생명의 우발적인 성공에 준거하는 유기적 구성으로 간주되기 때문이다. 결국 가치가 생명체의 내부에 있기 때문에, 그 실존에 관한 어떠한 가치판단도 생명체에 대해 내려질 수 없다. 여기에 언어에 의해 확인되는 가치와 건강 사이의 동일성의 심오한 의미가 자리 잡고 있다. 라틴어에서 valere는 건강하다는 의미이다. 이렇게 해서 이상異常, anomalie이란 용어는 그에 상응하는 형용사 '이상적'異常的, anomal이 가지는 동일한 의미를 되찾는데, 이들은 모두 경멸적 의미는 아니다. '이상적'이란 형용사는 오늘날은 사용되지 않지만 18세기의 박물학자들, 특히 뷔퐁은 통상적으로 사용했고 상당히 나중인 19세기에도 쿠르노가 사용했다. 이상은 어원적으로는 불균등함, 수준의 차이이다. '이상적'은 단순히 다른 것을 의미한다.

우리는 상기 분석에 근거하여 현대 생물학의 두 가지 흥미로운 동향을 거론하고자 한다. 오늘날 실험발생학과 실험기형학에서 기형성의 생성과 연구를 통해 배아의 발생 기전에 대한 지식에 접근하고 있다는 사실이 알려져 있다.[6] 우리는 이 지점에서 기형에 관한 종불변론적이고 존재론적인 아리스토텔레스 이론의 대척점에 서게 된다. 아리

---

6) 에티엔 볼프의 저작을 참조할 것.

스토텔레스가 찾고자 했던 자연의 법칙은 그가 생명적 조직화의 실패로 간주했던 기형에는 없다. 그것은 자연을 영원한 제반 형태들의 위계질서로 간주했던 자연관에서는 논리적이다. 반대로 만약 생명체의 세계를 가능한 형태들에 대한 위계화의 시도로 간주한다면 성공한 형태와 실패한 형태 사이에 그 자체로서의, 선험적인 차이는 없는 것이다. 엄밀히 말해 실패한 형태라는 것조차 없다. 살아가는 수많은 방식이 있다는 사실을 기꺼이 인정한다면 실패한 생명체는 있을 수 없다. 전쟁이나 정치에서 결정적 승리는 없으며 다만 상대적이고 불안정한 우위나 균형만이 있다. 이와 마찬가지로 생명의 차원에서도 다른 시도를 실패한 것으로 보이게 만듦으로써 그러한 시도의 가치를 근본적으로 박탈시키는 성공은 없다. 모든 성공은 위협받는다. 개체는 죽고 종도 사멸하기 때문이다. 성공은 연기된 좌절이며, 좌절은 유산된 성공이다. 형태의 미래가 그 형태의 가치를 결정한다.[7] 살아 있는 모든 형태들은 루이 룰이 자신의 방대한 저작 『물고기』*Les Poissons*에서 썼던 표현을 빌려 말하자면 "정상화된 기형"이다. 혹은 가브리엘 타르드가 『보편적 대립』[8]에서 한 말을 빌려 "정상은 기형성의 영점"이라고 말해도 좋다. 여기서 영점은 소멸의 한계라는 의미를 지닌다. 고전적인 준

---

7) "배아는 살아 있다. 그러나 더 이상 발생을 진행할 수 없는 배아도 있다. 이러한 배아도 생존하고자 시도하며 기형을 형성한다. 기형체는 죽는다. 사실 우리가 기형을 알 수 있는 것은 더 이상 지속될 수 없다는 뚜렷한 특성을 통해서만 가능하다. 이상적인 것들은 정상적인 것들보다 더 적은 미래를 가진 존재이다." 폴 발레리, 『테스트 씨와의 하룻밤』(*La Soire avec Monsieur Teste*), 영어판 2판 서문.

8) Gabriel Tarde, *L'Opposition universelle*, Paris: F. Alcan, 1897.

거관계의 제반 항목들이 역전되어 있다.

이러한 관점에서 오늘날 일부 생물학자들이 돌연변이의 출현과 종의 발생 기제 사이에 확립한 관계를 이해할 필요가 있다. 처음에는 다윈주의를 논박하는 데에 사용되었던 유전학이 오늘날에는 다윈주의를 쇄신시킴으로써 그것을 확증하는 데 아주 기꺼이 이용되고 있다. 조르주 티시에[9]에 따르면 야생의 상태에서조차 모든 종에는 '정상적' 개체의 곁에 어떤 변이유전자를 가진 특이하고 괴상한 개체가 항상 존재한다. 어떤 주어진 종은 일정 정도의 유전자 변동을 받아들여야 한다. 적응의 가소성이, 따라서 진화의 능력이 그 변동에 의존하고 있기 때문이다. 어떤 이들은 일부 식물에서 역변유전자를 확인할 수 있었다고 믿었으나, 우리는 다른 유전자의 변이의 폭을 확대시킬 돌연변이 유전자의 존재를 결정할 수 없다. 설사 그렇다 하더라도 우리는 어떤 종의 서로 다른 유전자형, 즉 혈통이 우발적 주변 상황에 대해 서로 다른 가치를 나타낸다는 사실을 인정해야 한다. 선택, 즉 환경에 의한 선별은 안정적인 환경에서는 보수적이고 위기적 상황에서는 혁신적이다. 어떤 순간에는 더없이 위험한 시도들이 가능할뿐더러 적법하기도 하다. 과거에 없었던 새로운 주변 상황을, 그 결과 상황들이 강제하는 과업을 고려하여, 동물은 가치를 잃어버린 기관뿐 아니라 이제부터 불가결한 기능을 유지하는 데에 적합한 장치들을 이어받는 것이 가능하다. "동물과 식물은 비판받아 마땅한 만큼이나 상찬받아 마땅하기도

9) Georges Teissier, "Le Mécanisme de l'Evolution", *La Pensée*, 1945, no. 2 et 3.

하다." 그러나 동식물은 살아가고 재생산하며 이것만이 유일하게 중요한 사실이다. 우리는 이렇게 해서 어떻게 어떤 종들이 소멸하고, "가능했던 다른 종들이 전혀 현실화되지 않았는지"를 이해할 수 있다.

따라서 우리는 여기서 정상적이라는 용어가 어떠한 절대적이고 본질적인 의미도 갖지 않는다고 결론지을 수 있다. 우리는 이전의 연구에서[10] 생명체도, 환경도 서로 분리해서 고려된다면 정상적이라고 말할 수 없으며 다만 그들의 관계에서만 정상적이라고 말할 수 있다고 주장했다. 오직 그렇게 할 때에만 길잡이를 보존할 수 있으며, 그러한 길잡이를 놓친다면 필연적으로 이례적anomal 개체(이상의 담지자), 즉 통계적으로 결정된 특정한 유형에서 벗어난 개체를 모두 이상한 것, 즉 병리적인 것으로 간주하게 될 것이다. 이례적 생명체가 일단 허용되고 이어서 확산하게 되는 돌연변이란 사실이 추후에 명백해짐에 따라 예외가 통계학적인 의미에서 규칙이 될 것이다. 그러나 생물학상의 발견이 당시의 통계학적 규범에 대해 예외의 모습을 취할 때, 이 발견은 비록 그 자체로서는 아니더라도 또 다른 의미에서 정상으로 인정되어야 한다. 그렇지 않으면 우리는 병리적인 것이 재생산[생식]을 통해 정상적인 것을 야기할 수 있다는 생물학적 부조리에 빠지게 될 것이다.

유전자상의 변동과, 생존조건의 양과 질, 혹은 그들의 지리적 분포

---

10) Canguilhem, *Essai sur quelques problèmes concernant le normal et le pathologiques*, Thèse de médecine, Strasbourg, 1943.

상 변동이 상호 간섭함으로써 우리는 정상적인 것이 때로는 편차가 현저해질수록 드물어지는 평균의 속성을 의미하기도 하고, 또 때로는 그것의 재생산이, 즉 유지인 동시에 증식이 생명상의 중요성과 가치를 드러내는 특성을 의미한다는 사실을 알 수 있다. 두 번째 의미에서 정상적인 것은 규범의 설정자 혹은 규범형성적이라고 해야 하며, 그것은 [시간적으로] 원초형prototype이지 단순히 [무시간적인] 원형archetype이 아니다. 그리고 이 두 번째 의미가 첫 번째 의미의 기반이 되어야 한다.

그러나 우리는 의사의 관심을 끄는 것이 인간이라는 관점을 놓치지 않을 것이다. 우리는 인간에게서도 기형, 이상, 그리고 변이의 문제가 동물에서와 동일한 용어로 제기된다는 사실을 알고 있다. 드물지 않은 사례로 백색증, 지지유착, 혈우병, 색맹을 떠올려 보는 것으로 충분할 것이다. 우리는 또한 이러한 기형들 중 대부분이 그저 열등한 것으로 간주된다는 사실을 알고 있다. 만약 우리가 다음과 같은 사실을 모른다면 이들 기형이 자연선택에 의해 제거되지 않음을 보고 놀랄 수도 있을 것이다. 즉 한편으로는 돌연변이가 이러한 기형들을 끊임없이 새로운 것으로 만들고, 다른 한편으로는 인간의 환경이 어떠한 방식으로든 기형을 보호해 주며, 기형이 그에 상응하는 '정상적' 형태와 비교하여 나타내는 분명한 결함을 인위적 수단을 통해 보상한다는 사실이다. 인간의 생활조건에서는 사회적 관습 규범이 생물학적 훈련 규범을 대체한다는 것을 기억하자. 드샹브르Amédée Dechambre의 표현에 따르면 사육을 생물학적 환경의 일종으로 간주한다는 것 자체가 이미 가축화된 동물의 생명이 야생 상태에서는 냉혹하게 제거될 기형을 용인하고 있다는 사실을 보여 준다. 가축화된 대부분의 종들은 현저하게 불안정하다. 개만 떠올려 봐도 그렇다. 이것으로 인해 일부 학자들은 이 불안정성이 해당 동물종이 지닌 가축화의 성공 요인의 징표가 아닌지 자문하게 되었다. 예를 들어 숨겨진 저항이 최소라는 징표는 인간이 실용적으로 의도한 목적만큼이나 다른 종들은 배제되고 이 종들만이 선별적으로 가축화되는 데에 성공한 이유를 설명해 줄 것이다. 따라서 만약 어떤 기형, 즉 특정한 주제에 관한 개체적 변이가 생활환경이나 생활양식과의 관계에서만 병리적이 되는 것이 사실이라면, 인간에 있어서 병리적인 것의 문제는 엄격하게 생물학적인 것으로만 남을 수 없다. 왜냐하면 인간적 활동, 노동 그리고 문화의 즉각적 효과가 인간의 생활환경을 끊임없이 변화시키고 있기 때문이다. 인간에게 고유한 역사는 제반 문제들을 변용시킨다. 어떤 의미에서는 과거 환경의 변화를 수동적으로 참아 내는 대신 새로운 환경을 창조할 수 있다는 측면에서 인간종에겐 자연선택이 없다고 말할 수 있다. 그리고 다른 의미에서 인간이 모든 환경에서 생존과 저항, 그리고 기술적·문화적 활동이 가능한 생명체라는 점에서 인간의 자연선택은 그 완성의 극한에 도달했다고도 할 수 있다.

우리가 형태학적 이상에서 기능적 질병으로, 예를 들어 색맹에서 천식으로 이행한다 해도 문제의 형식이 바뀐다고는 생각하지 않는다. 왜냐하면 양자 사이에서 모든 종류의 중간항, 즉 체질성 질환이나 본태성 질환(예를 들어 고혈압)을 발견할 수 있기 때문이다. 이들 질환이 추후에 발견될 어떤 미시적 이상과 관계 있을 수 있음을 선험적으로

부정하는 것은 불가능하며, 이런 미시적 이상이 언젠가 기형학과 병리학 사이의 매개를 드러낼 것이라고 기대해도 좋을 것이다. 그런데 어떤 형태학적 이상, 즉 사실상의 단순한 차이가 병리적인 것, 즉 부정적 생명 가치를 띠게 되는 것은 생명체가 어떤 과업을 불가피하게 수행해야 하는 특정 환경과 관련하여 그 효과가 평가될 때이다. 이와 마찬가지로 생리적 상수(심장 박동, 혈압, 기초 대사, 체온의 일주기 등)의 편차 또한 그 자체로 병리적 사실을 구성하지는 않는다. 그런데 이 같은 편차는 객관적으로, 그리고 사전에 결정하기가 참으로 어려워지는 순간 병리적이 된다. 이것이 로지에Henri Laugier, 지거리스트Henry E. Sigerist 그리고 골드슈타인[11]같이 아주 다른 학자들이 단순히 통계적 평균에 준거해 정상적인 것을 규정할 수 없으며, 이를 위해서는 연속적인 동일한 상황 혹은 변화하는 상황 속에 놓인 개체 그 자체에 준거해야 한다고 생각했던 이유이다. 이 점에 있어 골드슈타인만큼 많은 것을 시사해 준 저자는 없다. 골드슈타인에 따르면 규범은 구체적·개별적 사례들을 이해하는 데에 도움이 되어야 한다. 따라서 규범의 가치는 그것이 기술하는 내용보다, 즉 현상의 요약과 진단의 근거가 되는 증상의 요약이 아니라, 무질서라는 의미에서, 다시 말해 파국적 반응의 발현이라는 의미에서 변용된 유기체의 총체적 행동을 드러낸다는 점에 있다. 증상의 내용에 일어난 변질이 질병으로 나타나는 것은 그때까지

11) Laugier, "L'Homme normal", *Encyclopédie française*, 1937, tome IV; Sigerist, *Introduction à la médecine*, 1932, chap. IV; Goldstein, *La Structure de l'organisme*, 1934, chap. VIII.

자신의 환경과 균형 관계에 있던 존재의 실존이 위험할 정도로 피해를 입었을 때뿐이다. 주위와의 관계에서 정상적 유기체에게 적합했던 것이 변용된 유기체에게는 부적합하거나 위험한 것이 된다. 환경에 파국적으로 반응하는 것은 유기체 전체이며, 이후 그 유기체에게 본질적으로 귀속되는 활동가능성을 실현할 수 없게 된다. "개인적 환경에 대한 적응은 건강의 근본적 전제들 중 하나이다."

이러한 생각은 역설적인 것으로 보일 수 있다. 왜냐하면 그것은 의사들의 주의를 객관적 평가가 가능한 측정이나 제시가 아니라 환자가 주관적으로 체험하는 사실이나 사태로, 즉 장해, 부적응, 파국, 위험과 같은 사태로 이끌기 때문이다. 그런데 건강을 "기관들의 침묵 속에 잠긴 생명"으로 정의한 르리슈에 따르면 질병을 인간의 활동을 저해하는 것으로만 정의하는 것은 불충분하다. 우리는 "질병을 정의하기 위해서는 질병을 탈인간화해야 한다"는 그의 정식으로부터 골드슈타인의 주장에 대한 반론을 이끌어 낼 수 있을지도 모른다. 그러나 이는 그렇게 간단하지 않다. 르리슈는 다음과 같이 썼다. "동일한 해부학적 외양 아래에서 사람은 병드는 경우도 있고, 그렇지 않은 경우도 있다. [⋯] 병변은 임상적 질병, 즉 환자의 질병을 만드는 데 충분치 않다." 이는 해부학에 대한 생리학의 우위를 주장하는 것이다. 그러나 이 생리학은 토끼나 개를 대상으로 취하는 생리학이 아니라 총체적 인간, 예를 들면 "자극과 온전한 개인 사이의 갈등에서" 고통을 느끼는 인간의 생리학이다. 이 생리학은 필연적으로 우리로 하여금 세계 내에서 인간의 행동을 고려하도록 만든다.[12]

만약 우리가 르리슈와 골드슈타인의 주장 사이의 중재안을 찾아 내야 한다면, 우리는 셀리에[13] 연구의 결론에서 이를 찾아내고자 한다. 그는 다음과 같은 사실을 관찰했다. 즉 행동의 실패나 부조不調, 예를 들어 유기체의 긴장상태를 반복해서 만들어 내는 감정이나 피로는 부신피질에 구조적 변용을 유발한다. 이는 순수하지만 대량의 호르몬 물질이나 불순한 호르몬 물질을, 혹은 독성 물질을 내적 환경에 투여했을 때 야기되는 구조적 변용과 유사하다. 스트레스나 불규칙한 긴장과 같은 유기체의 모든 상태는 부신의 반응을 유발한다. 유기체에서 부신피질 호르몬의 역할을 고려했을 때, 모든 곤경 상황이 부신의 반응을 야기하는 것이 일반적이라면, 지속되는 파국적 행동이 먼저는 기능적 질병(예를 들면 고혈압)으로, 이어서 형태학적 병변(예를 들면 위궤양)으로 귀결될 가능성이 있다. 골드슈타인의 관점에서는 파국적 행동을 질병으로, 르리슈의 관점에서는 생리적 장애에 의한 조직학적 이상의 출현을 질병으로 보게 된다.[14] 이 두 관점은 결코 상호배제적이나 대립적이지 않다. 여기서 상호적 인과관계에 호소하는 것은 아무런 도움이 되지 않을 것이다. 우리는 기능적인 것과 형태학적인 것에 대한 심리적인 것

---

12) R. Leriche, "De la Santé à la Maladie", "La Douleur dans les maladies", "Où va la médecine?", *Encyclopédie française*, VI, 1936; *La Chirurgie de la douleur*, 1937; *La Chirurgie à l'ordre de la vie*, 1944.
* 병리학에서 기능부전의 우위에 대해서는 다음을 참고하라. P. Abrami, "Les Troubles fonctionnels en pathologie", Leçon d'ouverture du Cours de Pathologie médicale, dans *Presse Médicale*, 23 décembre 1936.

13) Hans Selye, *Stress*, Montréal: Acta Medical Publishers, 1950.

14)* 병리학에서 기능장애의 우선성에 대해서는 P. Abrami의 "Les Troubles fonctionnels en pathologie"(의학적 병리학 강의 기조연설, *Presse Mdicale*, 1936년 12월 23일) 또한 참조할 것.

의 영향에 관해서는 아무것도 명확히 알고 있지 않으며, 그 역에 대해서도 마찬가지이다. 우리는 두 종류의 혼란을 동시에 확인하고 있다.

규범과 정상적인 것을 개체화시킴으로써 우리가 계속해서 정상적인 것과 병리적인 것 사이의 경계를 허무는 것처럼 보일 수도 있다. 그리고 그렇게 함으로써 흔히 원용되는 통념의 생명력을 강화시키는 것처럼 보일 수도 있다. 왜냐하면 그것은 문제에 대한 해답을 제시하는 모습을 띠지만 실제로는 문제 자체를 제거하는 더없는 장점을 나타내기 때문이다. 만약 여기서는 정상적인 것이 저기서는 병리적인 것일 수 있다면, 정상적인 것과 병리적인 것 사이에 경계는 없다는 결론은 매력적이다. 만약 우리가 정상적인 것이 각 개체에 따라 상대적임이 규칙이라고 말하고자 한 것이라면 이는 옳다. 그러나 이것이 어떤 개체에게서 정상적인 것과 병리적인 것 사이의 구분이 절대적이지 않다고 말하는 것은 아니다. 어떤 개인이 병에 걸렸다고 느끼고 병들었다고 말하고 환자로서 행동하기 시작할 때, 이 개인은 다른 세계로 진입한 것이며 따라서 다른 인간이 된 것이다. 정상적인 것의 상대성은 절대로 의사로 하여금 정상적인 것과 병리적인 것 사이의 구별을 무효화시키는 혼동 속에 빠지도록 장려하는 것이 되어서는 안 된다. 이 같은 혼동은 흔히 클로드 베르나르 사유에서 본질적인 주장의 매력으로 과시되기도 했다. 그 주장에 따르면 병리적 상태는 정상적 상태와 동질적이며, 양자 사이에는 다소간의 양적인 차이가 있을 뿐이다. 이 같은 실증주의적 주장의 연원은 18세기와 스코틀랜드 의사 브라운John Brown을 거쳐 글리슨Francis Glisson과 초기의 자극성 이론에까지 거슬러 올라간다. 이 이론은 클로드 베르나르에 앞서 브루세François Broussais와 오귀스트 콩트에 의해 대중화되었다. 사실, 만약 우리가 병리적 사실을 증상과 해부-생리학적 기제들에서 자세히 검토해 보면, 정상적인 것과 병리적인 것이 각각의 형식 아래에서 동질적인 현상들의 단순한 양적 변화(예를 들면 당뇨병에서 혈당)로 나타나는 경우가 다수 있다. 그러나 이러한 원자적 병리학은 교육적으로는 불가피하다 하더라도 이론적으로, 그리고 실천적으로는 논란의 여지가 있는 것으로 나타난다.[15] 총체적으로 고려된 유기체는 질병에 걸림으로써 '별개의 존재'가 되며, 일부 측면만 제외하면 양자는 동일하지 않다. (당뇨는 영양섭취의 질병으로 간주되어야만 한다. 거기서 당대사는 내분비계에서 분리될 수 없는 작용에 의해 조정되는 다수의 요소들에 의해 좌우된다. 그리고 일반적으로 영양섭취에 대한 질병은 나쁜 식사·생활습관에 관련된 기능상의 질병이다.) 이것은 어떤 의미에서는 르리슈도 인정했던 바이다.

> 인간의 질병은 항상 하나의 전체이다. […] 질병을 만들어 내는 것은 우리 안에서 아주 미묘한 방식으로 통상적인 생명의 활력과 맞닿아 있으며, 그 활력의 반응은 일탈한 생리학이 아니라 새로운 생리학에 속한 것이다.

---

15)* 이러한 주장에 관련된, 그리고 마찬가지로 우리의 비판과 관련된 논쟁에 대해서는 프랑수아 다고네(François Dagognet)의 *La Raison et les remèdes*, Paris: PUF, 1964, 그리고 미셸 푸코(Michel Foucault)의 *Naissance de la clinique*, Paris: PUF, 1963, 특히 p. 35 이하를 참조할 것.

이제는 보다 명료하게 상기 고찰의 서두에서 제기되었던 질문에 대답하는 것이 가능하게 되었다고 생각된다. 우리는 '병리적'이란 개념이 '정상적'이란 개념과 논리적 모순 개념이라고 말할 수 없다. 왜냐하면 병리적 상태에 있는 생명은 규범의 부재가 아니라 다른 규범의 현전이기 때문이다. 엄밀하게 말해 '병리적'은 '건강한'의 정반대말이지 '정상적'의 논리적 모순 개념이 아니다.[16] 비-정상a-normal이라는 프랑스어 단어에서 접두사 '비'a는 일반적으로 뒤틀림distorsion의 의미로 이해된다. 이를 납득하기 위해서는 프랑스어 용어를 라틴어 용어인 abnormis, abnormitas, 독일어 용어인 abnorm, Abnormitt, 영어 용어 abnormal, abnormity 등과 비교해 보는 것으로 충분하다. 질병, 즉 병리적 상태는 규범의 상실이 아니라 생명상 열등하거나 가치가 저하된 규범에 의해 규제되는 생명의 형세이다. 그 규범이 열등한 이유는 이전에 자신의 것이었고, 다른 생명체들에게는 여전히 허용된 생활양식에 능동적이고 손쉽게 참여하는 것, 자신감과 확신을 낳는 방식으로 참여하는 것을 그 생명체에게 금지하기 때문이다. 열등함과 평가절하에 대해 이야기하면서 우리가 순수하게 주관적인 관념들을 개입시켰다고 반론을 제기할 수도 있고, 사실 반론한 사람도 있다. 하지만 지금 우리가 다루고 있는 것은 개체적 주관성이 아니라 보편적 주관성이다.

---

16) "상대적으로 희귀하고 예외적인 것, 예를 들면 질병과 같은 것을 비정상으로 간주하는 것은 인간 정신의 습관에 합치한다. 그러나 질병은 또한 건강만큼이나 정상적인 것이기도 하다. 어떤 관점에서 보았을 때에 건강은 질병을 피하고 그로부터 벗어나려는 지속적인 노력이다." Henri Bergson, *Les Deux Sources de la Morale et de la Religion*, Paris: Alcan, 1932, p. 26.

만약 질병에 의한 일탈에 대한, 즉 생명의 가치저하에 대한 보편적인 주관적 반응의 객관적인 지표가 있다면, 이는 분명 시공간 속에서 인류와 공존해 온 의학의 존재, 다시 말해 질병 치료에 관한 다소간 학술적 기술인 의학의 존재이다.

골드슈타인이 말한 것처럼 병리적 생명의 규범은 유기체로 하여금 과거의 생활환경과는 그 구조에서 질적으로 다른 '좁아진' 환경에 살 것을 강요한다. 이제 그 유기체는 새로운 상황에 의해 강제되는 반응이나 기획에 맞추어 새로운 환경의 요구에 직면할 수 없어 오직 이 좁아진 환경에서만 살 수 있게 된다. 그런데 이미 동물에게는, 그리고 말할 것도 없이 인간에게 산다는 것은 단지 식물적으로 생존하고 자기 보존하는 것이 아니라 위험에 직면하고 이를 극복하는 것이다. 인간에게 있어 건강은 정확히, 그리고 원칙적으로 생명과 행동의 규범이 가지는 어느 정도의 자유도, 어느 정도의 여유이다. 건강을 특징짓는 것은 규범들의 변동을 허용할 수 있는 역량이다. 오직 상황과 환경의 안정성만이, 외관상 보장된 것처럼 보이지만 실제로는 항상 필연적으로 일시적인 안정성만이 확정적 '정상성'이란 허구적 가치를 그 규범에 부여한다. 인간은 다수의 규범을 수용할 수 있을 때, 정상 이상일 때에만 진정으로 건강하다. 건강의 척도는 이전과는 다른 새로운 생리학적 질서를 수립하여 유기체의 위기를 극복할 수 있는 어떤 능력이다. 농담이 아니라 건강은 질병에 걸릴 수 있고, 이로부터 회복될 수 있다는 의미에서 사치이다. 반대로 모든 질병은 다른 질병들을 극복할 수 있는 능력의 축소를 의미한다. 생명보험의 경제적 성공은 결국 건강이 생물학적 의미에서 생명에서의 보험이라는 사실에 의거하며, 그 같은 생명은 통상 자신의 가능성의 범위 내에 있지만 경우에 따라서는 그 '정상적' 역량을 넘어서기도 한다.[17)]

우리는 생리-병리학의 문제에 관한 이 관점이 정신병리학의 문제들과의 대조를 통해 부인될 것이라고 생각하지 않는다. 왜냐하면 반대로 일반 의사들보다는 정신과의사들이 정상적인 것의 문제에 대해 보다 많이 고찰해 온 것이 사실이기 때문이다. 상당수의 정신과의사는 정신질환자가 '다른' 인간이며, 그의 장해는 정상적 정신현상을 확대시킴으로써 단지 정상적 정신현상을 연장한 것이 아니라는 사실을 인정한다.[18)] 이 영역에서 이상자는 정말로 다른 규범을 갖고 있다. 그러나 대부분의 경우 심리학자나 정신과의사는 이상적異常的 행동이나 표상에 대해 이야기할 때 정상이라는 명칭하에 현실이나 생명에 대한 일정한 적응형태를 염두에 두었다. 현실이나 생명은 결코 절대적인 것이 아니며, 다음과 같은 자들만이 절대적이라고 생각한다. 그들은 기술적, 경제적 혹은 문화적 가치들의 상대성에 대해 한 번도 생각해 보지 않았으며, 조금도 주저하지 않고 이런 가치들의 가치에 집착하고, 결국은 그들이 광기에서 고발하는 망상에 지극히 가까운 망상의 희생자로 드러난다. 그들이 이 같은 망상의 희생자가 되는 이유는 주변 사람들과 그들의 역사가 자신에 대한 조건의 양태를 만든다는 사실을 망

17)* 신체의 기능과 구조에서 안정성의 여지에 대해서는 다음을 참고하라. W. B. Cannon, "La sagesse du corps", *Nouvelle Revue Critique*, Paris, 1946.

18) 우리는 여기서 민코프스키, 라캉(Jacques Lacan), 라가슈(Daniel Lagache)를 떠올린다.

각하고, 그들 자신이 이런 규범들에 대한 규범을 체현한다고 진심으로 믿기 때문이다. 생물학에서는 신체적이거나 기능적인 독자성으로 인해 전진적 이상異常, anomaly과 퇴행적 질환을 구별할 수 있게 해 주는 실마리를 놓치는 일이 일어난다. 이와 마찬가지로 심리학에서도 주어진 문화 환경에 대한 부적응이 광기인지 천재성인지를 구별하게 해 주는 실마리를 놓치는 일이 흔히 일어난다. 그런데 건강할 때에는 규범을 만드는 힘이 생명체와 환경 사이의 논쟁을 추구함으로써(질병의 위험을 정상으로 받아들임을 내포하는 추구) 통상적인 생리적 규범에 문제를 제기할 수 있다고 인정하는 것으로 보인다. 이와 마찬가지로 인간의 심리현상에 관한 규범이란 제반 규범을 수정하고 수립할 수 있는 힘으로서 자유에 대한 요구이자 자유의 행사로 보인다. 이 요구는 통상적으로 광기의 위험을 내포한다.[19] 인간의 심리현상에 대해 다루면서 이상자異常者가 규범에 따르지 않는다고 누가 주장하려 하겠는가? 아마도 그가 규범을 지나치게 따르기 때문에 이상異常이다. 토마스 만은 다음과 같이 썼다. "질병과 광기가 언제 시작되는지를 결정하는 것은 그리 쉽지 않다. 아무나 이를 결정할 수 있는 것은 아니다."[20] 의사라고 해도 자신들의 고귀한 활동에 의미를 부여하는 이 질문들에 대해 개인적으로 성찰하지 않는 경우가 아주 많기 때문에, 일반인들보다 이

19)* 앙리 에(Henri Ey)에 따르면, 정신적 건강은 그 말의 두 가지 의미 모두에서 질병을 '포함한다/억누른다'(contenir). *Esprit*, no. 12, 1952, p. 789에서 인용.

20) Thomas Mann, *Doktor Faustus*, Stockholm, 1947. L. Servicen의 프랑스어판, Paris: Albin Michel, 1950에서 생명과 질병의 관계에 관한 구절들은 pp. 303, 304, 312에 수록되어 있다.

질문에 더 잘 대답할 수 있는 것도 아니다. 책의 주인공이 니체와 의도적으로 조우함으로써 다음과 같이 말한 것을 보면 토마스 만이 얼마나 통찰력 있는 사람인지 알 수 있다.

> 다른 사람이 병에 걸리거나 미치지 않기 위해서는, 항상 병에 걸렸었던, 혹은 미친 사람이 있어야 한다. […] 병들지 않는다면 생명은 결코 완전해질 수 없다. […] 병적인 것으로부터는 병적인 것만이 나오는가? 얼마나 어리석은 말인가! 생명은 그렇게까지 인색하지 않으며 도덕에 개의치도 않는다. 생명은 질병의 대담한 생산물을 탈취하며, 흡수하고 소화시키고, 그것을 자신에 통합시킴으로써 건강하게 된다. 생명의 작용 아래에서 […] 질병과 건강 사이의 모든 구분은 제거된다.[21]

결론적으로 우리는 인간생물학과 의학이 인간학의 필수적인 부분이며, 지금까지도 끊임없이 그래 왔다고 생각한다. 그렇지만 우리는 또한 어떤 도덕을 상정하지 않는 인간학은 없으며, 따라서 '정상적'이란 개념은 인간의 차원에서 항상 규범형성적 개념, 그리고 본래적으로 철학의 범위에 속하는 개념이라고 생각한다.

---

21) [영어판 주] *Ibid.*, p. 258.

5. 기형과 괴물적인 것

기형체의 존재는 우리에게 질서를 가르친다는 생명의 능력에 대해 의문을 갖게 만든다. 이러한 의문은 즉각 제기된다. 비록 우리가 이전에 가졌던 신뢰가 아무리 오래된 것이라 하더라도, 즉 찔레나무에서는 찔레꽃이 피고, 올챙이는 개구리로 변하며, 암말이 망아지에게 젖을 주는 것을 보는 관습, 좀 더 일반적으로 말하자면, 동일한 것이 동일한 것을 낳는 것을 보는 것에 대한 우리의 익숙함이 아무리 견고할지라도 말이다. 신뢰에 대한 저버림, 형태학적 일탈, 특이하고 수상쩍은 외형만으로도 우리는 근본적인 불안에 사로잡힌다. 불안은 그렇다 치자. 하지만 어째서 '근본적인' 불안인가? 왜냐하면 우리가 생명체, 다시 말해 생명 법칙의 실재적 결과인 동시에 우리 자신이 생명의 우발적인 원인이기도 하기 때문이다. 생명의 실패는 이중적으로 우리에게 관여한다. 왜냐하면 어떤 실패가 우리에게 닥칠 수도 있었고, 우리가 실패를 일어나게 할 수도 있기 때문이다. 단지 우리 인간이 살아 있는 존재라는 이유만으로 형태학적 실패가 기형체로 보이는 것이다. 만약 우리가 순수한 이성, 증명하고 계산하며 이해하는 순수한 지성기계, 따라서 우리들의 사유계기에는 타성적이고 무관심한 존재라고 가정해 보자. 그러면 기형이란 단순히 동일한 것과는 다른 것, 가장 개연성 있는 질서와는 다른 질서가 될 것이다.

기형체(괴물)라는 형용은 오직 유기적 존재자들에게 국한되어야 한다. 광물의 기형체는 존재하지 않는다. 기계의 기형체도 존재하지 않는다. 내적 일관성의 규칙이 없는 것, 형태나 그 크기가 규준이나 주형, 모델에 의해 제시될 수 있는 표준규격의 양측으로 진동하는 편차를 나타내지 않는 것, 이런 것들은 기형적이라고 할 수 없다. 우리는 어떤 바위가 거대하다고는 말할 수 있지만 산이 기형적이라고 말하지는 않는다. 산이 생쥐를 낳는 우화적 세계에서가 아니라면 말이다.[1] 거대한 것과 기형적인 것의 관계를 설명하려는 시도가 있었을 것이다. 양자 모두 분명 규범에서 벗어난 것이다. 그런데 거대한 것이 벗어난 규범은 다만 도량형상의 것일 뿐이다. 이 경우 어째서 거대한 것은 그 거대함 자체가 아닌 그것이 거대해진 과정, 즉 성장의 측면에서만 문제시되는 걸까? 분명 일정 정도의 성장에서 양이 질을 의문에 붙이기 때문일 것이다. 이렇게 거대함이 기형에 가까워진다. 거인증의 애매함이 이 지점에 있다. 거인은 단지 크기만 한 것인가, 아니면 기형인가? 신

---

1) [옮긴이 주] 거창한 것이 보잘것없는 결과를 야기하는 경우에 사용되는 프랑스의 속담이다. 한국의 '소문난 잔치에 먹을 것 없다'는 속담과 유사한 의미를 지닌다. 본 맥락에서는 이 의미에서가 아니라 '우화적 세계'를 표현하기 위해 인용되었다.

화의 거인은 기적이다. 즉 거인의 크기는 "그에 대한 개념을 구성하려는 목적을 무효화시킨다".[2] 만약 인간이 힘이나 기능의 일정한 한계에 의해 정의된다면, 그 크기에 의해 인간의 한계를 벗어나는 인간은 더 이상 인간이 아니다. 거인이 더 이상 인간이 아니라고 말하는 것은 다른 한편 그가 여전히 인간이라고 말하는 것이기도 하다. 반대로, 작음은 사물의 성질을 그 내부 깊숙이 비장秘藏시키는 것처럼 보인다. 질은 덜 노출되어 있을수록 더 잘 보존된다.

따라서 우리는 기형의 정의에 기형이 지닌 생명체로서의 본성을 포함시켜야 한다. 기형은 부정적인 가치를 지닌 생명체이다. 여기서 유진 뒤프렐Eugène Dupréel로부터 지극히 독창적이고 심오한 가치이론의 근본 개념들 중 일부를 빌려 이를 설명할 수 있다. 생명체의 가치를 만드는 것은, 혹은 더 정확히 말해 생명체를 자신의 물리적 환경과 비교하여 가치 있는 존재로 만드는 것은 그들의 특이한 견고함이다. 이 견고함은 물질적 환경의 변동과는 뚜렷이 대비되며, 변형에 대한 저항이자 형태의 온전함을 보존하기 위한 투쟁으로 나타난다. 그것은 일부 종에서는 절단 부위의 재생이며 모든 종에서는 생식이다. 그런데 기형은 감소된 가치를 지닌 생명체일 뿐만 아니라, 다른 생명체의 가치를 돋보이게 만드는 생명체이기도 하다. 우리에게 익숙한 생명의 안정성이 잠정적인 것임을 드러냄으로써 기형은 특정한 반복에, 형태학적 규칙성에 그리고 구조화의 성공에 가치를 부여한다. 그 가치는 우리가

---

2) Kant, *Critique du jugement*, §26.

그들의 우연성을 파악할수록 더욱 높아진다. 생명의 반대가치는 죽음이 아니라 기형이다. 죽음은 유기체의 해체라는 항구적이고 무조건적인 위협이다. 죽음은 외부로부터의 제한, 즉 비-생명체에 의한 생명체의 부정이다. 그러나 기형은 형태 형성의 미완성이나 뒤틀림이라고 하는 우연적이고 조건부적인 위협으로, 그것은 내부로부터의 제한, 생존 불가능한 것을 통한 생명체의 부정이다.

기형체에 대해 인간의 의식이 가지는 양가적 태도는 생명의 가치를 정확하고 온전하게 평가하는 데 중요한 기형에 대한 혼란스러운 감정에 뿌리를 두고 있음이 분명하다. 앞서 우리는 두려움이라고 말했는데, 한편으로 이는 극도의 공포이기도 하다. 그러나 다른 한편으로는 이 감정은 매혹적이라고까지 말할 수 있는 호기심이기도 하다. 전도된 경이라 할지라도, 어쨌든 기형이 경이인 것은 사실이다. 한편 기형성은 불안을 야기한다. 생명은 우리가 생각하는 것보다 스스로에 대해 덜 확신한다. 다른 한편 기형성은 더 높은 가치를 부여하는 역할을 한다. 왜냐하면 생명은 실패할 수 있으므로, 생명의 모든 성공은 곧 모면된 실패이기 때문이다. 성공이 필연적이지 않다는 것은 전체적으로는 성공의 가치를 떨어뜨리지만, 개별 성공의 가치는 끌어올린다. 우리가 부정적인 가치를 경유하여 가치철학에 접근할 때, 가스통 바슐라르를 빌려 참된 것은 상실된 환상의 한계라고 말하는 데 아무런 문제가 없으며, 우리가 지금 다루는 문제와 관련해 가브리엘 타르드를 빌려 정상적 유형은 기형성의 영점이라고 이야기해도 전혀 문제가 없다.[3)]

의식은 일탈된 생명을 의심하고 생식reproduction과 반복의 개념을 분리하기에 이른다. 이렇게 된 이상 누가 의식이 더욱 생동감 넘치는, 즉 더 큰 실행의 자유를 누릴 수 있는 생명을 가정하는 것을, 그리고 의식이 생명이 인위적으로 일으킨 예외뿐만 아니라 자발적으로 자신의 습관을 위반할 수도 있다고 가정하는 것을 막을 수 있겠는가? 세 개의 다리를 지닌 새를 보면서 다리가 너무 많다고 말할지, 아니면 단지 다리가 하나 더 달렸을 뿐이라고 말할지에 주의를 기울여야 하는가? 생명이 소심하거나 검소하다고 판단하는 것은 생명보다 더 멀리 나아가고자 하는 충동을 생명의 내부에서 감지하는 것이다. 그러면 생명을 시험할 수 있는 여러 기획으로서 생명의 기형적 소산과 머리가 여럿 달린 괴수, 완전무결한 이상적 인간, 기형을 본뜬 상징을 병치하도록 인간의 정신을 이끄는 이 충동은 어디에서 유래하는가? 이 충동은 상상적 세계가 그 무한함을 드러냄으로써 자각되는 시적 비약이 그리는 곡선에 생명이 기하학적 의미에서 내접하리라는 사실로부터 유래하는가? 아니면, 생명의 사소한 실수가 인간의 공상력에게, 자신이 생명으로부터 대여해 온 것을 결국 반환하게 될 모방을 하도록 유도하기 때문인 것일까? 여기서 대여와 반환 사이에는 너무나 큰 거리가 있어 이처럼 성실한 합리적 설명을 받아들이는 것이 이치에 닿지 않는 것으로 보일 정도이다. 생명체에서 기형은 드물다. 환상적인 것은 하나의 세계를 이룬다.

이 지점에서 기형과 괴물적인 것의 관계에 대한 까다로운 문제가

---

3) Gabriel Tarde, *L'Opposition universelle*, Paris, 1987, p. 25.

제기된다. 이 두 개념은 동일한 어원학적 기원을 가진 개념쌍이다. 이 두 개념은 규범적 판단의 두 형식, 즉 의학적 및 법률적 판단의 형태로 사용되었고, 이 두 형태는 처음에 종교적 사유 속에서 혼재되어 있다가 점진적으로 추상화되고 세속화되었다.

고대인이나 중세인들이 기형을 괴물적인 것의 결과물로 여겼다는 사실에는 의심의 여지가 없다. 일견 지극히 실증적이고 기술적으로 보이는 잡종hybride이라는 용어조차 그 어원에서 이러한 사실을 입증해 준다. 종이 다른 동물 사이의 교배에 의해 생긴 산물은 동종 교배 금지의 규칙을 위반한 교잡, 즉 유사성의 계율을 무시한 결합의 산물이다. 잡종으로부터 기형으로의 이행은 자연스러웠다. 중세는 괴물성과 불법성의 동일시를 보존했으나, 악마적인 것을 참조함으로써 그 내용을 더욱 풍부하게 만들었다. 기형체(괴물)는 종간 성적 분리의 원리를 위반한 결과물인 동시에 피조물의 표를 왜곡시키려는 의지의 징표였다. 기형은 생명의 우연성에서 비롯된 결과라기보다는 생명체들의 방탕에 의한 것이었다. 스키피온 뒤플렉스는 어째서 다른 지역보다 아프리카에 더 많은 괴물이 나타나는지를 묻고 다음과 같이 답한다. "왜냐하면 모든 종류의 동물들이 물을 마시기 위해 모두 물 가까이에 모여 있으며, 여기서 종을 유지하려는 조심성이 없이 서로 교미하기 때문이다."[4] 기형을 일으킨 원인으로 지목되는 것은 바로 조심성의 결여이

---

4) Scipion Dupleix, *Corps de Philosophie: La Physique ou Science des choses naturelles*, 1판, Paris, 1607, Genève, 1636, livre VII, chap. 22, "Des monstres".

다. 그러나 여기서 조심성이란 많은 의미가 함축된 애매한 용어이다. 기형은 술을 마신 동물들이 벌인 사육제의 결과이다!

동물의 경우보다는 인간의 경우가 더욱 기형의 출현이 일종의 낙인이 된다. 여기서는 불법의 문제가 불규칙의 문제를 가리며, 책임이 인과를 가린다. 동방에서는 기형이 신격화된 반면, 그리스와 로마는 기형을 희생물로 바쳤다. 더구나 라케다이몬에서 기형아의 엄마는 돌팔매질을 당하고 로마로 추방된 이후, 정화의식을 거친 다음에야 도시로 돌아올 수 있었다. 이집트와 로마가 지닌 이러한 태도상의 차이는 자연의 가능성에 대한 상이한 이론과 관련이 있다. 윤회전생, 즉 변신을 허용하는 것은 인간을 포함하여 여러 종간의 유연성類緣性을 인정하는 것으로, 이 유연성이 종간교배 가능성의 기초가 된다. 반면 자연 안에서 신들이 각자 영향을 미치는 영역이나, 혹은 근원적인 규약을 구별하는(루크레티우스) 순간부터, 그리고 발생의 양상에 근거하여 종의 분류를 개괄하고 수태의 조건과 상황을 관할하는 데 전념하는(아리스토텔레스) 순간부터, 자연은 가능성만큼이나 불가능성을 통해서도 규정된다. 동물 형태의 기형은 우리가 그 존재를 인정한다면 사물의 질서, 즉 사물의 완전성과 하나를 이루는 질서를 위반하려는 의도적 시도의 결과로 간주되어야 한다. 또한 그것은 무한, 혼돈, 반反-코스모스에 대한 현기증 나는 매혹을 포기한 결과로 간주되어야 한다. 중세의 기형학과 악마학 사이의 연관성은 에른스트 마르탱이 자신의 저서 『기형체의 역사』[5]에서 보여 준 것처럼 기독교 신학에 항존하는 이원론의 결과이다. 이 문제를 다룬 수많은 문헌들이 존재한다. 우리는 처음에는 법적 개념이었던 괴물성이 점차 상상의 범주로 구성되는 과정을 이해하도록 해 주는 범위 내에서만 관련 문헌을 언급하고자 한다. 즉 책임이 어떻게 전가되었는지에 대해서 이야기하겠다는 것이다. 여성들이 몽마夢魔, incube(잠자는 여자를 범하는 악마)나 음몽마녀淫夢魔女, succube(잠자는 남자와 성교한다는 악마)와 직접 교접하는 것을 인정할 수 없었던 신학자들, 재판관들 혹은 철학자들은 악마의 출현을 목격하는 것이 인간의 발생 과정을 변질시킬 수 있다는 견해를 주저 없이 받아들였다. 대중들 사이에 여전히 만연해 있는 모반母斑 이론(임신 중 모친의 욕구불만이 출생아의 반점으로 나타난다는 속설)은 히포크라테스의 『과잉수태에 관하여』*De la Superfétation*에서 제시되었다. 이 책에서 히포크라테스는 기형아를 출산한 아테네 귀부인의 결백을 밝히기 위해 그녀가 에티오피아인의 초상화를 바라본 것만으로 기형아를 출산하게 되었다고 설명한다. 요컨대 파스칼이 상상력이야말로 오류와 허위의 정부情婦임을 고발하기 훨씬 이전부터 상상력은 자연의 통상적 작용을 변조하는 물리적 능력을 가진 것으로 인정되었던 것이다. 앙브루아즈 파레Ambroise Paré는 기형의 원인 중 하나로 상상력의 영향력을 꼽았다.

말브랑슈Nicolas Malebranche는 데카르트 역학의 원리에 따라 상상력에 대해 엄격하게 생리학적인 설명을 제시한다. 여기서 상상력은 모방하는 물리적인 기능에 지나지 않는다. 이 모방 기능에 따라 모체에 의해 지각된 대상이 임신 중인 태아에게 '여파'contrecoup를 남기는 것이

5) E. Martin, *Histoire des monstres depuis l'Antiquité jusqu'à nos jours*, Paris, 1880, p. 69.

다. 그런데 말브랑슈는 히포크라테스와 마찬가지로 모상模像을 지각하는 것이 실제 대상을 지각하는 것과 동일한 효과를 야기한다는 점을 인정한다. 말브랑슈는 정념, 욕망, 상상력의 착란이 모두 비슷한 효과를 갖는다고 주장한다.[6] 합리화된, 따라서 약화된 형태로 우리는 여기서 기형의 기원에서 괴물적인 것을 재발견한다. 전성설과 축소모형설의 지지자였던 말브랑슈에게 이 이론의 장점은 태초에 괴물적인 배아의 원인을 창조한 잘못을 신에게 묻지 않아도 된다는 것이었다. 우리는 이러한 이론이 인간의 기형에 대해서는 맞을 수도 있겠지만 생명 전반에 대해서까지 일반화될 수는 없다고 반박할 것이다. 그런데 이미 이러한 일반화의 시도가 존재했다. 프러시아 왕립 학술원의 책임자였던 엘러 박사Johann Theodor Eller(1689~1760)는 1756년 아카데미의 연구논문집에 동물에게도 상상력을 통해 주목할 만한 기형을 유발할 수 있는 능력이 있다고 주장하는 논문을 발표했다. 여기서 엘러는 자신이 스스로 관찰한, 칠면조의 머리와 상당히 비슷한 머리를 가지고 태어난 개에 대해 기술한다. 이 개의 어미는 임신했을 때 가금사육장 주위를 어슬렁거리곤 했는데 거기에서 성마른 칠면조의 부리에 쪼였던 것이다. 이를 근거로 엘러는 다음과 같이 쓸 수 있었다.

> 따라서 여성들은 자신의 상상력을 통해 괴물을 만들 수 있는 유일한 특권을 가졌다고 자만해서는 안 된다. 앞서 기술한 바에 따라 짐승들도

6) Malebranche, *Recherche de la verité*, 2권, 1편, 7장.

이러한 특권을 지녔음을 우리는 확신한다.[7)]

지각된 대상, 초상화, 모상의 특징을, 그리고 욕망의, 즉 꿈의 밑바닥에 있는 일관성 없는 윤곽을 임신 중인 생명체에게 새겨 넣는 능력이 상상력에게 부여되었음을 우리는 보았다. 17·18세기에 합리적인 설명을 위한 의도로 상상력에 그처럼 많은 능력을 부여한 사실을 확인해 보면, 과거의 인간들이 그처럼 많은 괴물들과 더불어 사는 것을 친숙하게 여겼음은 놀랄 일이 아니다. 당시의 사람들은 전설과 역사를 뒤섞었다. 그들은 현실과 허구를 분리하는 데 무관심했으므로 괴물이 존재하는 것은 상상되었기 때문이고, 괴물들이 상상된 이상 존재할 수밖에 없다고, 달리 말하자면 허구가 실재를 빚어내고, 실재가 허구를 확증한다고 동시에 기꺼이 믿었다.

중세와 르네상스 시대의 기형학은 기형에 대한 조사가 아니라, 오히려 괴물적인 것에 대한 찬양이었다. 당시의 기형학은 전설의 주제와 도상의 도식을 모아 놓은 것이다. 거기서 동물의 형태들은 기관들을 서로 교환하고, 그 조합의 가능성을 다양화시키는 놀이를 하며, 도구와 기계는 생명체의 부품으로 제작된 기관으로 취급된다. 히에로니무스 보스Hieronymus Bosch가 그린 귀뚜라미 모양의 괴수는 유기체와 도구 사이의 구분도 괴물적인 것과 부조리한 것의 경계도 알지 못한다.

---

7) Dr. Eller, "Recherches sur la force de l'imagination des femmes enceintes sur le foetus, à l'occasion d'un chien monstreux", *L'Histoire de l'Academie royale des sciences et belles-lettres*, 1756, Berlin, 1758, p. 12.

괴물적인 것과 관련된 주제의 의미와 기원에 관한 우리의 인식에는 발트루사이티스의 최근 저작 『환상적 중세』[8]와 『각성과 경이』[9]가 결정적으로 기여했다. 괴물은 성당의 저부조低浮彫, bas-relief, 계시록의 삽화, 동물 우화와 우주 형상지, 풍자 판화, 예언과 점술 모음집에 끊임없이 등장하는 모티브였다. 동일한 괴물 도식, 동일한 혼성적 존재는 때로는 상징적인 것이었고 때로는 기록 자료적인 것이었으며 때로는 교훈적인 것이었다. 유럽의 여러 국가들은 이 도식을 전파시키고 교환하고 대조했다. 네덜란드와 스위스, 안트베르펜과 바젤은 이러한 도식들이 대단히 성행했던 나라였다. 파레와 같은 외과의사나 리세티Fortunio Liceti와 같은 내과의사에 의해 병인론적 의도로 저술된 초기의 기형학 저작은 율리우스 옵세쿠엔스Julius Obsequens(4세기)와 리코스테네스Conradus Lycosthenes(1557)의 기적연대기와 그다지 구별되지 않는다. 이 도상들은 기형과 괴물적인 것들을 병치시킨다. 예를 들어 머리가 두 개인 아기, 털이 난 아기와 목에 쥐꼬리가 달린 아기, 점박이인 여성과 당나귀의 다리를 지닌 아이, 인간의 머리를 가진 돼지와 일곱 개의 머리를 지닌 소 형상의 괴물(계시록의 야수와 같은)들이다. 그러나 영웅과 성자가 괴물들을 물리친다고 상상력이 기꺼이 믿었던 것과 같이, 합리적 사유가 기형을 정복할 순간이 도래한 것으로 보인다.

폴 발레리는 "괴물을 완성하는 필수적인 요소는 바로 유치한 발상

8) Jurgis Baltrušaitis, *Le Moyen Âge fantastique*, Paris: Colin, 1955.
9) Jurgis Baltrušaitis, *Réveils et prodiges*, Paris: Colin, 1960.

이다"라고 말했다. 발레리는 예술이 괴물을 대상으로 한 그림이나 노래, 조각상에 부여한 역할이 우스꽝스럽다고 일관되게 판단했다. 또 그는 석기 시대의 동물 그림 모음이 우리에게 보여 주는 이상하고 기괴한 합성물들에 대해 웃음으로 응답할 수밖에 없다고 고백한다.[10] 발레리의 이 같은 말은 실증적 기형학의 시대에 괴물적인 것에 마주한 합리주의자의 태도를 요약하고 있다. 기형이 생물학적 개념이 되었을 때, 기형이 항구적인 관계에 따라 다시 분류되었을 때, 우리가 실험적으로 기형을 유발시킬 수 있다고 믿었을 때, 괴물은 자연화되었으며 불규칙적인 것은 규칙으로, 기적은 예측 가능한 것이 되었다. 과학적 정신이 과거에 인간이 그토록 많은 괴물적 동물들을 믿을 수 있었다는 사실을 기괴하다고(괴물적이라고) 여기는 것은 자명하다. 설화의 시대에는 기형이 상상력의 기괴함을 드러내었다. 실험의 시대에 괴물을 믿는 것은 유치함이나 정신병의 증상으로 간주되었다. 괴물은 이성의 우둔함이나 쇠약을 드러낸다. 사람들은 다음과 같은 고야의 말을 되풀이해 말한다. "이성의 잠은 괴물을 낳는다." 하지만 그들은 고야의 작품을 엄밀히 검토하면서 낳는다enfanter는 말이 남자가 자식을 만든다engendre는 의미로 이해해야 하는지 아니면 여자가 자식을 출산한다accoucher는 의미로 이해해야 하는지, 다시 말해 이성의 잠이 괴물을 만들어 낸다기보다 해방시키는 것은 아닌지를 충분히 자문하지 않는다. 미셸 푸코에 따르면[11] 광기를 자연화시켰던 동일한 역사적 시대는

10) Paul Valéry, "Au sujet d'Adonis", *Variété*, Paris: Gallimard, 33판, 1927, p. 81.

괴물을 자연화시키는 데도 전념한다. 중세(중간의 시대Le Moyen Âge)는, 극단들을 공존시킨다는 의미에서 이렇게 명명된 것이 아니지만, 광인이 건전한 이들과 함께, 괴물이 정상적인 것들과 함께 사회 속에서 살아갔던 시대이다. 19세기에 광기는 이성을 가르치는 보호시설에 감금되었고, 괴물은 규범을 가르치는 발생학자의 표본병 속에 담겼다.

18세기는 괴물에게 그렇게 힘든 시기는 아니었다. 계몽의 빛이 마녀들과 함께 많은 괴물들을 쫓아낸 것은 사실이지만, ─ 고야의 「변덕」*Caprices*에 등장하는 마녀들은 날이 밝으면 떠나도록 하자고 말한다 ─ 이 세기에도 유기적 구성의 규칙적인 현상들을 이해하기 위한 방법을 변칙적인 유기체들 안에서 찾는 역설이 유지되고 있었다. 거기서 기형체는 동식물의 생식과 발생에 관한 두 가지 설명 체계, 즉 전성설과 후성설 중 어느 한쪽을 지지하게 될 결정적 실험의 대체물로 여겨졌다. 사람들은 또한 존재들의 연속적 단계이론에 과도기적 형태의 증거를, 혹은 라이프니츠가 말한 것처럼 중간 종에 관한 증거를 제공하기 위해 기형체를 사용했다. 기형체는 종으로서는 애매한 것으로 보였기 때문에 한 종에서 다른 종으로의 이행을 분명한 사실로 보장한다. 자연은 비약하지 않으며, 형태 사이에 단절은 없다Natura non facit saltus, non datur hiatus formarum. 이것이야말로 기형체가 존재하는 이유로, 기형체는 오로지 비교에 의해서만 존재한다. 드 마예Benoît de Maillet와

---

11) Michel Foucault, *Folie et déraison, Histoire de la folie à l'âge classique*, Paris: Plon, 1961.

로비네Jean-Baptiste Robinet는 그들이 필요로 하는 모든 기형체를 상기하기 위해 그것을 창조할 필요는 없었다. 우리는 날아다니는 물고기, 모든 종류의 인어, 모든 종류의 사이렌이 르네상스 시기의 동물도상집에 등장하는 것을 보게 된다. 괴물들은 르네상스 정신을 상기시키는 맥락에서, 또 그와 같은 직관에 따라 재등장했다. 즉 괴물들은 물리학과 기계론 철학에 의해 자연에 부과된 엄격한 법칙성에 대한 반발로서, 또 형태의 불분명함, 범심론panpsychisme, 범성론pansexualisme에 대한 향수로서 재등장한다. 괴물은 직관적 생명관을 정당화시키기 위해 소환되며, 거기서는 풍부한 상상력이 질서를 압도한다. 『텔리아메드, 프랑스 선교사와 인도 철학자의 대담』[12]은 반反신학에 사용되기 위해 소생시킨 동양의 신화이다. 그리고 우리는 『존재형태의 자연단계에 대한 철학적 고찰 혹은 인간을 만드는 법을 가르치는 자연에 관한 시론』에서 다음과 같은 구절을 발견한다.

> 외견상 아주 이상한 형태는 […] 인접한 형태로의 이행에 도움을 준다. 이들 형태는 자신이 앞선 형태들에 의해 이끌려졌던 것과 마찬가지로 그 뒤에 이어질 다양한 조합을 준비하고 이끈다. 이 형태들은 사물들의 질서를 어지럽히기는커녕 사물들의 질서에 공헌한다.[13]

---

12) De Maillet, *Telliamed, entretiens d'un philosophe indien avec un missionnaire français*, 1748.

13) Robinet, *Considérations philosophiques de la gradation naturelle des formes de l'être ou les Essais de la Nature qui apprend faire l'homme*, 1748, p. 198.

이 같은 주장과 유사한 논증이 『달랑베르의 꿈』*Rêve de d'Alembert*과 『비맹인을 위한 맹인에 관한 편지』*La Lettre sur les aveugles à l'usage de ceux qui voient*에도 나타난다. 더구나 디드로는 이 작품에서 물리광학 교수로 선천성 맹인인 손더슨Saunderson을 기형이라고 규정함으로써(그는 퓌죄Puiseux의 선천성 맹인을 방문했을 때 이런 이야기를 한다) 관념과 이상의 생성에 관한 분석과 분해의 도구로서 기형을 체계적으로 활용한 자신의 방법론을 입증하고자 한다. 요약하자면 발생학이건 체계철학이건 생리학이건 18세기는 괴물을 연구의 대상뿐만 아니라 과학의 도구로 여겼다.

19세기가 되어서야 비로소 기형에 관한 과학적 설명과 그와 관련된 괴물적인 것에 대한 축소가 이루어졌다. 기형학은 비교해부학이 후성설을 채용한 개혁된 발생학과 만남으로써 탄생했다. 장-프레데릭 메켈 주니어Jean-Frédéric Meckel le Jeune는 카스파르 볼프가 시사한 바[14]와 같이 발생의 중단을 통해 몇몇 단순한 기형, 특히 우리가 결손에 의한 기형이라고 부르는 것들을 설명한다. 에티엔 조프루아 생-틸레르는 중단이란 관념 대신 지연이란 관념을 사용한다. 기형은 어떤 기관의 발달 단계가 다른 기관들은 이미 통과한 단계에 고정되는 것이다. 기형은 발생과정에서 과도기적으로 나타나는 형태가 잔존하는 것이다. 어떤 종의 유기체에서 현재의 기형은 과거의 정상 상태였다. 그리고 종들의 비교계열에서 어떤 종에서 기형인 형태가 다른 종에서는 정

14) Caspar Friedrich Wolff, 『기형의 발생에 대하여』(*De ortu monstrorum*), 1772.

상 형태일 수 있다. 에티엔의 아들이었던 이시도르 조프루아 생-틸레르는 자신의 저서 『조직구성 이상론』(1837)[15]에서 일부 논점에서는 결정적인 방식으로 기형을 순화시켰다. 그는 기형을 이상의 하나로 간주했고, 자연적 방법의 규칙에 따라 기형을 분류했다. 또한 그는 여전히 통용되는 계통적 명명법을 기형에 적용했으며, 특히 두 개 혹은 그 이상의 유기체에서 완전하건 불완전하건 여러 요소들이 결합된 기형체를 자연화시켰다. 이전에 합성기형체가 가장 심한 기형체로 간주되었던 이유는 우리가 기형체를 단일 개체의 규범과 대조했었기 때문이다. 그러나 만약 우리가 합성기형체를 둘 혹은 복수의 정상 개체들과 비교해 본다면, 합성적 유형의 기형이 단순 유형의 기형보다 더 기형적인 것은 아니다. 이시도르 조프루아 생-틸레르는 이상의 존재에 대해 지극히 적절한 고찰을 제시하고 있다. 그의 공식 중 하나는 이러한 고찰을 다음과 같이 요약하고 있다. "자연의 법칙에는 예외가 없고, 박물학자의 법칙에 예외가 있다."[16] 마지막으로 이상 개념과 변종 개념을 연결시키는 작업은 아주 흥미로운 것으로 진화론이라는 배경에서 19세기 말경 지극히 중요한 과업으로 등장하게 된다.

기술description, 정의, 그리고 분류로 구성된 기형학은 19세기 말 이래 줄곧 자연과학이었다. 그러나 생물학이란 용어와 개념이 등장한 지 고작 2년밖에 되지 않은 시기에, 모든 자연사는 실험과학이 되고자 했

---

15) Isidore Geoffroy Saint-Hilaire, *Histoire des anomalies de l'organisation*, 1837.
16) *Op. cit.*, tome I, p. 31.

다. 그리하여 기형발생학, 다시 말해 기형을 인위적으로 만드는 조건에 관한 실험적 연구가 카미유 다레스트Camille Dareste(1822~1899)에 의해 19세기 중반에 정초되었다. 중세의 장인들은 상상적인 괴물들을 표현했다. 19세기의 과학자들은 실재하는 괴물을 만들어 내고자 했다. 화학이 자신의 대상을 창조한다고 말했던 마르셀랭 베르틀로Marcellin Berthelot를 따라서 다레스트는 기형학이 자신의 대상을 창조해야 한다고 선언한다. 그는 조프루아 생-틸레르의 분류법에 근거한 대부분의 '간단한 기형'을 닭의 발생과정에서 만들어 내는 데 성공했다고 자부했으며, 유전적 변종들을 만드는 데까지 이르기를 희망했다. 자신의 실험이 "미래를 위한 약속으로 충만하다"는 다윈의 평가에 고무되어, 다레스트는 실험의 자원을 종의 기원을 밝히는 데 쓰겠다고 결심했다.[17)]

이때부터 기형은 자신의 원인과 법칙의 비밀을 모두 드러낸 것처럼 여겨졌다. 이상은 정상적인 것의 형성을 설명하기 위해 소환되었다. 이는 정상적인 것이 병리적인 것의 약화된 형태에 지나지 않았기 때문이 아니라, 병리적인 것이 일탈했거나 방해받은 정상적인 것이기 때문이었다. 방해물을 제거하면, 규범을 얻게 될 것이다. 과학적 사유에게 기형이 투명하게 드러남으로써 이후 기형은 괴물적인 것과 맺고 있던 모든 관계와 단절된다. 사실주의는 조직적으로 괴물적인 것이 예술에서는 기형의 복제에 지나지 않을 수 없게 만들었다. 귀스타브 쿠

---

17) Camille Dareste, *Recherches sur la production artificielle des monstruosités*, Paris, 1877, p. 44.

르베Gustave Courbet가 "만약 내가 여신을 그리기를 원한다면 내게 여신을 보여 달라"고 불평한 시기에 용을 그리기 위해서는 일본인이 되었어야 했다. 유럽에 여전히 존속하고 있었지만, 괴물적인 것은 얌전하고 범상한 것이 되었다. 괴물을 그려 볼 기회를 얻기 위해서 앵그르Jean-Auguste-Dominique Ingres는 안젤리카를 구출하는 로제의 주제를 루도비코 아리오스토Ludovico Ariosto의 서사시 『성난 롤랑』*Roland furieux*에서 빌려와야 했다. 그 결과 공쿠르 형제는 프랑스 예술이 테라메네스 이야기의 괴물[용] 이외에 다른 괴물은 알지도 못한다고 불평했고, 발레리 또한 이를 비웃었다. 이와 병행하여 실증주의적 인류학은 종교적 신화와 그 예술적 표상들을 평가절하하는 데에 열중했다. 1878년 파로 박사Dr. Parrot는 인류학 회원들 앞에서 이집트인들에게 사랑받은 난쟁이 신 프타Ptah가 연골형성이 부전된 기형의 특성을 모사한 것임을 증명하려 애썼다.

이 시대 이후부터 사람들은 괴물적인 것들이 시로 피신했음을 보여 주길 좋아했고, 보들레르Charles Baudelaire에서 시작하여 랭보Arthur Rimbaud와 로트레아몽Lautramont을 거쳐 초현실주의자들에 도달하는 유황[악마]의 궤적을 즐겨 더듬어 갔다. 그러나 괴물적인 것을 추방했다고 주장하는 과학적 세계의 핵심에 괴물적인 것이 자리 잡고 있음을 재발견하여서 생물학자들을 초현실주의의 현행범으로 체포하고자 하는 유혹에 어떻게 저항할 수 있겠는가? 우리는 다레스트가 기형학을 위해 스스로의 대상을 창조할 영예를 요구하는 것을 보지 않았는가? 우리는 이시도르 조프루아 생-틸레르와 다레스트가 전자는 조심스럽게, 후자는 확신을 가지고 기형과 인종의 창조란 두 문제를 결합시키는 것을 목격하지 않았는가? 과학적 정신이 법칙의 현실성에 복종하는 것은 '권력에의 의지'의 책략일 뿐이지 않은가?

1826년, 에티엔 조프루아 생-틸레르는 오퇴이에서 당시 유명했던 닭을 굽는 오븐에서 사용되는 기술을 모방하여 고대 이집트에서 시도되었던 인공부화 실험을 재현했다. 이 실험은 배아의 이상을 유발시키기 위한 것이었다. 1829년에 특이한 동물형의 변용에 관한 라마르크의 주장에 의해 제기된 문제와 연관하여 이들 탐구로부터 교훈을 이끌어 내면서 생-틸레르는 다음과 같이 썼다. "나는 색다른 방식으로 유기적 구성을 야기해 보고자 했다."[18] 물론 이러한 결심은 조류의 알만을 조작해 보려 한 이상 어떠한 무의식적이고 우의寓意적인 동기와 관련되어 있지 않다. 하지만 레오뮈르René Réaumur가 다음과 같이 자신의 기대에 대한 실망을 표현할 때 우리는 그에 대해서도 동일한 것을 말할 것인가? 레오뮈르는 자신이 암탉과 토끼 사이의 사랑이라고 명명했던 것에 대해 길게 이야기한 다음 그처럼 기묘한 결합에 의해 "토끼털을 입은 암탉, 혹은 닭털로 뒤덮인 토끼"를 얻지 못한 것에 대한 실망을 표현했다. 인간에 대한 기형 발생 실험이 시도되고 있다는 사실을 알고 있는 오늘날 우리는 무슨 말을 할 것인가? 호기심을 자아내는 것으로부터 불경한 것까지, 그리고 불경한 것으로부터 괴물적인 것까지 이르는 길은 짧지는 않더라도 곧게 뻗어 있다. 만약 실재를 드러

18) Dareste, *Recherches sur la production artificielle des monstruosités*, p. 35 재인용.

내려는 목적 아래 이루어지는 가능한 모든 시도가 실험 규칙에 기재되어 있다면, 실험적인 것과 괴물적인 것 사이의 경계가 대번에 인식되지 않을 우려가 있다. 왜냐하면 괴물성은 분명 가능한 것들 중 하나이기 때문이다. 여기서 우리는 괴물적인 것을 단지 상상적인 것으로 이해해야 한다고 생각하지만, 그 애매함 또한 잘 알고 있다. 자신들의 대상을 창조하는 생물학자와, 빅토르 위고가 『웃는 남자』*Homme qui rit*에서 묘사했던 것은 어릿광대로 이용할 목적으로 인간 형상의 괴물을 만들어 낸 제작자 사이의 현격한 거리를 우리는 헤아려 본다. 우리는 이 거리가 유지되기를 바라야 하지만 계속 그렇게 남아 있을 것이라고 장담할 수는 없다.

고대인들의 무지는 괴물을 자연의 유희로 간주했지만, 현대인의 과학은 괴물을 사실상 과학자의 유희로 만들었다. 일부 사람들은 사이렌이나 켄타우로스는 아니더라도 어쩌면 영장류를 만들 때까지 외눈박이 닭, 다리가 다섯 개 달린 개구리, 샴 세쌍둥이 정도는 재미 삼아 만들어 보자고 제안한다. 만약 우리가 그 저자가 누구인지 몰랐다면 "색다른 방식으로 유기적 구성을 야기해 보자"는 정식은 악마적 기획의 선언으로 여겨졌을 것이다. 우리는 이 경우 괴물적인 것이 기형의 기원에, 진정한 기형의 기원에 있음을 다시 발견하게 될 것이다. 실증주의 시대는 중세가 꿈꾸었던 것을 폐기한다고 생각하면서 실현시켰을 것이다.

우리는 이제까지 조건법을 통해서 이야기해 왔다. 왜냐하면 괴물적인 것이 그 나름의 방식으로 실험적 기형학에서 작동하고 있는 것이 사실이라 해도 다음과 같은 사실은 분명하기 때문이다. 즉 괴물적인 것은 그 결과의 질에서 생명이 괴물적인 것을 수반하지 않고 획득하는 것을 능가하지는 않는다. 오늘날의 기형학은 에티엔 조프루아 생-틸레르와 다레스트보다는 더 적은 야망과, 더 많은 수단을 갖고 있다. 최근의 강연에서 에티엔 볼프가 지적한 바에 따르면[19] 실험기형학자는 자신이 없는 상태에서, 초기 기본조건이 알려지지 않은 채 시작되는 과정의 변동에만 개입한다. 그런 다음 생체구성물질이 하는 대로 내버려 두며, 어떤 일이 생기는가를 두고 본다. 요컨대 볼프는 "실험가는 소품 담당자에 지나지 않는다는 느낌을 받는다"고 말했다. 실험가의 권한은 다음과 같은 두 가지 사실 때문에 엄격하게 제한된다. 먼저 배아의 가소성이 짧은 기간만 지속된다는 사실과, 다음으로 기형이 종의 설계를 위반하지 않는다는 사실이다. 오늘날의 생물학자는 정말로 새로운 것은 아무것도 창조하지 않을 뿐만 아니라, 그 이유도 이해하고 있다. 생물학자는 생-틸레르 부자가 기형학적 유기체 구성의 유형이 유기체 구성 법칙의 지배를 받는다는 사실을 알아낸 공적을 분명히 인정한다. 이렇게 해서 물고기에서 인간에 이르기까지 모든 외눈증은 유사한 과정을 거쳐 형성된다. 볼프는 다시 한번 자연이 항상 동일한 요령을 사용한다고 말한다.[20] 실험가는 자연보다 더 많은 요령을 사용할 수 없다.

---

19) Étienne Wolff, Collège philosophique, Paris, 24 janvier 1962.

20) Étienne Wolff, *La Science des monstres*, Paris: Gallimard, 1948, p. 17. 또한 이 저자의 *Les chemins de la vie*, Paris: Hermann, 1963의 기형과 목적성에 관한 장, 그리고 기형의 실험적 생성에 관한 장을 참조하라.

우리는 앞서 생명에서 기형체가 드문 반면, 환상적인 것은 하나의 세계를 이룬다고 말했다.

우리는 이제 어째서 상대적으로 생명에서 기형체가 드문지 이해할 수 있다. 그것은 유기체가 발달 과정 초기의 짧은 순간에만 구조상으로 상궤를 벗어날 수 있기 때문이다. 만약 세계나 우주가 하나의 질서라면 어째서 우리는 환상적인 것이 세계라고 이야기했는가? 그것은 환상적인 것의 유형(누군가는 심지어 원형이라고 이야기할 것이다)이 있기 때문일까? 사실 우리가 말하고자 했던 것은 환상적인 것이 세계를 사람으로 채울 수 있게 한다는 것이다. 상상력의 힘은 고갈되지도 않고, 지치지도 않는다. 어떻게 그렇지 않을 수 있는가? 상상력은 기관이 없는 기능이다. 상상력은 그 기능적 능력을 회복하기 위해서 기능하기를 멈추는 종류의 기능이 아니다. 상상력은 그 활동에 의해서만 영양을 공급받는다. 가스통 바슐라르가 말했듯이 상상력은 새로운 이미지를 만들기 위해 낡은 이미지들을 끊임없이 해체하고 재형성한다. 이렇게 하여 상상적인 것인 한에서 괴물적인 것이 증식한다는 사실을 우리는 알게 된다. 한편으로는 빈곤하고 다른 한편으로는 차고 넘치는 것, 이것이 기형과 괴물적인 것 사이의 이원론이 유지되는 첫 번째 이유이다.

두 번째 이유는 본질적으로는 이 첫 번째 이유에 속한다. 생명은 자신의 법칙도, 자신의 구조의 설계도 위반하지 않는다. 우연적인 것은 예외가 아니며, 기형에는 어떠한 괴물적인 것도 없다. 실증적 기형학의 시대에 기형학자는 다음과 같이 말했다. "자연에는 예외가 없다."

실증주의적 정식fomule은 세계를 법칙들의 체계로 정의한다. 그러나 이 정식은 자신의 구체적 의의가 자신과 대립하는 격률, 즉 과학은 배척하지만 상상력은 활용하는 격률이 지닌 의의와의 관계를 통해 주어진다는 사실을 모른다. 이 격률은 반反우주를, 법칙이 없는 예외적인 것들의 혼돈chaos을 탄생시켰다. 한편 반反세계를 창조하여 드나들던 이들은 거기선 모든 것이 예외적으로 가능하다고 믿는다. 그러나 그들은 오직 법칙만이 예외를 가능케 한다는 사실을 망각하고 있다. 그들의 관점에서 보았을 때, 이 반세계가 바로 괴물적인 것들로 이루어진 혼란스러우며 현기증이 나는 상상의 세계이다.[21)]

---

21)* 이 논문은 1962년 2월 9일 브뤼셀의 Institut des hautes études de Belgiques에서 행한 강연을 약간 수정하여 재수록한 것이다. 이 원고는 *Diogène*, 40호, octobre-décembre, 1962에 실렸다. 이 논문의 재수록을 허락해 준 로제 카유아(Roger Caillois) 씨에게 감사를 표한다.

부록

1. 섬유이론에서 세포이론으로의 이행에 관한 주석

2. 세포설과 라이프니츠 철학의 관계에 대한 주해

3. 스테노의 「대뇌해부학에 대한 강연」 발췌문

1. 섬유이론에서 세포이론으로의 이행에 관한 주석

16, 17, 18세기에 해부학자들은 섬유 속에 근육이나 신경, 힘줄의 해부학적·기능적 기본요소가 있음을 일반적으로 인정했다. 만약 이 다발 형태의 유기적 구성체를 메스로 분리하고 현미경으로 검사하여 그것이 섬유로 구성되어 있음을 사실로 받아들이게 되었다면, 섬유fibre라는 용어의 기원은 그 기능을 설명하는 이미지 안에서 찾아야 한다.

아리스토텔레스 이래로 동물의 운동은 관절이 있는 사지를 투척기와 동일시함으로써 설명되었다. 뼈라는 지렛대를 당기는 근육, 힘줄 그리고 신경은 투석기의 케이블처럼 작동한다. 근육섬유, 힘줄섬유, 신경섬유는 밧줄을 이루는 식물섬유에 정확히 대응된다. 의기계론자들 중에서도 보렐리는 『동물운동론』[1]에서 근육의 수축을 설명하기 위해 이를 젖은 밧줄funis madidus의 수축에 비유한다.

1) Borelli, *De Motu Animalium*, Rome, 1680~1681.

이러한 구조를 모든 유기체에, 그리고 동식물 유기체에까지 확장시킴으로써 섬유이론이 형성되었다. 우리는 그에 대한 언급을 데카르트의 글(『인간론』)에서 볼 수 있으며, 특히 할러는 18세기에 이 이론을 대중화시켰다.

훅의 관찰이나 용어와는 무관하게 세포 개념은 섬유이론에 도입되었다. 그러나 그것은 기하학적 의미에서 형태 개념이었으며, 형태학적 의미의 형성 개념은 아니었다. 한편으로 사람들은 근육 세포를 섬유의 상대적인 배열 상태로 이해했지 어떤 절대적인 요소로 받아들이지는 않았다. 다른 한편 이후에 사람들이 세포 조직이라고 불렀던 것은 성긴 해면질의 조직이었다. 이 조직은 그 구조상 곳곳이 비어 있지만 기능상으로는 근육 사이들, 근육과 피부 사이, 기관들 사이의 간극과 골와骨窩를 메우는 역설적인 조직이다. 오늘날 이 조직은 결합조직이라고 불린다.

『근육의 운동』(1694)[2]에서 장 베르누이는 근육 섬유는 평행하는 횡섬유fibres transversales parallles에 의해 수직으로 절단되어 그물 모양을 이룬다고 썼다. 운동 근육 섬유들은 확장되는 순간, 즉 수축되는 순간에 횡섬유들에 의해 규칙적인 간격으로 죄인다. 이렇게 해서 근육 섬유의 내부는 그러한 종류의 결박에 의해 다수의 세포나 소포小包를 형성하는quae plures cellulas vel vesiculas efformant 동등한 절간節間, internodaux 공간으로 분리된다.

---

2) Jean Bernoulli, *De Motu Musculorum*, 1694.

『생리학의 기초』에서 할러는 세포를 다음과 같이 묘사한다.

세포조직은 일부는 소섬유로, 또 일부는 무수한 막으로 구성되어 있다. 이들은 서로 다른 방향을 향하므로 작은 공간을 분할하여 작은 영역을 형성함으로 인체의 모든 부분을 결합시킨다. 이들은 신체 각 부분의 운동성을 유지하면서도 광범위하고 견고한 결합의 기능을 수행한다.[3]

같은 시대의 일부 논고에서는 섬유 속에 있는 세포라는 관념과 세포 조직이라는 관념이 연결되어 있다. 그 예로서 르카의 『근육운동론』[4]을 들 수 있다. 현미경으로 관찰한 쥐의 근육 조직 표본의 구조를 묘사하면서, 르카는 다음과 같이 썼다.

섬유는 내게 마치 온도계의 관처럼 보였다. 그 안의 액체는 뒤섞였다가 다음에는 거품이나 액체와 공기로 이루어진 작은 원통 모양으로 나누어졌다. 번갈아 생기는 이들 거품은 그 섬유가 끈으로 연결된 묵주, 혹은 갈대의 분절이나 마디처럼 보이게 만든다. 이 분절들은 번갈아 불투명해졌다가 투명해졌다. [⋯] 30분 후에 이 마디들은 사라졌다. 관 내부의 용액이 흩어졌거나 응결되었기 때문임이 분명하다. 이 갈대 모양의 섬유는 균일한 빈 공간을 가지고 있는 것으로 보인다. 그 안은 일종의

3) A. von Haller, *Éléments de Physiologie*, trad. Toussaint Bordenave, Paris, 1769, 1장 10절.
4) Le Cat, *Traité du Mouvement musculaire*, Berlin, 1765.

망상조직 혹은 세포조직이나 수질髓質의 조직으로 채워져 있는 것 같다. 이 조직은 어떤 일정한 장소에서 서로 간에 맞닿아서 고리처럼 얽혀 있는 세포나 주머니로 이루어진 것처럼 보인다. (p.74)

르카는 이를 다음과 같이 요약한다. "근육섬유는 하나의 도관이다. 그 내벽은 서로 연결된 수많은 실로 만들어져 있으며, 그 내부공간은 마름모 꼴, 혹은 이에 근접한 형태를 한 다수의 세포로 나뉘어 있다."(p.99)

결국 우리는 근섬유의 횡문적 양상에 대한 추측적 해석이 어떻게 하여 섬유이론의 지지자들로 하여금 조금씩 어떤 용어법을 사용하도록 이끌었는가를 알게 된다. 어떤 형태학적 단위를 다른 형태학적 단위로 대체하는 것에 진정한 지적인 전향이 요구되었다 하더라도, 그것이 용이하게 된 것은 소포, 세포와 같은 서술 용어들이 이미 대부분 마련되어 있었기 때문이다. 보다 특수한 것으로 식물학에서 세포조직의 간극을 지시하기 위해 마찬가지로 사용되고 있던 포낭utricule이라는 용어는 말피기에 의해 만들어진 것으로 보인다.[5)]

---

5)* 다음의 논문을 참고하라. M. D. Grmek, "La notion de fibre vivante chez les médecins de l'école iatrophysique", *Clio Medica*, vol. 5, no. 4, décembre 1970.

2. 세포설과 라이프니츠 철학의 관계에 대한 주해

18세기 말과 19세기 전반에 모나드monad라는 용어가 유기체의 요소로 가정된 것을 지시하기 위해 자주 사용되었다는 데에는 이론의 여지가 없다.[1)]

프랑스에서는 라마르크가 가장 단순하고 불완전한 유기체인 적충류를 지칭하기 위해 이 용어를 사용했다. 예를 들면 다음과 같다. "[…] 가장 단순한 동물적 유기체 […] 말하자면 생명을 가진 점에 지나지 않는 모나드",[2)] "모나드는 알려진 동물 중 가장 불완전한 것이다".[3)] 이러한 의미는 "미시적인 극소동물류"라는 리트레의 프랑스어 사전에 여전히 보존되어 있다. 우리는 오귀스트 콩트가 『실증철학강의』[4)]의 제41

1)* "Monades dans le sens des physiologiestes" (Johannes Müller, *Manuel de Physiologie*, t. II, trad. fr. Jourdan, Paris, 1845, p. 526).

2) J.-B. Lamarck, "Discours d'ouverture", 공화력 8년 8월 21일, 1800.

3) J.-B. Lamarck, "les Polypes", *Philosophie zoologique*, 1809, chap. VIII.

4) A. Comte, *Cours de Philosophie positive*, Paris: Schleicher, t. III, p. 279.

강에서 '유기적 모나드'란 명칭 아래에서 세포설과 세포라는 관념을 비판했다는 사실을 알고 있다.

1868년에 고비노Joseph Gobineau는 세포와 모나드를 연관지었다.

독일 예나에서는 셸링의 친구이자 제자였던 오켄이 모나드의 이미지가 불가분한 형태로 기하학적이자 신비적인 의미를 생물학적 사변에 도입하였다. 이러한 사실은 디트리히 만케가 자신의 저서 『무한한 구와 모든 중심』[5]에서 보여 주었다. 이는 정확히 생물학적 피타고라스주의이다. 모든 유기체의 원리와 요소들은 무차별적으로 Urblächen(원초적 기포), Zellen(세포), Kugeln(공), Sphären(구체), organische Punkte(유기적 점) 등으로 명명되었다. 이것들은 우주적 차원에서의 점(구의 최대 강도intensité maxima de la sphère)과 구(점의 최대 확장extension maxima du point)에 해당하는 생물학적 등가물이다. 오켄과, 경험적으로 구성된 세포설의 초기 정초자인 슐라이덴과 슈반 사이에는 생물학적 모나드론에 대한 종속과 의존의 모든 뉘앙스가 존재한다. 이는 오켄의 『자연철학 서설』(1809~1811)[6]에서 제시된다. 오켄 때문에 자신의 열정을 쏟을 영역을 의학에서 생물학으로 바꾼 위대한 식물학자 네겔리Karl Nägeli(1817~1891)는 다윈주의의 영향을 받아 확고한 유물론자가 되었지만, 항상 젊은 시절 자신이 가졌던 이념들에 대한 충실함을 유지했으며, 이 흔적은 그의 교질입자micelles에 대한 이론, 즉 원형

5) Dietrich Mahnke, *Unendiliche Sphäre und Allmittelpunkt*, Halle, 1937, pp. 13~17.
6) L. Oken, *Lehrbuch der Naturphilosophie*, 1809~1811.

질을 구성하는 비가시적인 생명의 단위에 대한 이론에 남아 있다. 이 이론은 세포설의 이차적인 영향력을 보여 준다. 더욱 낭만적이고 형이상학적이었던, 화가이자 의사이며 박물학자인 카를 구스타프 카루스(1789~1869)는 오켄의 이론을 말 그대로 충실히 따른다. 유기적 총체성의 관념이 그의 철학과 심리학을 지배하고 있다. 원초적이고 보편적인 형상은 구형이며, 근본적인 생물학적 구체는 바로 세포이다. 그의 저서 『프시케』(1846)[7]에서 원세포Urzellen와 유기적 모나드Organische Monaden라는 두 용어는 정확히 동일한 의미를 지닌다.

자연철학자들이 모나드론적 생명관을 받아들인 것은 셸링, 피히테Johann Gottlieb Fichte, 바더Franz Xaver von Baader 그리고 노발리스를 매개로 라이프니츠부터라는 사실은 의심의 여지가 없다.[8]

프랑스에서는 누구보다도 모페르튀이를 통해서 18세기에 라이프니츠의 철학이 생명체의 구조와 형상에 관한 사변에 도입되었다.[9] 모페르튀이는 유기체의 형성을 설명하는 자신의 이론을 『자연학의 비너스』*Venus physique*보다는 『유기구성된 존재들의 형성에 관한 시론』*Essai sur la formation des Etres organisés*에서 훨씬 명확하게 제시한다. 그의 이론에 따르면 유기체는 양친 신체의 모든 부분들로부터 유래하며 자웅의 종자 안에 포함되어 있는 요소적 분자들이 결합함으로써 형성된다. 이

---

7) Carl Gustav Carus, *Psyche*, 1846.

8) Mahnke, *op. cit.*, p. 16.

9)* 직접적이라기보단 간접적이었던 디드로에 대한 라이프니츠의 영향에 대해서는 이봉 블라발(Yvon Belaval)의 「디드로와 라이프니츠에 대한 주해」(Note sur Diderot et Leibniz)를 참조하라. 『인문학지』(*Revue des sciences humaines*), 10~12월, 1963, pp. 435~451.

결합은 단순한 기계적 현상이 아니며 심지어 뉴턴의 인력으로 단순히 환원될 수 있는 현상도 아니다. 모페르튀이는 각 입자에 내재한 본능이나(『자연학의 비너스』), 심지어는 "우리가 욕구, 반감, 기억이라고 부르는 것들과 유사한 어떤 지성의 원리"(『시론』)조차 주저 없이 내세운다. 따라서 모페르튀이 관념의 변천 과정을 요약한 폴 아자르는 다음과 같이 쓸 수 있었던 것이다. "착각하지 말자. 여기서 나타나는 것은 바로 모나드이다."[10] 우리는 뷔퐁에게 미친 모페르튀이의 영향이 어떠했는지, 특히 유기적 분자설을 구상하는 데에 모페르튀이가 미친 영향이 어떠했는가를 보았다.[11]

---

10) Paul Hazard, *La Pensée européenne au XVIIIe siècle*, tome II, Paris, 1946, p. 43.

11) J. Rostand, *La Formation de l'Etre*, Paris, 1930, ch. IX. 같은 저자의 글 "Esquisse d'une Histoire de l'Atomisme en Biologie", *Revue d'Histoire des Sciences*, tome II, 1949, no. 3 and tome III, 1950, no. 2.

3. 스테노의 「대뇌해부학에 대한 강연」 발췌문

"데카르트 씨에 대해 이야기하자면, 그는 인간의 진정한 구성을 설명하기 위한 시도를 하기에는 우리가 인간에 대해 서술해 왔던 논의의 결함을 너무도 잘 알고 있었습니다. 또한 그는 『인간론』에서 이 점에 관한 설명을 제시하려 하지 않고, 다만 우리에게 인간에게 가능한 모든 행위를 할 수 있는 기계에 대해 설명하고자 했습니다. 그의 친구들 중 몇몇은 그와는 다른 방식으로 설명합니다. 하지만 우리는 데카르트가 자신의 저서 도입부에서 이와 같이 이해하고 있음을 알고 있으며, 이러한 의미에서 우리는 데카르트 씨가 『인간론』에서 다른 철학자들을 넘어섰다고 정당하게 말할 수 있을 것입니다. 데카르트 이외의 누구도 인간의 모든 활동을, 그리고 주로 뇌의 활동을 기계적으로 설명

---

† 이 글의 전체 제목은 '1665년 스테노가 파리의 테브노 씨 댁에서 열린 모임의 참석자들에게 한 「대뇌해부학에 대한 강연」 발췌문'(Extraits du *Discours sur l'anatomie du cerveau* tenu par Sténon en 1665 à Messieurs de l'Assemblée de chez Monsieur Thévenot à Paris)이다.

하지 못했습니다. 다른 이들은 인간 그 자체를 기술했을 뿐입니다. 데카르트 씨는 우리에게 오직 기계에 대해서만 이야기합니다. 그러나 그의 이야기는 다른 이들이 우리에게 알려 주었던 것의 불충분함을 보게 해 주고, 인체 다른 부분의 쓰임을 탐구하는 방법을 가르쳐 주었습니다. 그는 이 작업을 인간 기계의 부분을 보여 줄 때와 같은 명료함을 갖고 했으며, 그의 이전에는 누구도 그렇게 한 일이 없었습니다."

"따라서 비록 그가 설명하는 대뇌계통이 경험에 부합하지 않는다고 해도 그를 비난해서는 안 됩니다. 그의 정신이 가진 탁월함은 주로 『인간론』에 나타나며, 그 탁월함은 그의 가설의 오류들을 상쇄할 만합니다. 베살리우스Andreas Vesalius와 같은 아주 능숙한 해부학자들조차도 이와 비슷한 오류를 피하지 못했다는 사실을 우리는 알고 있습니다."

"만약 자기 삶의 최전성기를 해부에 열중하며 보낸 이들이 저지른 오류를 우리가 용인할 수 있다면, 어째서 당신들은 자신의 시간을 다른 사색에 바친 데카르트 씨에게는 그처럼 관대해질 수 없는 것입니까? 제가 다른 모든 이들과 더불어 이러한 지성에게 마땅히 가져야 할 존경심으로 인해 『인간론』의 결점을 이야기하지 못했을 수도 있었을 것입니다. 저는 다른 이들과 함께 하나의 멋진 기계와 그 발명에 대한 기술로서 이 저작에 대해 경탄하는 것만으로도 만족했을 것입니다. 만약 이 저작을 전혀 다른 방식으로 이해하여 인체의 원동력에 가장 깊이 숨겨진 것에 대한 충실한 보고로 간주하려는 많은 사람들과 만나지 않았다면 말입니다. 이러한 자들이 데카르트 씨의 기술이 신체의 해부 소견과 일치하지 않음을 빈번히 보여 주었던 실비우스Franciscus Sylvius

씨의 지극히 자명한 증명을 인정하지 않기 때문에, 여기서 데카르트 씨의 체계 전체를 논하지 않는다 하더라도 몇몇 지점은 지적해야만 하겠습니다. 제가 확신하는 것은 데카르트 씨가 상상했던 기계와, 우리가 인체를 해부할 때 알게 되는 기계 사이에는 커다란 차이가 있음을 명료하게 보고 인정할 것인가는 그들에게 달려 있다는 사실입니다."[1)]

1) *Nicola Stenonis Opera Philosophica*, tome II, éd. Vilhelm Maar, Copenhague, 1910, pp. 7~12.

참고문헌

이 참고문헌은 앞의 논문에서 인용된 저작이나 논문을 모두 열거한 것은 아니다. 어떤 것은 누락하기도 했고, 명시적으로 언급되지 않은 것을 포함하기도 했다. 이 목록은 본질적인 질문에 대한 기본적인 문헌들과 강조점을 결합시킴으로써, 오늘날 철학적 의도에서 활용될 수 있는 일반생물학의 참고자료를 구성하는 것이다.

Ambard (L.), "La Biologie", dans *Histoire du Monde*, dirigé par Cavaignac, tome XIII, V^e partie, Paris: de Boccard, 1930.

Aristote, *Traité sur les Partie des animaux*, livre 1er, Texte, traduction, introduction et commentaires par J.-M. Le Blond, Paris: Aubier, 1944.

Aron (M.) et Grassé (P.), *Biologie animale*, 5e édition revue et corrigée, Paris: Masson, 1947.

Baltrusaitis (J.), *Aberrations*, Paris: Olivier Perrin, 1957.

______, *Réveils et prodiges, Le gothiques fantastique*, Paris: A. Collin, 1960.

Belloni (L.), "Schemi e modelli della machina vivente nel seicento", dans *Physis*, vol. V, 1963, fasc. 3, pp. 259~298.

Bergson (H.), *L'Évolution créatrice*, 1907, 40e édition, Paris: Alcan, 1932.

______, "La Philosophie de Claude Bernard", 1913, dans *La Pensée et le Mouvant*, 6e édition, Paris: Alcan, 1939.

Bernard (C.), *Introduction à l'Étude de la Médecine expérimentale*, 1865, Genève: Éditions du Cheval Ailé, Bourquin, 1945.

______, *Principes de Médecine expérimentale*, publiés par le docteur Delhoume, Paris: PUF, 1947.

______, *Morceaux choisis*, publiés par Jean Rostand, Paris: Gallimard, 1938.

______, *Cahier de notes 1850-1860*, présenté et commenté par M. D. Grmek, Paris: Gallimard, 1965.

Bertalanffy (L. von), *Les Problèmes de la vie*, trad. fr. par Michel Deutsch, Paris: Gallimard, 1961.

Bichat (X.), *Recherches physiologiques sur la vie et la mort*, 1800, Paris: A. Delahays, 1855; Paris: Vrin, 1982.

Boullet (J.), "La Galerie des monstres", no. spécial de la revue *Bizzare, Les Monstres*, XVII-XVIII, février 1961.

Bounoure (L.), *L'Autonomie de l'être vivant*, Paris: PUF, 1928.

Brun (J.), *La Main et l'esprit*, Paris: PUF, 1963.

Buffon (G.), *Histoire naturelle*, 1749, volume I à III; *Vues générales sur la génération et sur l'homme, Oevres complètes*, Bruxelles: Lejeune, 1828-1833.

Buytendijk, *Psychologie des animaux*, Paris: Payot, 1928.

Cahn (Th.), *La vie et l'oeuvre d'Étienne Geoffroy Saint-Hilaire*, Paris: PUF, 1962.

______, "Modèles électroniques et foncionnement de l'organisme", dans *Revue Philosophiques*, 1962, pp. 187~195.

Caillois (R.), *Au Coeur du fantastique*, Paris: Gallimard, 1965.

Canguilhem (G.), *Essais sur quelques problèmes concernant le normal et le pathologique*, 1943, 2e édition, Paris: Les Belles Lettres, 1950.

______, "Note sur la situation faite en France à la philosophie biologiques", dans *Revue de Métaphysique et de Morale*, 1947, no. 34.

______, *La Formation du concept de réflexe aux XVIIe et XVIIIe siècles*, Paris: PUF, 1955, 2e éd., Paris: Vrin, 1977.

______, "L'Homme et l'animal du point de vue psychologique selon Charles Darwin", *Revue d'histoire des Sciences*, tome XIII, no. 1, janvier-mars 1960.

______, "The Role of analogies and models in biological discovery", in *Scientific Change*, ed. by A. C. Crombie, London: Heinemann, 1963.

______, "La Constitution de la physiologie comme science", dans *Physiologie*, par Ch. Kayser, tome I, Paris: Flammarion, 1963.

Caullery (M.), "Histoire des sciences biologiques", dans G. Hanotaux, *Historie de la Nation française*, tome XV, Paris: Plon, 1925.

______, *Le Problème de l'évolution*, Paris: Payot, 1931.

______, *Les Étapes de la biologie*, Collection 'Que sais-je?', Paris: PUF, 1940.

______, *Biologie des jumeaux*, Paris: PUF, 1945.

Collin (R.), *Panorama de la biologie*, Paris: Éditions de la Revue des Jeunes, 1945.

Comte (A.), *Cours de Philosophie positive*, leçons XL à XLV, Paris: Schleicher, 1907.

Cuénot (L.), "La Loi en biologie", dans *Science et Loi*, 5e semaine internationale de *Synthèse*, Paris: Alcan, 1934.

______, *L'Espèce*, Paris: Doin, 1936.

______, *Invention et finalité en biologie*, Paris: Flammarion, 1941.

Cuénot (L.) et Tétry (A.), *L'Évolution biologique*, Paris: Masson, 1951.

Dagognet (F.), *Philosophie biologique*, Paris: PUF, 1955.

______, *La Raison et les remèdes*, Paris: PUF, 1964.

Dalm (A.), *Initiation à l'embryologie générale*, Liège: Desoer et Paris: Masson, 1952.

Daremberg (Ch.), *Historie des sciences médicales*, 2 vols., Paris: J.-B. Baillière, 1870.

Darwin (Ch.), *De l'Origine des Espèces*, trad. fr. par Clémence Royer, Paris: Flammarion, 1859.

Demangeon (J. B.), *De l'imagination, considérée dans ses effets directs sur l'homme et les animaux et dans ses effets indirect sur les produits de la gestation*, 2e éd., Paris-Bruxelles, 1829.

Deutsch (K. W.), "Mechanism, organism and society : some models in natural and social science", in *Philosophy of science*, vol. XVIII, 1951, pp. 230~252.

Descartes (R.), *L'Homme*, 1664, suivi de *La Description du Corps humain*, dans *Oeuvres* de Descartes publièes par Ch. Adam et P. Tannery, tome XI, Paris: Vrin.

Doyon (A.) et Liaigre (L.), "Méthodologie comparée du biomécanisme et de la mécanique comparée", dans *Dialectica*, X, 1956, pp. 292~335.

Driesch (H.), *La Philosophie de l'organisme*, 1909, trad. par Kolmann, Paris: Rivière, 1921.

Dubois (D.), *La Notion de cycle, Introduction à l'étude de la biologie*, Neuchâtel: Éditions du Griffon, 1945.

Florkin (M.), *Naissance et déviation de la théorie cellulaire dans l'oeuvre de Théodore Schwann*, Paris: Hermann, 1960.

Foucault (M.), *Folie et déraison, histoire de la folie à l'âge classique*, Paris: Plon, 1961.

______, *Naissance de la clinique*, Paris: PUF, 1963.

Goldstein (K.), *Der Aufbau des Organismus*, 1934, traduit en français sous le titre : *La Structure de l'organisme* par le docteur Burckhardt et Jean Kuntz, Paris:

Gallimard, 1951.
______, "Remarques sur le problème épistémologique de la biologie", 1949, dans *Congrès international de Philosophie des Sciences*, Paris, 1949, I, 'Épistémologie', Paris: Hermann.
Grassé (P.), "Projet d'article sur le mot Biologie pour le vocabulaire historique", dans *Revue des Synthèse*, 1940~1945, no. 19.
______, *Biologie animale* (Aron et Grassé를 보라).
Grmek (M. D.), "Le Vieillissement et la mort", dans *Biologie* (Éncyclopédie de la Pléiade), Paris: Gallimard, 1965.
Guillaume (P.), *La Psychologie animale*, Paris: A. Collin, 1940.
Gurwitsch (A.), "Le Fonctionnement de l'organisme d'après K. Goldstein", dans *Journal de Psychologie*, 1939, p. 107.
______, "La Science biologique d'après K. Goldstein", dans *Revue Philosophique*, 1940, p. 244.
Guyénot (E.), "La Vie comme invention", dans *L'Invention*, 9e semaine internationale de *Synthèse*, Paris: Alcan, 1938.
______, *Les Sciences de la vie aux XVIIe et XVIIIe siècles*, Paris: Albin Michel, 1941.
______, *Les Problèmes de la vie*, Genève: Éditions du Cheval Alié, Bourquin, 1946.
Hagberg (K.), *Carl Linné*, trad. fr. par Hammai et Metzger, Paris: Éditions 'Je sers', 1944.
Haldane (J. S.), *The Philosophy of a Biologist*, Oxford Clarendon Press, 1936.
______, *La Philosophie marxiste et les sciences*, trad. par Bottigelli, Paris: Éditions Sociales, 1947.
Hediger (H.), *Les Animaux sauvages en captivité*, Paris: Payot, 1953.
______, *La Vie des animaux sauvages d'Europe*, Paris: Amiot-Dumont, 1952.
Kant (I.), *La Critique du Jugement*, 1790, trad. fr. de J. Gibelin, Paris: Vrin, 1928; *Critique de la faculté de juger*, trad. A. Philonenko, Paris: Vrin, 1993.
Kayser (Ch.), "Les Réflexes", dans *Conférences de Physiologie médicale sur des sujets d'actualité*, Paris: Masson, 1933.
______, "Réflexes et comportement", 1947, dans *Bulletin de la Faculté des Lettres de Strasbourg*, no. de février et mars 1947.
______, "Le Fait physiologique", dans *Somme de Médecine contemporaine*, I. Nice: Éditions de la Diane Française, 1951.

Klein (M.), *Histoire des origines de la théorie cellulaire*, Paris: Hermann, 1936.

______, "Sur les débuts de la théorie cellulaire en France", dans *Thalès*, 1951, tome VI, pp. 25~36.

______, "Remarques sur les méthodes de la biologie humaine", dans *Congrès international de Philosophie des Sciences*, 1949, I. 'Épistémologie', Paris: Hermann, 1951.

Klein (M.) et Mayer (G.), *Aspects méthodologiques des recherches sur les bases endocriniennes du comportement*, 1949, IV, 'Biologie', Paris: Hermann, 1951.

Lamarck (J.-B.), *Philosophie zoologique*, Paris: J. Baillière, 1809.

______, *Page choisies*, introduction et notes de Lucien Brunelle, Paris: Éditions sociales, 1957.

Lane (F. W.), *Histoires extraordinaires des bêtes*, Paris: Hachette, 1950.

Lecomte du Nouy, *Le Temps et la vie*, Paris: Gallimard, 1936.

Leriche (R.), "De la santé à la maladie, la douleur dans les maladies", dans *Encyclopédie française*, tome VI, 1936.

______, *Physiologie et pathologie du tissu osseux*, Paris: Masson, 1939.

______, *La Chirurgie de la douleur*, 1937, 2e édition, Paris: Masson, 1940.

______, *La Chirurgie à l'ordre de la vie*, Aix-les-Bains: Zeluck, 1944.

______, *La Philosophie de la chirurgie*, Paris: Flammarion, 1951.

______, "Qu'est-ce que la maladie?", dans *Somme de Médecine contemporaine*, I. Nice: Éditions de la Diane Française, 1951.

Leroi-Gourhan (A.), *Les Geste et la parole* : I. *Technique et langage*(1964). II. *Mémoire et Rythmes*(1965), Paris: Albin-Michel.

Lœb (J.), *La Conception mécanique de la vie*, Paris: Alcan, 1927.

Lorenz (K.), *Les Animaux, ces inconnus*, Paris: Les Éditions de Paris, 1953.

______, *Darwin hat recht gesehen*, Pfullingen: Neske, 1965.

Manquat (M.), *Aristote naturaliste*, Paris: Vrin, 1932.

Mathey (R.), *Dix préludes à la biologie*, Lausanne: Rouge, 1945.

Mendelsohn (E.), "Physical models and physiological concepts : explanation in nineteenth-century biology", in *The British Journal for the History of Science*, t. II, part. III, no. 7, 1965.

Merleau-Ponty (M.), *La Structure du comportement*, Paris: PUF, 1942.

Meyer-Abich (A.), *Biologie der Goethezeit*, Stuttgart: Marquardt & Cie, 1949.

Monakow (von) et Mourgue, *Introduction biologiques à l'étude de la neurologie et de la psychopathologie*, Paris: Alcan, 1928.

Muller (H. J.), *Hors de la Nuit(Vues d'un biologiste sur l'avenir)*, Paris: Gallimard, 1938.

Nicolle (Ch.), *Naissance, vie et mort des maladies infectieuses*, Paris: Alcan, 1930.

Nielsen (H.), *Le Principe vital*, Paris: Hachette, 1949.

Orientation des théories médicales en U.R.S.S. (Documents), Centre Culturel et Économique France-U.R.S.S., 29 rue d'Anjou, Paris, 1951.

Pagel (W.), *Paracelse, introduction à la médecine philosophique de la Renaissance*, trad. fr. de Michel Deutsch, Grenoble: Arthaud, 1963.

Prenant (M.), *Biologie et Marxisme*, Paris: Éditions Sociales Internationales, 1936, 2e édition, Paris: Hier et Aujourd'hui, 1948.

Radl (E.), *Geschichte der biologischen Theorien in der Neuzeit*, 2e édition, 1re partie, Leipzig: Engelmann, 1913.

Radl (E.) et Hatfield, *The History of biological theories*, Oxford: Oxford University Press, 1930.

Risse (W.) et Requet (A.), *L'Idée de l'homme dans la neurologie contemporaines*, Paris: Alcan, 1938.

Roger (J.), *Les Sciences de la vie dans la pensée française du XVIIIe siècle*, Paris: Colin, 1963.

Romantische naturphilosophie, ausgewählt von Christoph Bernoulli und Hans Kern, Iena: Eugen Diederichs, 1926.

Rosenblueth (A.) et Wiener (N.) and Bigelow (J.), "Behavior, Purpose and Teleology", in *Philosophy of Science*, vol. X, 1943, pp. 18~24; traduit en français par J. Piquemal, sous le titre "Comportement, intention, téléologie", dans *Les Études philosophiques*, 1961, no. 2, pp. 147~156.

Rostand (J.), *La Formation de l'être, Histoire des idées sur la génération*, Paris: Hachette, 1930.

______, *La Genèse de la vie, histoire des idées sur la génération spontanée*, Paris: Hachette, 1943.

______, *Esquisse d'une histoire de la biologie*, Paris: Gallimard, 1945.

______, *Les Grands courants de la biologie*, Paris: Gallimard, 1951.

______, *Les Origines de la biologie expérimentale et l'Abbé Spallanzani*, Paris: Fasquelle, 1951.

Roule (L.), *Buffon et la description de la nature*, Paris: Flammarion, 1924.

______, *Lamarck et l'interprétation de la nature*, Paris: Flammarion, 1927.

Ruyer (R.), *Éléments de psychobiologie*, Paris: PUF, 1946.

______, *Néo-finalisme*, Paris: PUF, 1952.

______, *La Genèse des formes vivantes*, Paris: Flammarion, 1958.

Scheler (M.), *La Situation de l'homme dans le monde*, 1928, traduction française par M. Dupuy, Paris: Aubier, 1951.

Sigerist (H.), *Introduction à la médecine*, 1932, traduction française par M. Ténine, Paris: Payot.

Simondon (G.), *Du Mode d'existence des objets techniques*, Paris: Aubier, 1958.

______, *L'Individu et sa genèse physico-biologique*, Paris: PUF, 1964.

Singer (Ch.), *Histoire de la biologie*, 1934, édition française par le docteur Gidon, Paris: Payot.

Somme de médecine contemporaine, I, *La Recherche*(1951), ouvrage publié sous la direction de René Leriche, Nice: Éditions de la Diane Française.

Starobinski (J.), "Une théorie soviétique de l'origine nerveuse des maladies", dans *Critique*, 1951, tome VII, no. 47, p. 348.

Teissier (G.), "Description mathématique des faits physiologiques", dans *Revue de Métaphysique et de Morale*, 1936, pp. 55 sq.

______, "Mécanisme de l'évolution", dans *La Pensée*, 1945, no. 2~3.

Tétry (A.), *Les Outils chez les êtres vivants*, Paris: Gallimard, 1948.

Tilquin (H.), *Le Behaviorisme*, Paris: Vrin, 1944.

Tinbergen (N.), *L'Étude de l'instinct*, Paris: Payot, 1953.

Uexküll (von), *Theoritische Biologie*, Berlin: Springer, 1928.

Uexküll (von) et Kriszat (G.), *Streizüge durch die Umwelten von Tieren und Menschen*, Berlin: Springer, 1934.

Vandel (A.), *L'Homme et l'évolution*, Paris: Gallimard, 1949.

Vendryes (P.), *Vie et probabilité*, Paris: Albin Michel, 1942.

Wiener (N.), *Cybernetics, or Control and Communication in the Animal and the machine*, Paris: Hermann, 1948.

Wolff (É.), *Les Changements de sexe*, Paris: Gallimard, 1946.

______, *La Science des monstres*, Paris: Gallimard, 1948.

______, *Les Chemins de la vie*, Paris: Hermann, 1963.

옮긴이 해제

캉길렘이 3부 3장 「생명체와 그 환경」에서 주장하고자 한 바, 즉 유기체를 이해하기 위해서는 그 유기체가 처해 있는 환경 또한 참조해야 한다는 주장은 독서의 과정에도 적용될 수 있다. 어떤 글에 대한 깊은 이해를 위해서는 글의 내용뿐만 아니라 글이 놓여 있는 맥락에 대한 이해가 수반되어야 한다. 『생명에 대한 인식』은 크게 두 가지 맥락에 위치해 있다. 한 가지는, 캉길렘에게 영향을 주었던, 그리고 그 자신 또한 영향을 미쳤던 프랑스 지성사의 맥락이다. 그러나 학계에 발을 들인 1926년부터 타계한 1995년까지 왕성한 활동을 이어 갔던 한 철학자를 중심으로 직조된 틀을 모두 서술하기에는 지면이 부족할뿐더러, 솔직히 털어놓자면 역자의 역량이 부족하다. 이에 관해서는 독자분들께 한국프랑스철학회에서 출판한 『현대 프랑스 철학사』[1] 혹은 주재형이 번역한 프레데릭 보름스의 『현대 프랑스 철학』[2]을 읽어 보시길 권한다. 다음으로, 『생명에 대한 인식』은 캉길렘의 지적 여정이라는 맥락에 위치해 있다. 본 해제에서는 독자분들의 이해를 돕기 위해 이 맥락을 간략하게나마 정리해 보고자 한다.

현재 프랑스에서는 캉길렘 전집의 출판 작업이 한창이다. 각각 천여 페이지에 달하는 총 다섯 권으로 이루어진 이 전집의 편집 지침은 캉길렘의 지적 여정을 일괄하기에 좋은 틀을 제시한다. 전집의 각 권 중, 이미 출판된 글들을 모은 두 권을 제외한 나머지 세 권은 제목이 다음과 같다. 전집 1. 철학적, 정치적 저술(1926-1939),[3] 전집 4. 레지스탕스, 생물학적 철학과 과학사(1940-1965),[4] 전집 5. 과학사, 인식론, 기념사(1966-1995).[5] 생명-삶이라는 화두를 평생 유지했지만 캉길렘은 자신의 관심사를 끊임없이 확장시키고, 논조를 변화시키며, 당대의 사회정치적 문제에 민감하게 반응했던 철학자였다. 전집은 이러한 과정 중에서도 그 변화의 폭이 큰 시점을 기준으로 그의 사유를 세 시기로 분할하고 있다. 이 각 시기의 쟁점이 무엇이었는지를 설명하면 캉길렘 사유의 흐름 속에서 『생명에 대한 인식』을 이해하려는 본 해제의 목적을 달성할 수 있으리라 본다.

---

1) 한국프랑스철학회 엮음, 『현대 프랑스 철학사』, 창비, 2015.

2) Frédéric Worms, *La philosophie en France au XXe siècle*, Gallimard, 2009; 주재형 옮김, 『현대 프랑스 철학』, 도서출판 길, 2014.

3) Georges Canguilhem, *Œuvres complètes*. Tome 1: *Écrits philosophiques et politiques (1926-1939)*, Paris: Vrin, 2011.

4) Tome 4: *Résistance, philosophie biologique et histoire des sciences (1940-1965)*, Paris: Vrin, 2015.

5) Tome 5: *Histoire des sciences, épistémologie, commémorations (1966-1995)*, Paris: Librairie Philosophique J. Vrin, 2018.

철학적, 정치적 저술

1926년부터 1939년까지 캉길렘은 필명 알랭Alain으로 더욱 널리 알려진 그의 스승 에밀 샤르티에Émile Chartier로부터 지대한 영향을 받았다. 생전에 알랭은 철학자이자 교사, 수필가, 칼럼니스트, 정치활동가로서 다양한 활동을 한 인물이다. 이 중 캉길렘에게 크게 영향을 미친 것은 그의 철학자로서의 면모와 정치활동가로서의 면모다. 철학자로서 알랭은 판단의 근거가 되는 '사실'이 그 자체로 수용되어야 하는 소여가 아니라고 주장했다. 그는 사실이 그에 앞서는 가치 판단에 의해 선별된다고 보았으며, 이를 무시하고 사실을 불변의 진리처럼 제시하는 '사실 숭배자'l'adorateur du fait들을 각계각층에서 찾아내고 비판한다. 예를 들어 알랭은 인간의 자유의지에 따라 변할 수 있는 심리적 상태를 하나의 고정된 사실로 간주하고 연구하려는 심리학자들을 격렬히 비판했다. 후일 캉길렘은 자신의 논문 「심리학이란 무엇인가?」*Qu'est-ce que la psychologie?*[6]에서 이 같은 관점을 계승하고 심화시킨다. 다른 한편 정치활동가로서의 알랭은 양차 세계대전의 발발을 적극적으로 저지하고자 한 평화주의자였다. 이 시기에 알랭은 자신이 창간한 잡지 『자유 단상』*Libres propos*의 지면을 통해, 그리고 '반파시즘 지성인들의 감시위원회'Comité de vigilance des intellectuelles antifascite에 참여함으로써 전쟁에

6) Georges Canguilhem, *Études d'histoire et de philosophie des sciences* 7, éd. augm., réimpr. Problèmes et controverses, Paris: Vrin, 2002, pp. 365~381.

격렬히 반대했다. 알랭의 평화주의적 입장의 진의는 그가 대립했던 생물학자 르네 캉통René Quinton의 주장을 살펴보면 더 잘 드러난다. 캉통은 전쟁이 하나의 자연적 사실, 즉 생명체가 필연적으로 겪게 되는 숙명이라고 보았다. 자유의지에 따르는 인간의 가치 판단이 사실에 앞서며, 인간이 평화라는 가치를 추구해야 한다고 주장해 온 알랭에게 캉통은 또 다른 사실 숭배자로 비쳐졌을 것이다. 이처럼 평화주의자 알랭과 주전론자 캉통의 정치적 대립 이면에는 '사실'과 '가치 판단' 사이의 관계에 대한 철학적 대립이 있었다.

캉길렘은 알랭의 가르침에 충실한 제자였다. 캉길렘은 『자유 단상』지의 서기로 일하는 동시에 여기에 자신의 스승과 동일한 논조의 정치적 글을 다수 투고했다. 이 글들은 전집 1권에 수록되어 있다. 그 외에도 전집 1권에는 두 권의 책이 수록되어 있는데, 이 중 첫 번째 책 『파시즘과 농민』*Le faschisme et les paysans*[7]은 '반파시즘 지성인들의 감시 위원회'의 활동으로서 캉길렘이 집필한 유일한 정치적 성격의 소책자이다. 두 번째 책 『도덕과 논리 개설』*Traité de logique et de morale*[8]은 캉길렘이 절친한 동료인 카미유 플라네Camille Planet와 공저한 일종의 교과서이다. 강의를 염두에 두고 쓰였기 때문에 다양한 영역이 다뤄지긴 하지만 이 책의 주된 논조 또한 칸트적 의미의 분석과 종합이라는 구도 속에서 사실에 대한 가치 판단의 선행성을 주장하는 것이다. 정리

---

7) Canguilhem, *Œuvres complètes*. Tome 1: *Écrits philosophiques et politiques* (*1926-1939*), pp. 515~587.
8) *Ibid*., pp. 597~926.

하자면 1926년부터 1939년까지 쓰인 철학적, 정치적 저술들을 통해 드러나는 청년 캉길렘의 사유는 스승 알랭과의 관계 속에서 형성된 것이었다.

레지스탕스 활동과 의학 공부

1939년은 2차 세계대전이 발발한 해이다. 모든 지표상에서 1차 세계대전을 능가하는 이 전쟁은 유럽의 지성인들을 충격에 빠뜨렸고, 캉길렘 또한 마찬가지였다. 이 시기에 캉길렘은 대외적으로는 의학 박사학위 취득을 위한 연구에 착수하고, 비밀리에는 레지스탕스 활동을 시작했다. 이 두 활동 모두에서 청년 캉길렘과는 구분되는 사유의 흐름이 등장하기 시작한다. 레지스탕스 활동을 하며 캉길렘은 그의 스승 알랭과 정치적 견해 차이를 보이기 시작한다. 이 대립의 쟁점이 무엇이었는지는 당시 캉길렘이 쓴 글들에 명확히 드러나 있지는 않다. 다만 상당한 시간이 지난 1953년의 한 인터뷰에서 캉길렘이 스승에 대해 내린 회고적인 평가를 통해 이를 유추해 볼 수 있을 뿐이다. 캉길렘은 알랭이 개별적인 것보다는 보편적인 것, 역사적인 것보다는 영원한 것을 추구한 철학자라고 보았다. 평화주의자로서 알랭은 무조건적 평화를 주창했는데, 보편불변하는 것에 대한 추구가 이러한 상황에 개의치 않는 평화주의를 가능케 했을 것이다. 그러나 캉길렘이 보기에 2차 대전을 둘러싼 정황은 1914년, 즉 1차 대전 당시의 정황과는 전혀 달랐다. 알랭을 따라 「유보 없는 평화에 동조한다」La paix sans réserve? Oui[9]라는 제목의 글을 썼던 청년 캉길렘은 2차 대전에 마주하여 인간성과 정의를 위한 저항에 참여한다.

캉길렘이 의학 연구에 착수한 이유에 대해서는 여러 가지 설이 있다. 노년에 캉길렘이 어째서 의학을 공부했냐는 제자의 질문에 경력상의 경쟁력을 갖추기 위해 의학 공부를 시작했다고 답한 적이 있다. 그러나 캉길렘이 자신의 정치적 신념의 전회를 겪어 가며 레지스탕스 활동을 벌이던 당시에 의학 공부를 시작했다는 사실을 고려한다면 이 말엔 어느 정도 농담조가 섞여 있다고 봐도 좋을 것이다. 캉길렘의 알랭에 대한 또 다른 평가를 상기시켜 볼 필요가 있다. 캉길렘은 알랭이 항상 개별 기술들이 아니라 보편적인 것으로 이해된 기술 일반에 주의를 기울여 왔다고 평가한 바 있다. 그러나 캉길렘이 보기에 인간의 기술은 구체적인 차원에서 시대에 따라, 혹은 개인에 따라 상이한 문제들에 대한 대응으로서 형성되어 온 것이었다. 의학은 이러한 문제와 대응의 다양성을 보여 주기에 아주 적합한 영역이다. 의학의 영역에선 언젠가 병이었던 것이 병이 아니게 되고, 누군가에겐 병인 것이 다른 누군가에겐 병이 아닌 경우가 빈번하다. 누군가의 고통은 때론 증상으로 여겨지지만, 때론 의심의 대상이 된다. 누군가 치료받기 위해 기도할 때, 누군가는 항생제와 백신을 요구한다. 문제에 있어서나 대응에 있어서나 의학은 개별 인간의 신체적, 의식적 다양성과 고유성을 확인하기에 적합한 영역이다. 그러나 캉길렘은 의학에서 생물학적, 실존적

---

9) *Ibid*., pp. 400~410.

보편성 또한 확인한다. 달리 태어나고 아프고 죽을 테지만, 모든 인간은 살아 있고 아프고 죽는다. 그 고통을 동일하게 겪지도, 겪게 하지도 못할 테지만 인간은 고통을 호소할 것이고 그 호소에 주의를 기울일 것이다. 요컨대 의학의 존재 자체가 생명-삶의 개별적 다양성에 대한 인간적 대응이 지닌 보편성의 증거다.

이러한 배경하에 시작된 의학 연구의 결실이 『정상적인 것과 병리적인 것』이다. 캉길렘은 알랭으로부터 이어져 내려온 가치 판단이 사실에 선행한다는 주장을 구체화시킬 계기를 의학의 영역에서 발견한다. 그는 진단을 통해 주어지는 소위 객관적인 의학적 사실이 고통, 즉 부정적 가치 판단에 선행하게 된 역사적 과정을 서술하고 이 과정에 개입한 부당한 이념과 과학적 오류를 드러냄으로써 잘못 자리 잡힌 이 선행관계를 역전시킨다. 이에 따라 가치가 사실에 앞선다는 가치론적 axiologique 철학의 핵심 명제는 환자의 주관적 판단이 진단을 통해 주어지는 객관적 사실에 앞선다는 주장으로 재탄생한다. 다른 한편 『정상적인 것과 병리적인 것』은 알랭의 이념에 대한 안티테제로도 작용한다. 캉길렘은 의학의 영역에서 과학적 개념의 역사성, 질병 체험의 개별성, 기술적 대처 방식의 다양성을 발견하는데 이 모든 요소가 알랭의 이념과는 배치되는 것이다. 그러나 이와 같이 『정상적인 것과 병리적인 것』을 캉길렘의 자신의 스승에 대한 대응으로만 읽는 것은 이 저서의 의의를 지나치게 축소시키는 일이 될 것이다. 왜냐하면 『정상적인 것과 병리적인 것』은 청년 캉길렘의 사유를 형성해 온 맥락을 일단락하는 출구인 동시에 그가 새롭게 개진하는 기획, 즉 '생물학적 철학'

으로의 입구이기도 하기 때문이다.

생물학적 철학과 분자생물학의 등장

캉길렘에 대한 연구사에서 '생물학적 철학'에 대한 논의는 최근에 나타난다. 그 전까지 캉길렘은 주로 의철학자로, 혹은 바슐라르, 푸코와 함께 프랑스 인식론 계보에 속하는 철학자로 이해되어 왔다. 전집 편찬 작업은 이 같은 기존의 평가에 대한 수정과 보충이 필요하다는 인식의 계기가 되었다. 전집 전권 편집의 중추적 역할을 맡았던 카미유 리모주Camille Limoges는 캉길렘이 실질적으로 방법론으로서의 인식론을 거론하고, 인식론적 개념들을 형성했던 시기가 1962년 가스통 바슐라르의 죽음 이후라는 점을 지적했다. 그렇다면 『정상적인 것과 병리적인 것』이 집필된 1943년부터 인식론적 논의가 등장하는 1962년 사이 캉길렘의 사유는 어떻게 이해되어야 하는가? 이에 대한 답으로 제시된 것이 바로 생물학적 철학이다. 캉길렘 사유의 흐름을 이해하는 데 있어 이 생물학적 철학의 의미를 규명하는 것은 매우 중요한 일이다. 캉길렘이 생전에 책의 형식으로 출판한 글은 그리 많지 않다. 『정상적인 것과 병리적인 것』, 『생명에 대한 인식』, 『17, 18세기 반사 개념의 형성』,[10] 『과학 철학과 과학사 연구』,[11] 『생명과학의 역사에 나타난

---

10) Georges Canguilhem, *La formation du concept de réflexe au XVIIe et XVIIIe siècles*, Paris: J. Vrin, 2015.

이데올로기와 합리성』,[12] 이렇게 다섯 권이 전부이다. 이 중 앞의 세 권의 책에 수록된 글 중 대부분과 논문 모음집인 『과학 철학과 과학사 연구』에 실린 다수의 논문들은 1962년 이전에 집필된 것이다. 요컨대 자신의 경력을 대표하는 글을 집필하던 시기에 캉길렘이 천착했던 것은 생물학적 철학이었다.

그렇다면 생물학적 철학이란 무엇인가? 간단히 말하자면 생물학적 철학은 사유의 대상으로서뿐만 아니라 사유의 방식으로서도 생물학의 전제와 개념을 차용하는 철학이다. 어떤 과학 분야를 사유의 방식으로 삼는 철학의 전형으로 칸트의 철학을 꼽을 수 있다. 순수이성비판의 과학적 기초가 뉴턴 물리학의 시공간에 대한 이해 방식이라는 것은 널리 알려진 사실이다. 이를 염두에 둔다면 그 대상의 측면에서는 아니지만 사유 방식의 측면에서 칸트의 철학은 물리학적 철학이라 일컬어질 수 있을 것이다. 그러면 생물학의 뉴턴, 즉 생물학적 사유의 전형을 보여 준 생물학자는 누구인가? 캉길렘은 이에 대한 답으로 소르본 대학 교수좌에 지원하기 위해 제출한 『생명에 대한 인식』 요약문에서 베르나르Claude Bernard와 골드슈타인Kurt Goldstein을 제시한다. 이것이 캉길렘이 자신의 여러 저서에서 때로는 갑자기, 때로는 끈질기게 베르나르와 골드슈타인의 이름을 거론하는 이유이다.

---

11) Canguilhem, *Études d'histoire et de philosophie des sciences* 7, éd. augm., réimpr. Problèmes et controverses, Paris: Vrin, 2002.

12) Canguilhem, *Idéologie et rationalité dans l'histoire des sciences de la vie: nouvelles études d'histoire et de philosophie des sciences* 2, éd. rev. et corrigée, Bibliothèque des textes philosophiques, Paris: Vrin, 2009.

의철학적 관점에서 전면에 등장하는 그의 저서 『정상적인 것과 병리적인 것』은 생물학적 철학의 관점에서는 하나의 사례 연구로 자리매김한다. 앞서의 요약문에서 캉길렘은 다음과 같이 말한다. "생명의 특수한 속성은 무엇인가? 바로 병리적 상태이다. […] 정상과 병리 개념에 대한 비판적 검토가 1943년 논문의 목표였다. 나는 이로부터 생물학적 사유에 대한 비판의 단계로 이행해 가고자 한다. 생물학적 개념들의 토대에 관한 문제가 제기된다."[13] 캉길렘은 생물학적 사유에 대한 비판을 생물학에 고유하다고 여겨지는 개념들에 대한 검토를 통해 수행한다. 왜냐하면 생물학에서는 이론이 아니라 개념이 사유의 단위를 구성하기 때문이다. 「동물생물학에서의 실험」에서 실험의 어려움을 유발하는 생명체의 속성으로 묘사되는 특이성, 개체화, 전체성, 불가역성은 사실 생물학적 대상을 구성하는 속성들이다. 세포이론, 생기론, 기계와 구별되는 유기체의 특성, 환경 개념, 정상적인 것과 병리적인 것, 기형과 괴물, 즉 『생명에 대한 인식』의 각 장의 주제는 모두 생물학적 사유에 대한 비판이라는 생물학적 철학의 기획 아래에서 선별된 개념들이다. 이 모든 사항을 리모주는 다음과 같이 간명하게 정리한다. 『생명에 대한 인식』은 캉길렘이 베르나르와 골드슈타인의 사유를 모델로 하여 구축한 생물학적 철학의 순수이성비판이다.

생물학적 철학의 영향을 확인할 수 있는 가장 거시적 차원의 증거는 아마도 캉길렘의 저서 집필 방식일 것이다. 앞서 여러 번 언급된

13) CAPHÉS, GC.1.1.5. "Candidature à la Sorbonne, La connaissance de la vie".

『정상적인 것과 병리적인 것』의 원제는 사실 『정상적인 것과 병리적인 것에 관한 몇몇 문제들에 관한 논고』*Essai sur quelques problèmes concernant le normal et le pathologique*였다. 『정상적인 것과 병리적인 것』은 1943년 의학 박사학위 논문이었던 이 『논고』에 「20년 후」라는 장을 새로 추가한 후 수정된 제목이다. 캉길렘이 '재판 서문'에서 밝혔듯이 『생명에 대한 인식』 또한 1952년에 출간된 후 1965년 「기형과 괴물적인 것」을 추가하여 출판된 논문 모음집이다. 『과학 철학과 과학사 연구』 또한 마찬가지로, 현재 유통되는 판본은 1968년 출판된 최초의 논문집에 논문을 추가하며 두 번의 증보를 거친 판본이다. 요컨대 캉길렘은 자신의 글을 완결된 채로 두지 않고 끊임없이 손봐 왔다. 생명체는 살아 있는 한 자신의 세계와 끊임없이 논쟁한다던 골드슈타인의 언명을 떠올려 볼 때이다. 생명체인 인간으로서의 캉길렘이 처해 있던 세계는 물리적 차원에서뿐만 아니라 학문적 차원에서도 끊임없이 변화하는 세계, 달리 말해 역사적 세계였다. 이를 고려한다면 철학적 글이라는 형식으로 캉길렘이 세계와 나눈 논쟁 또한 당연히 역사적이어야 했을 것이다.

이 같은 동기를 갖고 시작된 생물학적 철학의 기획이 어떤 결론에 이르렀는지, 그리고 그 의의가 무엇이었는지를 평가하기는 쉽지 않은 일이다. 왜냐하면 1965년 생물학적 철학이 급진적인 변화를 겪기 때문이다. 1965년 프랑수아 자코브François Jacob, 앙드레 르보프André Lwoff, 자크 모노Jacques Monod 세 명의 프랑스 생물학자는 효소의 유전적 조절 작용과 바이러스 합성에 대한 연구로 노벨상을 수상한다. 이는 유전학과 정보이론을 근간으로 하는 분자생물학이 거둔 성과였다. 캉길렘은 생물학적 철학의 외연은 유지할 수 있었지만, 그 내포를 수정해야 할 필요성을 느꼈다. 앞서 언급한 『생명에 대한 인식』 요약본에서 캉길렘은 생물학의 근본개념이 '전체성'totalité이며 따라서 생물학적 철학이 이에 근거한 사유여야 한다고 쓰고 있다. 그러나 1965년 이후 캉길렘은 생명에 대한 정보이론의 이해 방식을 인용하고 이것이 사실이라면 생명 자체가 곧 정보, 즉 지식이지 않겠냐는 주장을 펼친다. 전체성에 근거한 생물학적 철학과 지식에 근거한 생물학적 철학이 상호 배제적인지, 상호 보완적인지에 대해서는 아직 논의의 여지가 많다. 다만 한 가지 확실한 것은 생물학의 개념과 사유 방식을 이식한 철학이라는 생물학적 철학의 이념은 변하지 않고 유지되었다는 사실이다.

과학사와 인식론

프랑스 학계에서 캉길렘은 주로 의철학자이자 인식론자로 평가되어 왔다. 따라서 1943년 출판된 『정상적인 것과 병리적인 것』부터 그 이후에 쓰인 저서들에 나타나는 캉길렘의 사유는 주로 인식론적 관점에서 이해되고 해석되어 왔다. 그러나 캉길렘이 실제로 인식론에 천착했던 시기는 자신의 스승 바슐라르가 별세한 1962년 이후이다. 전집을 편집하며 리모주가 수행한 조사에 따르면 1962년 이전 캉길렘의 글에 '인식론'Épistémologie이라는 단어는 거의 등장하지 않다가 1963년부터 그 빈도가 급격히 증가한다.[14] 따라서 엄밀히 말해 캉길렘의 인식론적 사유는 1968년 출판된 『과학 철학과 과학사 연구』, 1977년 출판된 『생명과학의 역사에 나타난 이데올로기와 합리성』부터 나타난다고 보는 것이 합당하다.

그러나 인식론적 관점에서 캉길렘의 저서를 읽으려는 시도가 전적으로 불합리하지만은 않다. 1962년 이전부터 캉길렘은 줄곧 역사적 서술을 통해 지식 비판을 수행했다. 『정상적인 것과 병리적인 것』에서 캉길렘은 병리적 상태가 정상적 상태의 양적 변이에 불과하다는 '브루세의 원리'에 대한 비판을 위해 베르나르와 콩트를 거쳐 브루세François Broussais에 이르는 계보를 거슬러 올라간다. 『생명에 대한 인식』에서 캉길렘은 생물학, 심리학, 지리학에서 통용되는 환경 관념을 중심이 없는 평면으로 표상되는 환경과 중심을 지닌 구체로 표상되는 환경으로 구분하고 각각의 연원을 추적해 올라간다. 『17, 18세기 반사 개념의 형성』에서도 제목에 잘 드러나 있듯이 캉길렘은 역사적 서술 방식을 택했다. 그런데 1963년 이후 캉길렘이 천착한 인식론의 방법과 의의에 대한 고찰의 핵심은 과학사와 인식론이 불가분의 관계를 맺고 있다는 것이다. 이것이 사실이라면 역사적 서술이었던 캉길렘의 작업을 인식론적 관점에서 읽어 내는 것도 무리는 아니다.

그렇다면 과학사와 인식론이 불가분의 관계를 맺고 있다는 것은 어떤 의미일까? 캉길렘에 따르면 인식론은 어떤 대상에 대한 정확한

---

14) Camille Limoges, "Conference — Epistemology and History from Bachelard and Canguilhem to Today's History of Science", Max-Planck-Institut Für Wissenschafts-geschichte, pp. 53~66.

지식을 얻는 현재의 방법론에 대한 비판적 고찰이다. 이 인식론적 고찰은 특정 방법론에 따라 생산된 지식의 진리로서의 정당성을 문제 삼을 수 있다. 그러나 이 진위 여부에 대한 비판은 일차적으로는 일선에서 과학적 실천을 하는 과학자들의 몫이다. 인식론자에게 더 중요한 것은 그 지식의 윤리적 정당성과 사회적 효과에 대한 비판이다. '브루세의 원리'가 캉길렘에게 문제시된 이유는 이를 통해 양화되지 않는 고통을 느끼는 환자의 주관적 경험이 의학에서 배제되기 때문이다. 탈중심화된 환경 개념과 기계론적 반사 개념은 인간을 자신의 환경에 의해서만 영향을 받는 수동적 존재로 인식하게 만들고, 이에 따라 비인간적 노동환경을 조성하려는 시도에 근거를 제공하기 때문에 비판의 대상이 된다. 이 가치의 차원에 있는 문제들이 자신의 직접적인 소관이 아니기에 과학은 가치의 진공상태에서 자신의 방법론을 시험하는 데에 열중한다. 과학사 서술의 목적은 이 과학이 어떤 가치 판단에서 기인하는 필요 혹은 요구에 대한 응답이었던 순간까지 거슬러 올라감으로써 이를 인식론의 주무대인 가치의 차원으로 끌어내리는 것이다.

삶, 생명, 철학

우리는 보통 삶에 관한 질문에 선뜻 답하기를 꺼린다. 행복에 대해서건 슬픔에 대해서건 과도한 개입은 주제넘어 보일 수 있다. 모두의 삶의 궤적이 다르기 때문이다. 그렇다고 전적인 무관심으로 일관하는 것도 그리 추천할 만하지는 않다. 아마도 그래서 상담에 관련된 많은 책들이 잠자코 들어주라는 조언을 공통적으로 하는 것일 터이다. 생명에 관한 질문에 대해서는 조금 사정이 달라 보인다. 이 질문에 대해서는 관습적으로 생로병사라는 어구가 제시될 수 있고, 각 단어들에 상응하는 과학적 언어가 갖춰져 있다. 발생, 노화, 질병, 사망 등등. 심지어 '생로병사의 비밀'이라는 방송 프로그램도 있다. 미루어 보건대 우리는 생명에 대한 지식에 대해서는 모두가 등거리를 유지할 수 있다고, 달리 말해 생명에 대한 지식은 객관적이라고 믿는 것 같다. 우리는 삶에 관련된 질문에 대해서는 말을 삼가기를 추천받는데, 생명에 관련된 질문에 대해서는 최대한 많이 말하기를 요구받는다.

이 두 질문 사이의 거리는 그리도 현격한가? 이 책에서 캉길렘은 생명에 대한 객관적인 지식을 생산하는 과학 전반과 이에 근거하는 의학을 다뤘다. 그러나 캉길렘이 보기에 이 객관적인 지식 내부에는, 그리고 이 지식이 맞닿아 있는 대상에는 객관적이지 않은 것들이 산재해 있다. 의미, 가치, 주관, 역사가 그것이다. 그러므로 산다는 게 무엇인지에 대한 질문은 삶과 생명 모두를 의문시해야 하며, 이에 대한 답 또한 마찬가지로 이 양자 모두에 대한 것이어야 한다. 이 같은 캉길렘 사유의 핵심은 책의 제목 'La connaissance de la vie'에 대한 문법적인 설명을 통해 더 잘 드러날 수 있다. 한국어에서 '삶'과 '생명'이 상이한 용례를 지닌 반면 불어에서 Vie는 '삶'과 '생명'을 모두 지시할 수 있다. 예를 들어 La saveur de la vie는 '삶의 묘미'로, La science de la vie는 '생명 과학'으로 번역될 수 있다. 철학적 개념으로서 이 같은 양의성은 분명 결격사유이다. 하지만 캉길렘은 이 양의성에서 비롯되는 긴장을 유지하는 것이 생명 철학의 과제라고 보았다. 다른 한편 불어의 전치사 de는 '~에 대한'이란 의미를 갖기도 하지만 '~의'라는 의미도 갖는다. 따라서 Vie를 '생명'으로 해석한 경우, La connaissance de la vie는 '생명에 대한 인식'인 동시에 '생명의 인식'으로도 번역될 수 있다. 이 이중적 의미는 캉길렘이 지적한 생명 과학의 특징을 잘 드러낸다. 생명 과학은 생명의 생명에 대한 지식을 생산한다. 따라서 생명 일반, 타생명체에 대한 성찰과 연구는 동시에 이 연구를 수행하는 개체 스스로에 대한 연구가 된다. 이 Vie를 '삶'으로 해석하면 어떨까? 이 경우 자신의 삶에 대한 고찰과 타자의 삶에 대한 고찰이 얽혀 들어가기 시작한다. 이 두 번째 양의성까지 고려한다면 La connaissance de la vie는 네 가지 다른 의미로 읽힐 수 있다. 그 중 가장 객관적인 것은 『생명에 대한 인식』이며, 그 중 가장 사밀한 것은 『삶의 인식』, 즉 누군가가 살면서 가졌을 인식이다.

캉길렘이 생명에 대한 과학적 지식과 자신의 삶, 혹은 일상에 대한 관점을 늘 가깝게 유지했음을 보여 주는 일화가 하나 있다. 1967년 열린 한 학회에서 캉길렘은 선천적 정신이상자가 어째서 당신에게 문제가 되느냐는 한 학생의 질문을 받는다. 캉길렘은 다음과 같이 답했다.

> 당연히 큰 문제가 되지요! 청중 여러분들 모두에게도 마찬가지입니다! 청중 여러분이 아이를 갖게 되는 날이 오면 선천적 정신이상자에 대한 의문이 생길 겁니다! 우리들 자신을 통해 선천적 정신이상자가 나타날 수 있다는 사실이 당신들에게는 아무런 문제가 되지 않나요? 제게 이

는 큰 문제입니다! 제겐 아이들이 있어요. 아주 어린 아이들이죠. 아주 일상적인 이야기입니다. 여러분들은 이것이 수다쟁이들이 나누는 이야기 따위라고 말할지도 모르겠군요. 유감스럽습니다.

제게 있어 철학은 나이 든 수다쟁이들이 나누는 이야기 같은 것입니다. 어제 학회 토론회에서 벤제크리 씨는 말했죠. "어떤 견고한 것에 대해 이야기하지 않는다면 철학은 시장통 카페에서 나누는 환담에 지나지 않습니다." 뭐… 사실 저는 시장의 카페에는 잘 가지 않습니다. 그렇지만 청중 여러분과 저를 포함하여 우리 모두는 수다쟁이들이에요. 철학적 문제는 오직 철학자들만의 문제가 아니라 우리 모두의 문제입니다. 철학적 문제는 당신들과 저의 문제예요.[15]

이 대답을 염두에 둔다면 3부 5장 「기형과 괴물적인 것」에서 단순한 기형학의 역사에 대한 서술과 괴물적인 것을 상상하는 인간의 능력에 대한 고찰 이상의 것을 읽어 낼 수 있다. 이 논문에는 캉길렘 자신의 개인적인 걱정이 투영되어 있다. 캉길렘의 말처럼 어떤 문제는 철학자의 것만이 아닐 때 철학적이게 될 수 있다. 기형학과 상상력은 어느 과학자나 어느 철학자만의 문제일 수 있으나 캉길렘의 개인적인 걱정은 우리 모두가 한 번쯤 해볼 수 있는 걱정이다. 과학적 용어와 복잡한 문

15) Georges Canguilhem, "Du concept scientifique à la réflexion philosophique", *Œuvres complètes*. Tome 5: *Histoire des sciences, épistémologie, commémorations (1966-1995)*, Bibliothèque des textes philosophiques, Paris: Librairie Philosophique J. Vrin, 2018, pp. 89~134.

장이라는 외피를 잘 벗겨 내면, 캉길렘의 글에서 살아 있다는 공통의 저변에서 솟아나는 우리 모두의 걱정거리를 찾아낼 수 있을 것이다. 그리하여 어쩌면 생명에 대한 지식을 논하는 이 딱딱한 글이 어느 독자분의 삶을 위로해 줄지도 모르는 일이다.

옮긴이 박찬웅

옮긴이 후기

캉길렘 책의 세 번째 번역본을 출간하게 되어 무척 기쁘다. 이 책의 번역에 착수한 것은 10여 년 전의 일이지만 그간 이런저런 일로 제대로 진행을 하지 못하다가, 더 이상 미룰 수가 없어 작년에 집중적으로 번역작업을 진행해서 마칠 수가 있었다. 10여 년 동안 매듭을 짓지 못하던 번역작업이 마무리될 수 있었던 것에는 아끼는 제자 박찬웅 군의 도움이 컸다. 현재 파리 1대학에서 캉길렘으로 박사학위를 준비하는 박찬웅 군이 책의 후반부 약 1/3에 해당하는 부분(「생명체와 그 환경」 이후)의 번역을 맡아 주었다. 그의 도움이 없었다면 책의 출간은 훨씬 늦어졌을 것이다. 더구나 캉길렘 전공자로서 훌륭한 해제를 써 주어 더욱 충실한 번역서가 될 수 있었다고 자부한다.

이 책 역시 캉길렘이 여러 기회에 발표한 논문을 모아 놓은 것이다. 시기적으로 보자면 1940년대 후반에서 1960년대 초반, 즉 그가 40대와 50대에 쓴 글들로 그의 학문적 생애에서 가장 왕성히 활동하던 시기의 것들이다. 최근 프랑스에서는 총 5권으로 캉길렘 전집 발간 작업이 진행되고 있다. 현재까지 4권이 출간된 전집 발간이 마무리되면 캉길렘 연구가 더욱 활기를 띠고 캉길렘에 대한 다양하고 새로운 해석들도 나올 것이다. 이 책의 공역자로 수고한 박찬웅 군이 그 주역이 될 것으로 기대한다.

마지막으로 캉길렘의 이름 표기에 대해 언급해 두고자 한다. 부끄럽게도 역자 자신이 그간 번역한 책마다 표기가 일치되지 못했고, 또 그에 대해 여러 차례 질문도 받았다. 아마 저자 이름의 정확한 발음과 그 표기에 대해 의문을 갖고 있는 독자도 계시리라 생각해서 그에 대한 설명과 의견을 덧붙이고자 한다. 먼저 받침 'ㄹ'이 들어가느냐, 들어가지 않느냐의 문제가 있다. 즉 캉길렘이냐 캉귀엠이냐인데 결론을 말하자면 프랑스 남부 캉길렘의 고향에서는 받침 없이 캉귀엠이라고 읽고, 파리에서는 캉길렘이라고 발음한다고 한다. 따라서 이는 맞고 틀리고의 문제가 아니라 관행이나 선택의 문제라고 생각된다.

다음으로는 한글 표기상 경음과 격음 표기, 즉 '깡'이냐 '캉'이냐의 문제가 있다. 원칙적으로 한국어 외래어 표기원칙에서 경음을 허용하지 않고, 경음을 모두 격음으로 표기하게 되어 있다. 따라서 외래어 표기원칙에 따르면 캉길렘이 맞다. 그런데 개인적인 의문은 우리가 일상적으로 사용하는 한국어 표기에서는 '빨리', '꼭지', '따로' 등 경음을 폭넓게 사용하면서 왜 외래어 표기에서는 경음 표기를 금지하고 실제 발음과는 달리 경음을 격음으로 표기하도록 강제하는가 하는 점이다. 문자체계로서, 또 표기체계로서 한글이 가진 우수성은 표기하지 못하는 음이 거의 없다는 것인데, 원래의 발음을 충분히 한글로 표기할 수 있음에도 불구하고 왜 그 가능성을 스스로 제한하는가 하는 점이 의문으로 남는다.

물론 외래어 표기체계가 복잡해지는 것을 막기 위한 것이라고 생각은 하지만, 아무래도 개인적인 추측으로는 영어 사용자를 기준으로 한국어의 외래어 표기체계를 만든 것이 아닌가 하는 의심을 지우기 어렵다. 왜냐하면 영어에서는 경음이 존재하지 않아서 로망스 계통 언어에서 널리 사용하는 경음을 모두 격음으로 발음하기 때문이다. 'Paris'는 실제 '빠리'로 발음되지만, 영어에는 경음이 없어 '패리스'라고밖에는 발음하지 못한다. 역자 자신도 책임이 있는 저자 이름 표기의 혼란에 대해 설명하는 것이 필요할 것 같아 다소 긴 사족을 덧붙였다.

캉길렘의 문장은 여전히 어렵다. 문장 자체의 의미를 이해하기 어려운 문장도 적지 않지만, 그것을 쉽게 이해 가능한 한국어로 바꾸는 작업은 더욱 어렵다. 그렇다고 언제까지나 문장을 다듬고만 있을 수는 없는 노릇이어서 이쯤에서 마무리를 짓고 내보낸다. 캉길렘이 이 책에서 다루는 주제들은 생명과학의 핵심적인 개념이다. 그의 성찰이 코로나 시대에 생명에 대한 진지한 고민을 하는 이들에게 도움이 되기를 바라는 마음이 크다.

2020년 5월
옮긴이 여인석

* * *

『생명에 대한 인식』은 캉길렘의 철학을 주제로 논문을 쓰고 있는 역자의 입장으로서는 꼭 읽어야만 하는 책이었다. 독자분들도 느끼셨을 테지만 캉길렘의 글을 읽는 것은 쉽지 않은 일이다. 다뤄지는 내용도 방대하거니와 이를 표현하는 문장도 복잡하다. 암호를 풀듯이 한 문장 한 문장 읽어 나가다 어느 순간엔 이 암호풀이에 빠져 앞의 내용을 잊어버리기가 일쑤였다. 이렇게는 안 되겠다 싶어 기억하기 편한 국문으로 번역을 시작했다. 손으로도 읽는 일이어서 그랬을까 내용을 머리에 새기기에는 이만한 일이 없었다. 3부 3장 「생명체와 그 환경」을 다 번역했던 어느 날 내심 뿌듯하여 공역자이자 은사님이신 여인석 교수님께 번역된 글을 읽어 주시길 청했다. 『생명에 대한 인식』에 실려 있는 일곱 편의 글 중 한 편일 뿐이었고, 교정을 마친 지금 보자면 많이 부족한 번역이었다. 생각하건대 긴 호흡의 논문 집필에 지쳐 무엇이라도 끝마쳐 내보이고 싶은 마음이 있었던 것 같다. 요컨대 못난 기억력과 작은 과시욕이 이 책의 번역을 시작하게 된 계기다. 그런데 감사하게도 교수님께선 남은 글들도 번역해 볼 것을 제안해 주셨고, 그 결과 이렇게 처음으로 역자의 이름이 실린 책을 출판하게 되었다. 사소한 계기로 시작된 이 작업이 학생으로서의 삶에 또렷한 사건이 될 수 있게 해 주신 여인석 교수님께 감사를 표한다.

마지막으로 늦게까지 이어지는 공부를 무한히 지지해 주시는 부모님과 외지에서 동고동락하는 아내에게 사랑한다는 말을 전한다.

2020년 5월

옮긴이 박찬웅

찾아보기

【ㄷ】

【ㄹ】

【ㅁ】

【ㅂ】

【ㅅ】

【ㅇ】

【ㅌ】

【ㅍ】

【ㅎ】